U0689894

◉诉讼法学文库 2015（1）

总主编　樊崇义

刑事诉讼法庭质证规则研究

RESEARCH ON THE RULES OF CONFRONTATION IN CRIMINAL TRIAL

王颂勃　著

中国人民公安大学出版社

·北　京·

图书在版编目（CIP）数据

刑事诉讼法庭质证规则研究/王颂勃著.—北京：中国人民公安大学出版社，2015.3

（诉讼法学文库/樊崇义总主编）

ISBN 978-7-5653-2181-8

Ⅰ.①刑… Ⅱ.①王… Ⅲ.①刑事诉讼法—研究—中国 Ⅳ.①D925.204

中国版本图书馆 CIP 数据核字（2015）第 061541 号

诉讼法学文库
刑事诉讼法庭质证规则研究
RESEARCH ON THE RULES OF CONFRONTATION IN CRIMINAL TRIAL

王颂勃 著

出版发行：	中国人民公安大学出版社	
地 址：	北京市西城区木樨地南里	
邮政编码：	100038	
经 销：	新华书店	
印 刷：	北京通天印刷有限责任公司	

版 次：2015 年 3 月第 1 版

印 次：2015 年 3 月第 1 次

印 张：15

开 本：787 毫米×1092 毫米 1/16

字 数：261 千字

书 号：ISBN 978-7-5653-2181-8

定 价：56.00 元

网 址：www.cppsup.com.cn www.porclub.com.cn

电子邮箱：zbs@cppsup.com zbs@cppsu.edu.cn

营销中心电话：010-83903254

读者服务部电话（门市）：010-83903257

警官读者俱乐部电话（网购、邮购）：010-83903253

法律图书分社电话：010-83905745

本社图书出现印装质量问题，由本社负责退换

版权所有 侵权必究

"诉讼法学文库" 总序

诉讼法制是现代法治的重要内容和标志之一，也是依法治国的重要保障。我国法制建设的历程已经证明，诉讼制度是否健全与完善，直接决定着实体法律的实际效力：没有相应的诉讼制度作为依托，实体权利只能是"镜中花、水中月"；没有完善的诉讼制度予以保障，实体法律将无法如其所愿地实现其追求的立法目的。更为重要的是，诉讼法制的完善程度如何，还直接反映和体现着一个国家、一个民族进步、文明、民主和法治的程度，是区分进步与落后、民主与专制、法治与人治、文明与野蛮的标志。在现代法治国家，诉讼制度作为法治的一个重要环节，受到了前所未有的重视。美国联邦最高法院法官威廉·道格拉斯曾谈道，"权利法案的大多数规定都是程序性条款，这一事实绝不是无意义的。正是程序决定了法治与恣意的人治之间的基本区别"。①

我国 1999 年宪法修正案正式确立了"依法治国，建设社会主义法治国家"的治国方略，为推进我国社会主义民主、法制建设，完善我国司法体制，提出了新的纲领和目标。而社会主义市场经济的初步发展则培育了公众的权利观念，并由此对司法公正提出了更高的要求。在此大背景下，通过增设新的诉讼制度以充实公民实体权利的实现途径，通过完善现行诉讼制度以保障实体法律的公正实施，从而推进依法治国，加快社会主义民主与法制建设的步伐，已经成为我国法治建设的关键所在。

诉讼制度的构建，与人们对诉讼原理的认识和把握有着密切的关系。诉讼原理是人类在长期的诉讼实践中，在大量经验教训的基础上总结出来的、对有关诉讼活动的规律性认识。诉讼原理在诉讼制度的构建及运作中发挥着高屋建瓴的作用。只有正确认识和准确把握诉讼原理，才能构建较为完善的诉讼制度，才能推动诉讼活动向良性运作的状态发展。我国在改革与完善诉讼法律制度时，对于人类经过长期理论与实践探索获得的原理性认识，不能不予以重视，也不能不认真加以借鉴、吸收。

我国诉讼的立法和实践曾十分严重地受到"左"倾思潮和法律虚无主义的影响，诉讼规律和诉讼原理长期被忽视、被冷落。由此造成的后果之一：司法

---

① 转引自季卫东：《法律程序的意义》，载《比较法研究》总第 25 期。

机关和诉讼制度的功能被狭隘化。例如，刑事司法机关和刑事诉讼法律仅仅被视为镇压敌人、惩罚犯罪并通过镇压敌人、惩罚犯罪来维护社会秩序的功能单一的工具，忽视了司法机关和诉讼法制所具有的制约国家权力使之不被滥用和保护包括犯罪嫌疑人、被告人在内的公民基本人权的作用，忽视了刑事诉讼所具有的独立品格和价值。对诉讼原理、诉讼规律认识的片面和浅陋，已经严重地制约了我国诉讼法制发展的步伐，而且直接对公正、文明地进行诉讼活动产生了非常消极的影响。要扭转这一局面，必须在宏观法律观念上作一个大的转变，同时大力借鉴、吸收法治发达国家丰富的研究成果和宝贵的实践经验，加强对诉讼原理、诉讼规律的研究。

对诉讼原理的正确认识是诉讼立法科学化的前提条件。正确把握诉讼原理，可以帮助我们全面地认识司法机关的功能，并对各种不同的诉讼模式、规则进行正确的取舍，从而在一定的诉讼原理的指导下构建更为科学和更适合"本土资源"的诉讼模式、规则。由此制定的法律，将具有更强的民主性、文明性和科学性。反之，如果不能正确把握诉讼原理，对于存在着内在价值冲突的各种可供选择的立法方案就可能难以作出正确的选择，立法活动就可能要多走许多弯路，甚至要付出沉重的代价。

对诉讼原理的正确认识对于司法活动同样具有重要的积极价值。对诉讼原理的正确把握可以在一定程度上弥补立法的不足。法律永远是抽象的。要将抽象的法律适用于具体的案件，就必须有科学的观念作为指导。对基本诉讼原理的正确认识，将有利于指导人们对司法活动中必然存在的种种法律适用问题作出科学的解释，从而使法律文本本身存在的不足得到补救。在现代社会，由于法律的稳定性与现实生活千变万化之间的落差只能通过赋予司法人员自由裁量权的途径予以调和，所以对基本诉讼原理的认识，还直接决定着司法人员在行使法律赋予的自由裁量权时，能否作出符合公正标准的决定或者裁判。

要贯彻"依法治国，建设社会主义法治国家"的治国方略，保障诉讼活动的公正进行，也必须认真研究诉讼原理，把握诉讼规律。当前，我国已有不少学者开始探索一些诉讼原理性的问题，如诉讼法律观、诉讼法哲学、诉讼目的、诉讼职能、诉讼价值、诉讼法律关系等，并已取得了一定的研究成果，这有力地推动了人们法律观念的变化，并对立法和司法活动发挥着积极的影响作用。但总的来看，我国诉讼法学界对诉讼原理问题的研究距离立法、司法实践的需求还有很大差距，还需要继续深入研究。尤其是现有的研究成果一般只是就诉讼的某一方面进行探讨，缺乏对一般性诉讼原理的全面和系统的探讨。因此，随着我国法治进程的推进，探讨一般性诉讼原理已经成为我国诉讼法学界必须研究的课题。

为吸引更多的诉讼法学者致力于诉讼原理的研究，同时也为了能够促使诉讼原理研究及时对立法、司法、学理研究等多个领域产生积极的影响，并对司法实践工作有所帮助，中国政法大学诉讼法学研究中心特组织力量进行此项题为"诉讼法学文库"的大型丛书的编辑出版工作。"诉讼法学文库"是中心的一项长期出版项目，面向国内外专家、学者开放，凡以诉讼原理、诉讼规律为内容且有新意、有深度、有分量的专著、译著，以及对公安、司法工作有指导意义，对立法工作有参考价值的其他诉讼法学著作均可入选。

"诉讼法学文库"自 2001 年面世以来，得到了诉讼法学界专家、学者、实务工作者的热情支持，现已出版发行专著 60 多部，这些成果深受广大读者的青睐，已有多部著作获省部级以上的奖励，在这里特向广大读者和作者致以诚挚的谢意！由于编辑工作的需要，该文库从 2006 年起，每年以入选先后另行排序。特此说明。

中国政法大学诉讼法学研究中心名誉主任

2007 年元月于北京

目　录

引　言

刑事诉讼法庭质证规则是庭审质证活动得以规范、有序进行的基石和保障。法庭质证规则的合理制定和有效运行对实现实体公正和程序公正具有不可替代的作用，它不仅仅直接关系到事实裁判者对待证案件事实的认定，还是刑事诉讼控、辩双方，特别是辩护一方充分、有效行使质证权的保障。

我国现行《刑事诉讼法》试图增强刑事诉讼庭审中控、辩双方的对抗性，然而制定法中却并没有形成一套完整的刑事诉讼法庭质证规则体系，只有一些零散的刑事诉讼庭审质证规则散落于法律和司法解释当中。由于立法的缺失，也导致了司法实践中法庭质证较为混乱，质证效果差强人意的情形。

鉴于我国学者对与刑事诉讼法庭质证规则具有相关性的质证权、质证制度、交叉询问制度、证据规则等问题的研究成果颇丰，但是对于质证规则的研究却尚不多见，因而，本文的写作目的可以归纳为以下三个方面：

第一，取西方法治之精华，促中华法治之发展。英美法系，特别是美国的刑事诉讼法庭审判中已经形成了颇为完善、系统的刑事诉讼法庭质证规则，在质证规则的引导之下，控、辩双方的质证有章可循、有法可依；质证权的行使充分、有效，有理、有节；法庭质证程序规范、有序。因而科学、合理、完善的刑事诉讼法庭质证规则，一方面有利于实现刑事诉讼程序正义，切实保障控、辩双方的诉讼权利；另一方面有助于刑事诉讼实体正义的实现，增强刑事判决的可接受性，彰显司法公正性和司法权威性。刑事诉讼法庭质证规则已经从英美法系逐步走向国际社会，其重要性已经开始逐渐获得国际公约以及国际刑事法院的认可。联合国《公民权利和政治权利国际公约》（以下简称《公约》）就对质证权、非法证据排除、不得强迫自证其罪等作出了原则性的规定。此外，国际刑事审判中也逐步确立、细化和完善了刑事诉讼法庭质证的各种规则。我国于 1998 年签署了联合国《公约》，现在《公约》正在等待全国人大常委会批准，为了便于我国在批准《公约》后更好地贯彻《公约》精神、落实《公约》相关要求，研究刑事诉讼法庭质证规则是具有积极意义的。

第二，填理论研究之空白，促立法工作之延展。学界对质证的重要性基本已经达成一致，质证是司法证明的基本环节，是刑事法庭认定案件事实的前提和基础。因而，学者对于质证权、质证制度、证据制度、证据规则等内容的研究十分丰富。但是百家争鸣的研究中却独独缺失对于控、辩双方行使质证权进行质证时所应当遵循的质证规则的系统性研究，这难免令人扼腕，因而也就难掩抛砖引玉的心思。此外，虽然我国的刑事诉讼法和相关司法解释中零星散落着一些可以称之为庭审质证规则的内容，但是这些内容不仅仅粗疏而不全面、零散而不成体系，还因为相关配套措施的不完善而难以落到实处。例如，司法解释仅规定了发问的内容应当与本案事实有关、禁止诱导性询问及其他不当的发问。① 但是却没有解释相关概念的内涵和外延。此外，援引质证规则质疑言词证据的前提是证人出庭作证，然而由于我国证人出庭作证制度不完善，多数案件的证人不出庭作证，公诉人仅以宣读证人证言笔录的方式向法庭提交证据，这使得仅有的庭审质证规则也难以落到实处。据此，以刑事诉讼法庭质证规则研究，促立法之完善是具有必要性的。

第三，应司法实践之需要，促刑事审判之公正。我国司法实践中，控、辩双方可以在法庭调查阶段进行质证。有证人出庭作证的案件，在证人提供证言之前，由审判长向控、辩双方宣读四项询问证人的规则，即发问内容应当与本案事实有关；不得以诱导方式发问；不得威胁证人；不得损害证人的人格尊严。② 询问证人首先由申请传唤证人出庭的一方进行。然而，司法实践中援引质证规则对询问提出异议的主体却十分混乱：既有证人本身主张对询问不作回答的，也有控、辩双方中的相对一方提出异议的，还有审判法官提出异议的。对询问提出异议后的做法更是混乱：证人认为提问不适当的，会直接拒绝作答；诉讼中的一方认为相对方提问不适当的，会提出异议要求证人不予作答；法官已经对提问不适当作出判断之后，询问人还有可能仍然以原问题继续询问证人，而证人也有可能作答。凡此种种，不可穷尽。古语云：徒法不足以自行。然而，我国司法实践的做法如此混乱，很大一部分原因不在于"法难自行"，而在于"法之缺失"、"理之不明"。故而，研究刑事诉讼法庭质证规则，并借此为司法实践提供引导，是一种有助益的尝试。

为了更好地对刑事诉讼法庭质证规则进行研究，并最终能够在此基础上构建出适合我国的刑事诉讼法庭质证规则，本文采取了以下几种有效的研究

---

① 最高人民法院关于适用《中华人民共和国刑事诉讼法》的解释，第213条。
② 最高人民法院关于适用《中华人民共和国刑事诉讼法》的解释，第213条。

方法：

第一，比较分析法。为了明确刑事诉讼法庭质证规则的定义，文章开篇从刑事诉讼规则的定义为起点，推及刑事诉讼庭审规则的定义，最终落脚于刑事诉讼法庭质证规则；为了明确刑事诉讼法庭质证规则的内涵和外延，文中将刑事诉讼法庭质证规则、刑事诉讼证据规则以及刑事诉讼认证规则等具有相关性，且易混淆的规则进行了比较和分析。

第二，辩证分析法。本文以实现实体正义与实现程序正义两个层面为基础，分析刑事诉讼法庭质证规则的基础理论和价值理念。质证规则的设定对于发现案件实体真实、实现实体公正和保障当事人特别是刑事被告人合法的诉讼权利、实现程序公正具有重要意义。因而，设计构建我国的刑事诉讼法庭质证规则要以实现实体正义和程序正义的对立统一为落脚点，全面、综合、辩证地进行分析和论证。

第三，历史研究法。"以史为镜可以知得失"，为了深入理解和探求刑事诉讼法庭质证规则的设计和运作原理，就势必要对这些规则的产生和发展的历史路径进行研究。本文将历史研究方法作为认识和分析刑事诉讼法庭质证规则的一种手段，寻根溯源，在历史的环境中考察其产生与发展，探寻其本身所蕴含的深层原理。

第四，实证分析法。法律研究归根结底要服务于司法实践，因而，本文最后将从我国立法与司法实践两个方面考察我国的刑事诉讼法庭质证规则，立足于我国立法、司法实践中存在的问题，分析现状及其成因，并探讨构建我国刑事诉讼法庭质证规则的必要性、可行性及总体思路，最终文章落脚于构建我国的刑事诉讼法庭质证规则，并附带阐释我国刑事诉讼法庭质证规则的运作方式。

第一章　刑事诉讼法庭质证规则概述

　　刑事诉讼程序的核心是刑事诉讼法庭审判程序，而刑事诉讼法庭审判程序的核心是法庭质证环节。质证是帮助事实裁判者正确认定案件事实的重要手段，而一套科学、合理、完善的刑事诉讼法庭质证规则体系是刑事诉讼庭审质证能够充分、有效、完整、规范进行的合理保障。本章内容将以界定刑事诉讼法庭质证规则的内涵和外延开篇，介绍刑事诉讼法庭质证规则的概念、分类以及刑事诉讼法庭质证规则与相关概念的区别和联系；其后考察刑事诉讼法庭质证规则在国际刑事司法准则中的规定及其在国际刑事审判中的确立和发展；本章末节将梳理美国刑事诉讼法庭质证规则的历史和发展脉络。

第一节　刑事诉讼法庭质证规则的概念

　　明确界定刑事诉讼法庭质证规则的概念是研究刑事诉讼法庭质证规则的前提和基础。为此，本节将从正面界定刑事诉讼法庭质证规则的概念，并结合其属性与特征，对质证规则的具体内容进行分类。另外，为进一步明确刑事诉讼法庭质证规则的内涵和外延，本节中将探讨刑事诉讼法庭质证规则与刑事诉讼证据规则及认证规则的关系。

一、刑事诉讼法庭质证规则的定义

（一）刑事诉讼规则

　　刑事诉讼，英语为 Criminal Procedure，根据《布莱克法律词典》的解释，刑事诉讼是"规范犯罪案件侦查、起诉、审判和执行的规则。此外，还包含着对被指控犯罪的人的宪法权利予以保护的意义"。① "刑事诉讼针对的是违

---

① Black's Law Dictionary. Thomason Reuters, 2009.

反了或者涉嫌违反了刑法规定的共同社会行为规范并依法应当受到刑事追诉或刑事追究的人。"[1]刑事诉讼要依照法定程序进行，刑事诉讼程序在规范刑事案件侦查、起诉、审判和执行程序的同时，本身还蕴含着保护被指控者宪法权利的属性。故而，刑事诉讼本质上是惩罚犯罪和保障人权的紧密结合。

"刑事诉讼规则是进行刑事诉讼活动所应遵循的诉讼规则。"[2]按照刑事诉讼进行的阶段顺序为划分标准，刑事诉讼程序可以划分为刑事诉讼庭审前程序（Pre-Trial）、庭审程序（Trial）、庭审后程序（Post-Trial）。与此相对应，刑事诉讼规则可以统归于三类刑事诉讼程序之中，进而划分为刑事诉讼庭审前规则、刑事诉讼法庭审判规则以及刑事诉讼庭审后规则三大类刑事诉讼规则。刑事诉讼庭审前规则，是包括刑事案件侦查阶段、起诉阶段应当遵循的调查取证规则、询问规则、审查起诉规则等在内的刑事诉讼规则；刑事诉讼法庭审判规则是开庭审判、法庭调查和法庭辩论以及评议和宣判阶段所应当遵循的刑事诉讼规则，刑事诉讼庭审后规则则是规范刑事判决的执行、刑事上诉、抗诉、申诉等庭审后诉讼阶段所应遵循的一系列诉讼规则。据此可知，刑事诉讼程序是由一系列的刑事诉讼规则构成的。刑事诉讼程序和刑事诉讼规则的设计便是以刑事诉讼惩罚犯罪和保障人权这一本质特征为根本的。因而，刑事诉讼程序和刑事诉讼规则的制定无不体现着惩罚犯罪与保障人权两种价值属性的平衡。

（二）刑事诉讼庭审规则

刑事诉讼庭审规则隶属于刑事诉讼规则，是刑事诉讼规则的一部分，是指在刑事诉讼法庭审判阶段所应遵循的诉讼规则，其设计也应当建立在平衡惩罚犯罪与保障人权两种价值属性的基础之上。

庭审，即法庭审判程序，从本质上讲，法庭审判程序应当是刑事诉讼的中心。"在刑事诉讼各阶段之间的关系问题上，将刑事审判阶段作为整个刑事诉讼的中心，侦查、起诉等审判前程序则被视为审判程序开启的准备阶段；只有在审判阶段，诉讼参与人的合法权益才能得到充分的维护，被告人的刑事责任问题才能得到最终的、权威的确定。"[3]早在1764年意大利著名法学家贝卡里亚就在其著作《论犯罪与刑罚》中写道："在法官判决之前，一个人是不能被称为罪犯的。只要还不能断定他已经侵犯了给予他公共保护的契

---

① http://thelawdictionary.org/criminalprocedure/.

② Black's Law Dictionary. Thomason Reuters, 2009.

③ 谢进飞、廖美春：《试论我国"审判中心主义"刑事程序结构之建构》，载《中国法院网》，转引自于绍元主编：《实用诉讼法学新词典》，吉林人民出版社2003年版，第52页。

约，社会就不能取消对他的公共保护。"① 也就是说，刑事审判程序是确定受到刑事控告者是否有罪，以及应当受何种刑事处罚的正当性程序，在整个刑事诉讼程序中处于中心地位。庭审中心主义是一种具有正当性基础的学术主张。因为侦查权和起诉权在本质上属于政府权力的范畴，要防止政府暴力，必须以独立的审判权来制衡侦查权和起诉权，以公开、公正的法庭审判程序追究犯罪并保证公民合法权利免受政府权力不法侵害。据此，以审判为中心的刑事诉讼程序不仅符合司法最终决定原则，更重要的是它能够有效地防止公民权利遭到政府权力肆意践踏，实践刑事诉讼惩罚犯罪与保障人权相结合的本质要求。而要实现公开和公正的法庭审判程序，进而实现刑事诉讼的本质要求，整体上必然要设计和遵循一套科学、合理的刑事诉讼庭审规则。拆解开来观察可知，刑事诉讼法庭审判程序又可以分为开庭程序、举证和质证程序、评议和宣判程序等几个主要的庭审环节。每一个庭审环节都应设计出满足其特定环节、特定要求的特定规则，尽管不同的庭审环节遵循着不同的规则，但其规则设计背后的本质都是平衡刑事诉讼惩罚犯罪与保障人权两种价值属性。

（三）刑事诉讼法庭质证规则

刑事诉讼法庭审判程序中的举证和质证阶段是庭审的中心环节，对裁判者决定被追诉人罪与非罪、刑与非刑以及刑种类别起着至关重要的作用。

1. "证"的含义

证，此处作名词，当"证据"解释。指"能够证明某事物的真实性的有关事实或材料"。② "证据应当是内容与形式的统一，证据的内容是证据所表达的事实，证据的形式是事实赖以存在的载体。"③

根据证据的内容和证明作用，可以将证据分为有利于被告人的证据和不利于被告人的证据。④ 凡是能够否定或削弱起诉书指控的犯罪事实的证据，是有利于被告人的证据；凡是能够肯定或支持起诉书指控的犯罪事实的证据，是不利于被告人的证据。质证的目的在于质疑并进而削弱或消除所质之证的

---

① ［意］贝卡里亚著：《论犯罪与刑罚》，黄风译，中国大百科全书出版社1993年版，第45页。

② 中国社会科学院语言研究所词典编辑室编：《现代汉语词典》（第五版），商务印书馆2005年版，第1741页。

③ 陈光中主编：《刑事诉讼法》（第五版），北京大学出版社、高等教育出版社2013年版，第160页。

④ 陈光中主编：《刑事诉讼法》（第五版），北京大学出版社、高等教育出版社2013年版，第216页。

相关性、可采性、可信性。由此可知，控方质证的目的在于质疑、削弱或排除有利于被告人的证据，而辩方质证的目的在于质疑、削弱或排除不利于被告人的证据。

根据证据的表现形式，可以将证据划分为言词证据和实物证据。"凡是表现为人的陈述，即以言词作为表现形式的证据，属于言词证据；凡是以物品的性质或外部形态、存在状态以及其内容表现证据价值的证据都属于实物证据。"① 区分言词证据和实物证据是因为在刑事诉讼法庭审理过程中，言词证据和实物证据所遵循的质证规则有所不同。就言词证据而言，由于该证据是以陈述人的表述为载体的证据形式，因而对言词证据进行质证就要针对言词证据本身的特点进行，相关质证规则的设计既包含针对陈述人本人的诚实性、可信性的质疑，也包含针对陈述人所陈述之内容的相关性、可采性、可信性的质疑。就实物证据而言，实物证据本身具有客观性、直观性和相对稳定性，因而，针对实物证据的特点，质证规则的设计更倾向于将诸如最佳证据规则、证据链条完整性等能够对实物证据的客观性、稳定性产生影响的内容纳入质证规则体系中。

2. 举证是质证的前提

举证是一种诉讼行为，是指在刑事诉讼法庭审判程序中，控、辩双方在法庭上出示和提交证据。举证是质证的前提，先要有证据出示和提交给法庭，才可能对该证据的相关性、可采性、可信性进行质证。在美国刑事审判法庭上，控、辩双方向法庭举证要遵循传闻证据规则，因而主要是以传唤证人出庭作证，并直接向法庭提交言词证据的形式完成的，实物证据的出示也是在证人作证过程中进行的，以证人的言词证据引出实物证据，从整体上共同说明案件事实。具体而言，举证是由传唤证人出庭的一方对证人进行"主询问"，通过"一问一答"的形式让证人陈述自己知道的案件情况。质证则以控、辩双方对证人进行交叉询问的方式实现。首先由相对方在"主询问"之后对证人进行"交叉询问"，借以暴露证人证词中的矛盾和失实之处，削弱证人的可信性。然后，传唤证人一方还可以进行"再主询问"，以恢复证人的可信性，澄清证人证词中的模糊之处。此后，相对方也可以"再交叉询问"，继续攻击证人证词的真实性和可信性。② 如此交替反复。由此可知，质

① 陈光中主编：《刑事诉讼法》（第五版），北京大学出版社、高等教育出版社2013年版，第217页。

② 宋英辉、孙长永、刘新魁等著：《外国刑事诉讼法》，法律出版社2006年版，第188页。

证对所举之证的相关性、可采性、可信性起着举足轻重的作用，是法庭审判阶段的核心内容，更是事实裁判者据以认定案件事实的关键环节。因而，质证必须要遵循一定的质证规则而为，当一方进行的询问不恰当时，相对方可以根据质证规则当庭提出反对意见，裁判者可以依据质证规则判断反对意见是否有效。在一定程度上，设计和建立健全符合惩罚犯罪与保障人权相结合这一刑事诉讼本质特征的质证规则，是决定质证行为、质证过程、质证结果乃至刑事诉讼审判的正当性、合法性的关键。

3. 质证的内涵和外延

要给本文的研究对象"质证规则"下定义，首先要阐明本文对于"质证"这一概念内涵和外延的理解。何为质证？质证一词在英文中近似于 Confrontation，《元照英美法词典》对 Confrontation 的解释为："对证、对质：在刑事诉讼中，指被告有权与对方证人对质。美国宪法第六修正案规定的这一被告人权利使被告人能面对证人，能对其证词提出反对意见，或使证人能辨别被告人。对质权的实质不在于使被告人能见到证人，而是保障被告人具有质询对方证人的宪法权利。"[1]《布莱克法律词典》没有解释 Confrontation，但却有对质条款（Confrontation Clause）的解释："1913 年美国宪法第六修正案普遍性地赋予了刑事诉讼被告人有权与对他不利的证人面对面并对该证人进行交叉询问。当证人具有特殊性时，被告人的对质权存在例外情况。即当证人是受到性虐待侵害的儿童时，被告人不能行使对质询问权。但是，此种例外情况要求被告人的辩护律师必须有机会询问该证人，询问时，被告人有权通过闭路电视等类似手段观看和聆听此次询问。"[2] 由此可知，对质条款指向的是美国宪法第六修正案，该条款保障刑事被告人有权直接与控方证人对质，而"实现对质并进行质证的手段是对该证人进行交叉询问"。[3] 交叉询问在英文中表述为 Cross - examination。根据《布莱克法律词典》对于 Cross - examination 的解释："交叉询问是指在法庭审判或者听审时由传唤证人出庭作证一方的相对方对出庭作证的证人进行询问。询问的目的是在事实裁判者面前削弱证人的可信性，可以通过诸如提出先前矛盾的证词、提出证人不可信、诱使证人承认等手段削弱证人证言的可信性。交叉询问可以提出诱导性问题，但范围限于直接询问（Direct - examination）时提出的问题和可信性问题。"[4]

---

① 薛波主编：《元照英美法词典》，法律出版社 2003 年版，第 284 页。

② See Maryland v. Craig, 497 U.S. 836, 110 S.Ct. 3157 (1990).

③ Black's Law Dictionary. Thomason Reuters, 2009.

④ Black's Law Dictionary. Thomason Reuters, 2009.

直接询问，是指"在法庭审判程序或其他程序中，由传唤证人出庭作证的一方对证人进行的第一次询问，也可以叫做主询问"。[1]交叉询问是以直接询问为前提和基础的，控、辩双方都有权对对方的证人进行交叉询问，以质疑、削弱或排除对方证人证言。在相对一方交叉询问之后，传唤证人出庭的一方还可以再进行直接询问，以试图恢复被相对方削弱的证人证言。美国刑事诉讼审判程序中的质证就是以交叉询问、再直接询问、再交叉询问……如此周而复始的方式进行的。

综上，本文中所称的质证是指在刑事诉讼法庭审判程序中，控、辩双方以询问证人的方式质疑、削弱或者消除言词证据或实物证据的相关性、可采性、可信性的诉讼行为。据此，质证具有三个方面的特征：第一，就行使质证权的主体而言，质证权由参与刑事诉讼的控、辩两造行使。第二，就质证的客体而言，质证的客体不仅包括言词证据还包括实物证据。第三，就质证的方式而言，质证是以一问一答的形式进行的，不仅询问人要以直接、口头的方式进行询问，被询问人也要以直接、口头的方式回答询问。

4. 质证规则的内涵和外延

何为刑事诉讼法庭质证规则？顾名思义，刑事诉讼法庭质证规则是指在刑事诉讼法庭审理过程中，控、辩双方行使质证权，进行质证时所应当遵循的一系列刑事诉讼规则。其中也包括当一方违反质证规则时，相对方如何提出反对意见，裁判者如何作出裁断的规则。设计合理的质证规则是质证科学、顺利进行的有力保障，有助于实现刑事诉讼规则本质上所应具有的惩罚犯罪与保障人权的统一。

综上可知，质证规则具有以下几个方面的特征：第一，质证规则发生效力的阶段。质证规则规制的是法庭审理阶段，具体而言质证规则是控、辩双方针对对方所举之证进行质证所应当遵循的规则。第二，受质证规则约束的主体。控、辩两造、证人和裁判者都是受到质证规则约束的主体。首先，质证规则是控、辩双方质证时应当遵循的规则；其次，证人回答询问时若有违质证规则，会引起相对方的异议和反对；最后，裁判者判断控、辩双方的询问或者证人的回答是否恰当、是否有效也同样是以质证规则为依据的。第三，受质证规则约束的客体。质证的客体是对本方不利的证据，不仅包括言词证据还包括实物证据。就控方而言，质证的客体是辩护方提出的、有利于被告人的言词证据和实物证据；就辩护方而言，质证的客体是控诉方提出的、不

---

[1] Black's Law Dictionary. Thomason Reuters, 2009.

利于被告人的言词证据和实物证据。由此，受质证规则约束的客体就是控、辩双方质疑的相对方提出的、不利于本方的言词证据和实物证据。第四，由于法庭质证是以口头询问的方式进行的，故质证规则具体体现为在刑事法庭审理程序中控、辩双方如何询问证人、证人如何回答问题所应遵循的规则。

二、刑事诉讼法庭质证规则的分类

刑事诉讼法庭质证规则是规制和约束刑事诉讼法庭审判程序中，控、辩双方如何进行质证的规则。将刑事诉讼法庭质证规则按照不同的标准进行分类，其本身不具有任何法律约束力，只是为了更好、更透彻地研究刑事诉讼法庭质证规则。下文将质证规则分为针对证据形式的质证规则和针对证据实质内容的质证规则、针对询问方询问的质证规则与针对证人回答的质证规则、针对言词证据的质证规则与针对实物证据的质证规则进行阐述。

（一）针对证据形式的质证规则与针对证据实质内容的质证规则

刑事诉讼法庭质证规则不仅约束着控、辩双方对证人进行询问的方式和内容还约束着证人针对询问予以回答的方式和内容。根据控、辩双方询问证人的方式以及证人回答问题的方式不同，法庭质证规则可以分成针对证据形式的质证规则和针对证据实质内容的质证规则两大类别。

针对证据形式的质证规则，是指询问证人的方式不当或者证人回答问题的方式不当，但这种不当是可以补正的不当，这种不当不足以导致该证据被排除，通常询问方询问时或证人回答时违反了针对证据形式的质证规则的，是可以通过转换提问或回答方式的办法进行弥补的；而针对证据实质内容的质证规则是指询问证人的方式或者证人回答的方式不当，但这种不当不是形式上的，而是实质上的，会直接导致证据实质内容的不当，询问方询问时或者证人在回答提问时，如若违反了针对证据实质内容的质证规则，将会导致该证据被排除。

以下举一个违反了针对证据形式的质证规则的实例（实例一）：

"问：John，另一辆车的司机不能在停车标志线之前停车吗？

对方律师：反对，法官大人。对方律师在引起证人的推测性回答。

法官：反对有效。

问：John，你看见另一辆车停在停车标志线处了吗？

答：看见了。

问：请描述一下那辆车。

答：它驶近路口时，车速降到了 10 迈左右，但是车子并没有停下来而是以这个速度通过了路口。"①

通过这个例子可以看出，当违反了针对证据形式的质证规则时，询问方可以通过转换另一种适当的询问方式的办法来重新提问，从而得到证人对此问题的回答。不过，违反了针对证据实质内容的质证规则，其法律效果就截然不同了。

以下为违反了针对证据实质内容的质证规则的实例（实例二）：

"问：John，请告诉陪审团你从雪莉·史密斯那听到的，有关事故是如何发生的陈述。

对方律师：反对，法官大人。传闻证据。

法官：反对有效。"②

例子中对方律师的反对，得到了法官的支持，从而排除了证人对雪莉·史密斯陈述内容的转述。由此可见，当质证行为违反了针对证据实质内容的质证规则时，该证据将被排除。

区分针对证据形式的质证规则和针对证据实质内容的质证规则，其意义在于：两种质证规则规制的内容不同，违反了不同的质证规则，产生的法律效果也不一样。具体而言，违反了针对证据形式的质证规则通常可以补正，以至于对方律师一般不会针对这种情况提出异议或反对；而违反了针对证据实质内容的质证规则通常将产生排除证据的法律效果，故而，对方律师通常会针对这种违反质证规则的行为积极地提出异议或反对意见。

（二）针对询问方询问的质证规则与针对证人回答的质证规则

刑事诉讼法庭质证是采用一问一答的询问方式进行的，根据质证规则的主体不同，还可以将刑事诉讼法庭质证规则分为针对询问方询问的质证规则和针对证人回答的质证规则两种类型。凡是针对询问方的询问时间、询问地点、询问方式、询问内容、询问形式等进行规制的规则都是针对询问方询问的质证规则；凡是针对证人对提问的回答时间、回答地点、回答方式、回答内容、回答形式等进行规制的规则都是针对证人回答的质证规则。

将刑事诉讼法庭质证规则划分为针对询问方询问的质证规则与针对证人回答的质证规则的意义，在于明确刑事审理程序中，违反不同的质证规则，对于事实裁判者产生的影响将大不相同。具体而言，违反了针对询问方询问

① See Thomas A. Mauet, Trial Techniques and Trial (Eight Edition), Wolters Kluwer Law Bussiness in New York, 2010, p.455.

② See Thomas A. Mauet, Trial Techniques and Trial (Eight Edition), Wolters Kluwer Law Bussiness in New York, 2010, p.455.

的质证规则，当相对一方及时提出异议或反对意见时，大多数情况下，事实裁判者不会受到不当影响或者受到的不当影响相对较小。如上文实例二中所述，当询问方让证人陈述从雪莉·史密斯那听到的案件情况时，对方律师及时、有效地提出了反对，并得到了法官的支持，从而有效地阻止了该项陈述呈现在事实裁判者面前。由于证人还没有机会陈述这一违反了质证规则的证据，此时这类证据并没有对事实裁判者裁判案件事实施加任何影响。但是当违反了针对证人回答的质证规则时，大多数情况下，事实裁判者可能已经听到该证人的回答，并有受到其回答影响的潜在危险性。由于针对证人回答的质证规则约束的是证人对询问方提问的回答，要判断证人的回答是否违反了质证规则，进而决定是否表示异议或提出反对，首先必然要听到证人针对提问的回答，然后再基于证人的回答做出判断。也就是说，"通常在违反了这类质证规则的情况下，证人的回答已经被事实裁判者听到，即便是法官支持对方律师的异议，而裁定排除此项证人证言的情况下，也存在着该证人证言影响事实裁判者裁定案件事实的潜在危险性，有些情况下，证人的回答可能对案件的审判结果非常不利，律师可以此为由提出无效审判的动议"。①

（三）针对言词证据的质证规则与针对实物证据的质证规则

根据质证的客体是言词证据还是实物证据，刑事诉讼法庭质证规则还可以分为针对言词证据的质证规则与针对实物证据的质证规则两类。凡是规制人的陈述的质证规则，即规制以言词作为表现形式的证据的质证规则属于针对言词证据的质证规则。凡是规则以物品的性质或外部形态、存在状况以及其内容的质证规则都属于针对实物证据的质证规则。

区分针对言词证据的质证规则与针对实物证据的质证规则的意义在于虽然质证的客体包括言词证据和实物证据两种类型，但是在刑事诉讼庭审程序中，实物证据并不独立出现，而是由证人在提供言词证据时牵引出实物证据，要使得实物证据被事实裁判者采纳、作为定案证据使用，必须通过至少一名适格的证人为其提供顺畅、有效地证明。因而，针对实物证据的质证规则包含着一些不同于言词证据质证规则的特别规则，如实物证据可能因缺乏证据基础或者包含未经过采信的内容等因素而导致违背刑事诉讼法庭质证规则，从而被排除。具体而言，针对实物证据，首先要求举证方为该实物证据的可采性奠定基础："首先，要有一名引出该实物证据的适格证人；其次，该实

---

① ［美］艾伦·豪切斯泰勒·斯黛丽、南希·费兰克著：《美国刑事法院诉讼程序》，陈卫东、徐美君译，中国人民大学出版社2002年版，第528页。

物证据需要与诉争案件具有关联性；再次，该实物证据应当可以通过视觉或其他感官被人感知；又次，证人需要了解该实物证据，知道该实物证据在特定日期的状况；最后，要证明该实物证据与证人在特定日期所见相同"。① 在奠定了此种证据基础的前提下，针对实物证据的质证规则，还要求该实物证据要遵循相关性、真实性、原始性等一系列质证规则。

三、刑事诉讼法庭质证规则与相关概念的关系

(一) 刑事诉讼法庭质证规则与刑事诉讼证据规则

刑事诉讼证据规则（Evidence Rules）是"规定在审判程序中关于证据的可采性的规则，如美国的《联邦证据规则》。不少州采用了以《联邦证据规则》为模式的证据规则。有些州，如加利福尼亚州还制定了证据法典或关于证据的成文法。"② 证据规则旨在"保证在法院审判程序中被采纳的定案证据是相关的、值得信任的、可靠的和不破坏程序公正的证据"。③ 由此可知，证据规则规范的是证据的可采性。而要判断证据是否具有可采性首先要判断该证据是否具有相关性，证据的相关性是决定证据是否具有可采性的首要条件。证据的相关性和可采性是美国证据法中的概念。证据的相关性是作为一个事实性概念而存在的，是指"证据具有的可用来判断诉讼双方当事人所争议的事项的真伪的品质。而具有相关性的证据指的是那些与争议事实或观点相关或者有直接联系，并且能够证明或者倾向于证明待证事实的证据，或者有助于证明案件中某一理论的证据。证据的相关性是证据与待证事实之间的一种逻辑关系"。④而证据的可采性是一个法律性概念，是针对证据是否有资格出现在刑事审判程序中、出现在事实裁判者面前而言的。"'可采证据'是指提交法庭的证据具有法庭或者法官极有可能接受它，也就是允许其在法庭上提出的品质。"⑤可采性本身意味着一系列的证据规则，或者说一系列的证据"排除规则"。由于不知情陪审团审理案件、了解案件事实，进而判断案件事实的主要依据是控、辩双方在法庭上对证人的询问，所以，为了防止控、辩

---

① See Thomas A. Mauet, Trial Techniques and Trial（Eight Edition），Wolters Kluwer Law Bussiness in New York, 2010, p.180.

② 薛波主编：《元照英美法词典》，法律出版社 2003 年版，第 500 页。

③ ［美］艾伦·豪切斯泰勒·斯黛丽、南希·费兰克著：《美国刑事法院诉讼程序》，陈卫东、徐美君译，中国人民大学出版社 2002 年版，第 380 页。

④ Black's Law Dictionary. Thomason Reuters, 2009.

⑤ Black's Law Dictionary. Thomason Reuters, 2009.

双方律师"戏耍陪审团"，以规范证据可采性为目标的证据规则便应运而生了，而大多数的可采性规则都是以排除规则的形式而存在的。

刑事诉讼证据规则是通过审查证据的可采性发挥证据排除功能的。但证据的可采性是以证据的相关性为前提的。也就是说，从一定意义上说，刑事诉讼证据规则是以证据的相关性为基础前提，以证据的可采性为运行规范的规则。由于证据的相关性前置于对证据可采性的判断，因而，刑事诉讼证据规则首先要求证据要符合《联邦证据规则》第401条、第402条规定的关于证据相关性的基本原则①；其次，符合相关性的证据还要以《联邦证据规则》第403条②的规定为标准进行基本价值平衡；最后，在符合以上三个条款规定的前提下，某一证据就基本具有了相关性，也就基本可以被采信了，但是刑事诉讼证据规则在规制证据的可采性时，还规定了一系列诸如传闻证据、意见证据、非法证据、推论证据等在内的排除规则对证据的可采性进行限制。如果证据通过了相关性和可采性测试，那么该证据才能具有进入法庭审理程序的基本资格。但是，在法庭审理过程中，刑事诉讼证据规则还要求衡量其他专门的相关性证据规则，此时，仍然可能导致进入法庭审判程序的证据被排除。例如，衡量进入法庭的证据是否违反品格证据规则、是否违反其他不法行为规则、是否违反习惯证据规则、是否违反公共政策排除规则、是否违反拒绝作证特权规则，等等。据此可知，通过相关性测试，并具有了相关性和可采性的证据只是初步取得了在刑事诉讼法庭审理程序中呈现在事实裁判者面前的资格，但当这种证据可能会给事实裁判者造成超出其证明价值的不适当影响时，该证据仍有可能不被法庭接受。

美国的刑事诉讼已经逐渐发展出了一个复杂的刑事证据规则体系。而刑事证据规则也贯穿于刑事诉讼法庭审判的全过程。被告人一旦在法院作了初次到庭以后，刑事案件将进入一系列正式和非正式的刑事法院诉讼阶段，刑事证据规则也就自此开始发挥作用。具体而言，刑事证据规则主要适用于审前审查阶段、审前动议阶段、法庭审判阶段、量刑阶段等几个主要法院审判

---

① 《联邦证据规则》第401条：如果证据具有使得对确定诉讼具有重要意义的事实更可能存在或更不可能存在的任何趋向，则该证据具有相关性。第402条：具有相关性的证据具有可采性，但《美国宪法》、联邦制定法、本证据规则或者最高法院制定的其他规则另有规定的除外。不具有相关性的证据不可采。

② 《联邦证据规则》第403条：如果以下一个或者多个危险严重超过相关证据的证明价值，则法院可以排除该证据：不公平损害、混淆争点、误导陪审团、不当拖延、浪费时间或者不必要地出示重复证据。

阶段。其中每一个阶段所适用的具体刑事证据规则有所不同，其中法庭审判阶段所适用的证据规则比其他几个阶段更为严格。也就是说，虽然刑事证据规则是规定在审判程序中的有关证据可采性的规则，但是在刑事法庭审判的各个阶段上，刑事证据规则所规定的证据可采性的范围和严格程度却不尽相同，适用于法庭审理阶段的刑事证据规则是最为严格的证据规则，相比于其他法院审判阶段而言，法庭审理阶段对证据可采性的要求最高。举例而言，众所周知，传闻证据在法庭审判阶段一般不具有可采性，然而"在审前审查阶段，当检察官将案件移交给大陪审团审查时，传闻证据在许多管辖区却是具有可采性的证据"。[①]

综上可知，刑事诉讼法庭质证规则与刑事诉讼证据规则既有相同、相通之处，又存在差异。

首先，刑事诉讼证据规则与刑事诉讼法庭质证规则都含有关于证据可采性的规则，但是刑事诉讼法庭质证规则中还包含其他规则。第一，刑事诉讼法庭质证规则除了质疑证据可采性的规则，还包含质疑证据可信性的规则，如质证规则包含允许律师以弹劾证人的方式质疑其证言可信性的规则。第二，刑事诉讼法庭质证规则中包含着有关一问一答的质证方式的具体规则，如诱导性讯问规则、禁止复合性提问规则、禁止辩论性提问规则等。第三，刑事诉讼法庭质证规则中包含着政策性排除规则，如一般禁止使用辩诉交易或者答辩协商中的陈述作为证据反对做出陈述的人的规则；禁止不当弹劾规则等。

其次，刑事诉讼法庭质证规则中含有刑事诉讼证据规则的部分内容。由于刑事诉讼法庭质证规则是规范刑事诉讼审理程序中控、辩双方质疑证据的相关性、可采性、可信性的规则，因而，刑事诉讼法庭质证规则中必然包含着一系列具体的规范证据可采性的刑事诉讼证据规则。当具体的刑事诉讼证据规则服务于刑事诉讼法庭质证环节时便成为了刑事诉讼法庭质证规则的内容。

最后，刑事诉讼证据规则与刑事诉讼法庭质证规则发生作用的诉讼阶段不同。刑事诉讼证据规则是一个证据规则体系，可以看作是一个整体概念范畴，适用于包括审前审查、审前动议、法庭审理、量刑等整个刑事诉讼法院审判阶段，而且每一个阶段所适用的具体的刑事诉讼证据规则的范围和内容又是有所不同的。但是，刑事诉讼法庭质证规则仅适用于刑事诉讼法庭审理

① ［美］艾伦·豪切斯泰勒·斯黛丽、南希·费兰克著：《美国刑事法院诉讼程序》，陈卫东、徐美君译，中国人民大学出版社 2002 年版，第 394 页。

阶段，相应地，法庭质证规则中包含的相关刑事诉讼证据规则也仅仅适用于法庭审理阶段。

（二）刑事诉讼法庭质证规则与刑事诉讼认证规则

英美法没有认证的概念，也没有明确的认证规则，如前文所述，美国的证据规则主要审查、判断证据是否有资格呈现在事实裁判者面前。"英美法的生命力不仅源自防止出现实体错误的愿望，而且源自对不可预测之陪审团裁决的合法性的事前支持的愿望。"① 陪审团对事实问题作出的裁决天然具有可接受性，也正因为如此，美国的证据法才如此重视规范刑事诉讼证据规则——规范证据可采性问题。至于事实裁判者如何采纳和认定证据、采纳和认定哪一个或哪一些证据作为其事实裁判的依据，法律并没有明确的规定。在司法实践中，由陪审团对案件事实进行裁判的案件，陪审团评议的过程是秘密进行的，当陪审团达成一致后，便会向法庭提交其对案件事实的裁判结论，此种结论并不附带论证陪审团是如何认定案件事实的。事实上，陪审团认定案件事实具体采纳了何种证据是其心证的内容，旁人无可知晓。然而，如果法官是事实认定者，则法官必须拟写事实认定及法律结论来支持自己作出的判决。但是法官采纳证据，认定案件事实的过程亦是其形成心证的过程，属于法官自由裁量权的范畴，并不为立法所预先规定。

实际上，认证是大陆法系的概念，"是指法官在审判过程中对诉讼双方提供的证据，或者法官自行收集的证据，进行审查判断，确认其证据能力和证据效力的活动。简而言之，认证就是指对证据的认定"。② 刑事诉讼法庭认证规则，可以简单地表述为刑事审判法官对于证据的认定规则。

大陆法系有关认证和认证规则的规定由来已久，主要经历了神示证据裁判时期、法定证据裁判时期和自由心证时期。其中，神示证据裁判是根据神的启示来判断诉讼中的言词证据是否可以采信，具体而言"谋杀、纵火、巫术、伪造以及单纯的盗窃适用热铁神判和冷水神判，而财产纠纷更经常地使用决斗裁判来解决"。③ 法定证据裁判制度的实质是"由法律或习惯预先规定各种证据的证明力，以及对它们的取舍和运用，法官对证据的证明力没有自

---

① ［美］米尔建·R. 达马斯卡著：《漂移的证据法》，李学军等译，中国政法大学出版社 2003 年版，第 64 页。

② 何家弘主编：《刑事审判认证指南》，法律出版社 2002 年版，第 1 页。

③ ［英］罗伯特·巴特莱特著：《中世纪神判》，徐昕、喻中胜等译，浙江人民出版社 2007 年版，第 40 页。

由评定的权利，而是必须遵循法律或习惯确立的这些评定证据的规则"。① 自由心证是当今大陆法系国家法官认定证据、确定案件事实普遍遵循的原则，指"法律不明确规定证据的效力，证据的效力由法官根据其内心确信独立评断"。② 然而"事实裁判者的内心信服状态本身，尚不足以维持一项事实裁判的正当性"，③ "法官必须依照理论法则、经验法则和逻辑法则来进行判断。"④ 据此可知，认证规则要求法官认定证据、判断案件事实达到内心确信，并且这种内心确信不得违反理论法则、经验法则和逻辑法则。此外，法官撰写的判决书必须对其判决作出解释，将其心证过程和结果予以公开。"在法官的书面意见中，不仅有义务明确法庭已经认定的事实，而且还有义务阐明支持每一个调查结论的各项证据以及这些证据导向特定事实判断的推理环节。"⑤

从宏观方面看，刑事诉讼法庭质证规则与刑事诉讼法庭认证规则都包含刑事诉讼法庭审判阶段所遵循的证据规则，都以大陆法系直接、言词原则为基础。但是从微观方面看，刑事诉讼法庭质证规则和刑事诉讼法庭认证规则也存在如下几个方面的差别。

首先，两种证据规则发挥作用的时间不同。刑事诉讼法庭质证规则适用于法庭审理的质证阶段，而刑事诉讼法庭认证规则适用于法庭审理结束之后的评议阶段。实际上，认证是质证的目的和归宿。质证证据必须经过认证才能作为定案的依据，这一点可以从质证规则与认证规则发挥作用的不同时间点得到印证。

其次，两种证据规则约束的主体不同。刑事诉讼法庭质证规制是法庭质证阶段的证据规则，主要约束控辩双方、证人和审判法官。具体而言，本文所论述的质证规则所涉及的质证权主要是以控、辩双方对证人进行询问的方式行使的，当一方认为相对方的询问或证人的回答不当而提出异议时，由法官根据质证规则判断其反对主张是否成立。与质证规则不同，刑事诉讼法庭认证规则约束的主体是大陆法系的审判法官，因为认证权是法官的专属职权，

---

① 汪海燕著：《刑事诉讼模式的演进》，中国人民公安大学出版社2004年版，第105页。
② 宋英辉等著：《外国刑事诉讼法》，法律出版社2006年版，第237页。
③ ［美］米尔吉安·R.达马斯卡著：《比较法视野中的证据制度》，吴宏耀、魏晓娜等译，中国人民公安大学出版社2006年版，第215页。
④ ［日］中村英郎著：《新民事诉讼法讲义》，陈刚、林剑锋、郭美松译，法律出版社2001年版，第199页。
⑤ ［美］米尔建·R.达马斯卡著：《漂移的证据法》，李学军等译，中国政法大学出版社2003年版，第62页。

而认证规则特指法官认定案件证据时适用的证据规则。

再次，两种证据规则规范的对象不同。刑事诉讼法庭质证规则和刑事诉讼法庭认证规则都是针对刑事法庭中的证据而设定的规则。但是刑事诉讼法庭质证规则指向的证据是法庭审理过程中呈现在事实裁判者面前的证据，规范的对象是质证方行使质证权时针对质证证据进行的质证行为。而刑事诉讼法庭认证规则指向的是法庭审理结束后，呈现在法官面前的经过法庭调查的证据，其规范的对象是法官行使认证权进行证据认定的职权行为。在某一个具体的刑事案件中，认证证据的范围有可能大于质证证据的范围，因为某些控、辩双方均无争议的证据可以不经过质证程序而直接进入认证证据范畴。与此相应，在具体案件中也会出现质证规则规范的对象数量小于认证规则规范的对象数量的情形。

最后，两种证据规则产生的效果不同。就刑事诉讼法庭质证规则而言，在法庭质证过程中，如果一方询问证人不当，违反了质证规则，则对方律师得依照具体的质证规则提出异议和反对意见，法官亦须遵循质证规则判断是否对该异议予以支持。如果异议得到法官的支持，则该询问和与之相对应之回答不得呈现在事实裁判者面前，如果事实裁判者依然听到，法官须指令其忽略此询问和与之相对应的回答。如果异议未得到法官的支持而被驳回，则在庭审中提出的该项关于证据的异议将被如实记录，为提出异议方进行上诉保留权利。根据当即提出异议的要求（Contemporaneous – Objection Requirement），如果被告人没有及时地向有管辖权的法院主张权利，那么他就丧失了这项权利。[①] 就刑事诉讼法庭认证规则而言，在法庭审理结束后，审判法官将综合全案，并根据质证阶段对证据的审查，依照逻辑、理论和经验法则对质证时在法庭上展示的证据加以判断，根据内心确认的原则，对证据加以认定，并对案件事实作出判定。法官对案件证据进行认定的过程受到刑事证据认证规则的规制，法官撰写的判决书将如实记载认证的结论和得出结论的推理过程。据此，法官根据内心确信而认定案件证据是否遵循了认证规则、是否合理、合法将以纸面的形式呈现在判决书中，供事后监督。

第二节　国际刑事司法准则中的法庭质证规则

刑事诉讼法庭质证规则是规范刑事诉讼中控、辩双方进行法庭质证活动

---

① Yakus v. United State, 321 U.S.414, 444 (1994).

的准则，对刑事诉讼效率的提高、诉讼进程的推进、诉讼目的的实现具有十分重要的意义，因而在国际公约中也对质证规则所包含的内容有所涉及，同时国际刑事审判法庭在审理案件的过程中也逐渐形成了丰富的庭审质证规则。本节内容将对国际公约和国际刑事法庭审判中的法庭质证规则进行阐释。

一、国际公约中的相关规定

"近年来，各国加强了刑事司法领域的国际合作，并就一些基本问题达成了共识并形成了公约或者决议，这些共识构成了刑事司法的最基本的标准。"[1] 联合国《公约》是联合国国际人权宪章的一部分，是对公民基本人权的宣示和保护，因而《公约》中并没有细致地规定刑事诉讼法庭质证规则，但是作为人权宪章的一部分，《公约》中也涉及了刑事诉讼法庭质证规则所应当包含的部分内容。

（一）对质权条款

《公约》第 14 条第 3 款（戊）项是关于保障对质权的规定，要求保障受到刑事指控的人"讯问或者业已讯问对他不利的证人，并使对他有利的证人在与对他不利的证人相同的条件下出庭和受讯问。"[2] 根据联合国人权事务委员会的解释，本项规定是"为了保证受到刑事追诉的被告人在强制证人出庭和询问任何证人时获得与起诉方同样的法律权利"。[3] 证人出庭作证并接受询问是《公约》对受到刑事指控之被告人的最低限度保护的内容之一，其意义在于保障被告人的质证权，与之相对应的刑事诉讼法庭质证规则是传闻证据排除规则。

不过，实现质证权的首要前提就是证人出庭作证，这对于刑事诉讼目的的实现具有重要意义。

首先，证人出庭作证有利于实现刑事诉讼程序正义。证人出庭作证，才能使控、辩双方有平等的机会面对面地在法庭上、在事实裁判者面前亲自询问证人、支持或者质疑证人证言的可信性。特别是对于辩护一方而言，控方证人出庭作证的意义尤为重大，因为控方证人出庭作证是保证辩护方有效行使辩护权的基本前提。此外，在刑事诉讼庭审程序中，由刑事诉讼的控、辩

---

[1]　刘根菊等著：《刑事诉讼程序改革之多维视角》，中国人民公安大学出版社 2006 年版，第 44 页。

[2]　《公民权利和政治权利国际公约》。

[3]　杨宇冠著：《人权法——〈公民权利和政治权利国际公约〉研究》，中国人民公安大学出版社 2003 年版，第 276 页。

双方，本着公开、公平、公正的原则，以刑事诉讼法庭质证规则为依据，充分地行使质证权，是刑事诉讼程序公开透明的实现方式之一，更是刑事诉讼程序正义的应有内容之一。

其次，证人出庭作证有利于实现刑事诉讼实体正义。证人亲自出庭作证并接受控、辩双方的询问，一方面能够保证控辩双方有机会对其进行询问，检验其证言的真实性；另一方面也能够令事实裁判者亲自观察到证人的言行、举止，而事实裁判者根据自身所见、所感对案件事实作出的认定往往比根据干瘪的文字作出的判断更趋近于案件事实真相。因而，证人亲自出庭作证对于实现刑事诉讼实体正义具有积极的作用。

最后，证人出庭作证有利于实现刑事诉讼定纷止争的功能。证人亲自出庭作证，使得控、辩双方有机会平等地询问证人、质疑证人，特别是对于被告人而言，控方证人出庭作证是被告人全面、充分地行使质证权的基础，当被告人一方能够有机会针对不利于己方的证人证言进行充分质疑时，刑事诉讼对事实的认定往往比被告人未获得质证机会时得出的结果更容易获得被告人的认可。诉讼的基本功能在于定纷止争，能够获得诉讼双方认可的判决恰恰就是实现了定纷止争功能的判决，因而证人出庭作证是有利于实现刑事诉讼定纷止争这一刑事诉讼功能的做法。

为了促使证人亲自出席法庭，在事实裁判者面前接受控、辩双方的询问、质证，刑事诉讼法庭质证规则专门设定了传闻证据排除规则。

（二）不得强迫自证其罪条款

不得自证其罪规定在《公约》第14条第3款（庚）项，要求"不被强迫作不利于他自己的证言或强迫承认犯罪。"[1] 也就是说，在刑事诉讼法庭审判程序中被告人不得被强迫接受询问，除非他自己自愿放弃沉默权而踏上证人席。"为保护受到刑事诉讼追诉的被告人的合法权益，联合国人权事务委员会将不得自证其罪原则的适用扩大到了刑事法庭审判程序之外的侦查阶段，要求当局不得为获得被告人的有罪供述而对其施以不当影响。"[2]

此外，为了消除证人出庭作证给自己带来的危险，不得强迫自证其罪原则同样也适用于出庭作证的证人。因为一旦经过宣誓走上证人席，证人就会面临来自控、辩双方的询问，有受到相对一方攻击的可能性，而为了保证证

---

[1] 《公民权利和政治权利国际公约》。

[2] 杨宇冠著：《国际人权法对我国刑事司法改革的影响》，中国法制出版社2008年版，第246页。

人履行其作证义务，如实提供证言，越来越多的国家在吸收《公约》规定同时，将不得自证其罪的原则扩大到刑事诉讼的证人范围内，以使其无后顾之忧地发挥证人功能。

根据联合国人权事务委员会的解释，不得强迫自证其罪与《公约》第 7 条和第 10 条第 1 款的规定密切相关。《公约》第 7 条规定："任何人均不得加以酷刑或施以残忍的、不人道的或侮辱性的待遇或刑罚，特别是对任何人不得未经其自由同意而施以医药或科学实验。"[①]《公约》第 10 条第 1 款规定："所有被剥夺自由的人应给予人道及尊重其固有的人格尊严的待遇。"[②] 据此可知，不得强迫自证其罪中的强迫一词至少包含了酷刑、残忍不人道或侮辱性的待遇或刑罚、医药或科学实验、侮辱人格的待遇等多方面的内容。然而，强迫自证其罪的内容并不限于《公约》所列举的内容，强迫的种类和方式多种多样，难以穷尽，但还是可以从形式上将其划分为身体上的摧残与精神上的摧残两个大类的。不论具体行为如何，只要是违背被告人的意愿而获得被告人有罪供述的做法都是违背《公约》关于不得自证其罪原则的规定的。为了保证刑事诉讼司法公正性，不得强迫自证其罪也同样是刑事诉讼法庭质证规则所包含的特权规则之一。

此外，不得强迫自证其罪是赋权性规定，《公约》将其作为被告人的最低限度保证条款予以规定，因而根据《公约》的规定，被告人是不得强迫自证其罪特权的权利主体，那么被告人就有权利根据自己的意志自由处分自己的权利，也就是说不得自证其罪特权是可以被放弃的，但是被告人的弃权必须以明知、自愿为前提才具有法律效力。

二、国际刑事审判中的法庭质证规则

从第一次世界大战结束后英、美、法三国与德国签订《凡尔赛条约》到常设国际刑事法院的建立，国际刑事审判的形成与发展经历了近一个世纪：一战后，协约国仅对少量的战犯进行了审判，国际刑事审判的雏形已初步形成；第二次世界大战后，国际社会制定了《纽伦堡国际军事法庭宪章》（以下简称《纽伦堡宪章》）和《远东国际军事法庭宪章》（以下简称《远东宪章》），并依此对战犯进行了审判，正式确立了国际刑事审判的规则；1993 年前南斯拉夫国际特设法庭成立，1994 年卢旺达国际特设法庭成立，其刑事

---

① 《公民权利和政治权利国际公约》。

② 《公民权利和政治权利国际公约》。

审判规则修正并发展了早期的国际刑事审判规则；2002 年 7 月 1 日《国际刑事法院罗马规约》正式生效，该规约乃集国际刑事审判规章之大成为一身者，不仅明确了国际刑事审判机构的确立形式，而且对国际刑事审判管辖的罪行及操作程序作出了明确的规定。下文将分三个阶段进行介绍。

（一）国际刑事审判规则的正式确立——《纽伦堡宪章》和《远东宪章》

《纽伦堡宪章》是英、美、法、苏四国为了审判德国战犯创设的国际刑事诉讼所遵循的审判规则。该宪章规定由四国各自指派一名法官和一名预备法官组成国际军事法庭审理无法确定犯罪地的德国战犯。《远东宪章》是由中、苏、美、加、英、法、荷、澳、印、菲、新西兰 11 个国家的代表组成的审判日本战犯的国际军事法庭所依据的审判规则。这两个宪章的规定是国际刑事审判规则正式确立的标志，但关于刑事诉讼法庭质证的规定却并不细致，涉及法庭质证规则的相关内容大致包括以下三个方面：

第一，证人要经过宣誓并当庭作证。根据《纽伦堡宪章》第 17 条的规定："法庭有权为正式审讯传唤证人，要求证人出庭并作证，向证人提出问题；法庭有权要求证人宣誓。"① 《远东宪章》第 11 条规定"法庭有权传唤证人出庭作证，并对其加以讯问；有权命令每一名证人进行宣誓、保证或作出依其本国习惯证人应作之声明，并执行宣誓。"②

第二，起诉当局和辩护人都有权对证人和被告人发问。根据《纽伦堡宪章》第 24 条（七）之规定："起诉当局和辩护人应对任何作证的证人和被告人严加诘询，并有权对其进行交叉询问。"③ 《远东宪章》第 9 条（丁）规定："被告人有权由其本人或者辩护人（但不得同时由二者）进行辩护，有权诘问任何证人，但应受法庭的合理限制。"④ 此外，根据《纽伦堡宪章》第 16 条规定："被告人有权在审理过程中对向他提出的任何控告发表与之相关的申述；有权亲自准备或通过其辩护律师准备为其本人辩护的证明材料，并在盘问中听取起诉当局所传唤的任何证人的证词。"⑤

第三，由法庭裁定证据的可采性。《纽伦堡宪章》第 24 条（四）规定："法庭询问起诉当局和辩护方是否希望向法庭提供证据和提供何种证据，并

---

① 《纽伦堡国际军事法庭宪章》。
② 《远东国际军事法庭宪章》。
③ 《纽伦堡国际军事法庭宪章》。
④ 《远东国际军事法庭宪章》。
⑤ 《纽伦堡国际军事法庭宪章》。

裁定任何证据的可接受性。"① 《远东宪章》第 15 条（丁）规定"起诉当局和被告双方均可各自提出证据，但证据的可采性由法庭决定。"②

除了两个宪章之外，根据《远东宪章》第 7 条的授权，远东法庭制定了《远东军事法庭程序规则》及《远东军事法庭程序规则的修正与补充》，在《程序规则的修正与补充》的第 5 项中明确规定了刑事法庭审判程序中控、辩双方询问证人的具体办法，规定了控辩双方询问证人的具体方式，为国际刑事法庭质证规则奠定了初步的基础。具体而言：

第一，对被告一方传唤的证人进行主询问和交叉询问。询问证人首先由传唤证人的一方进行。根据第 5 项（甲）之规定："除非本法庭特别许可，对被告所提供出庭作证的每一证人，被告全体只能推选一名辩护律师向他作主询问（direct examination in chief）。此外，任何个别被告的辩护律师亦可请求对证人作补充的主询问，但其询问范围只限于与该被告个人特别有关之事项或问题为主的，且直接询问未曾涉及的内容。在作此种询问之前，辩护律师必须首先向法庭声明他将对证人作主询问。"③（乙）则进一步规定："在对每一证人的所有主询问作完之后，如果任何被告认为在答复主询问的证言中有对他个人的不利之处，则他的辩护律师可以请求对该证人作交叉询问，在证人答复这种交叉询问时，如果任何其他被告发现有对他不利的证言，则该被告的辩护律师亦可请求对该证人作交叉询问。在作出交叉询问之前，辩护律师必须首先向法庭声明他对证人将作交叉询问。"④

第二，公诉方的交叉询问。根据（丙）的规定："在所有辩护律师对被告方传唤证人的主询问和交叉询问完全终结后，起诉方应立即开始对该证人作全面的交叉询问。此询问仅能由一名检察官为之，但经法庭特别允许的不在此限。"⑤

第三，再主询问和再交叉询问。根据（戊）的规定："在控、辩双方对某一证人的主询问和交叉询问全部毕之后，被告如认为有必要。可向证人进行再主询问（re-direct examination）。再主询问，非经法庭特别许可，只能由一名辩护律师为之。但任何被告人的辩护律师如果认为再主询问存在应当涉及而未涉及或未澄清的问题，亦可请求法庭允许其对证人再作个别的、有限

----

① 《纽伦堡国际军事法庭宪章》。

② 《远东国际军事法庭宪章》。

③ 《远东军事法庭程序规则的修正与补充》。

④ 《远东军事法庭程序规则的修正与补充》。

⑤ 《远东军事法庭程序规则的修正与补充》。

的再主询问。"① （丁）则相应地规定了再交叉询问，即"在公诉方对证人的交叉询问完毕以后，如果任何被告发现在证人答复此项询问中包含新的对他不利的证言，则该被告的辩护律师可以请求对该证人再进行一次或多次交叉询问。"②

（二）国际刑事审判规则的发展——《前南斯拉夫国际刑事法庭规约》和《卢旺达国际刑事法庭规约》

1993 年，联合国安理会审议并通过了第 808 号决议，认为成立一个国际法庭，有助于恢复与维护和平。同年 5 月，安理会通过了附有《前南斯拉夫国际刑事法庭规约》（以下简称《前南规约》）的第 827 号决议，在海牙成立了国际法庭，并将该法庭命名为前南斯拉夫问题国际刑事法庭。法庭专门负责审判自 1991 年以来在前南联盟境内实施了违反国际人道主义罪行的人。1994 年 11 月 8 日，联合国安理会通过了第 955 号决议，决定在坦桑尼亚的阿鲁沙设立卢旺达问题国际刑事法庭，并由该法庭专门负责审理 1994 年 1 月 1 日至 12 月 31 日期间在卢旺达境内犯下种族灭绝罪和其他严重违反国际人道主义罪行的人。卢旺达刑庭于 1995 年正式成立，以《卢旺达国际刑事法庭规约》（以下简称《卢旺达规约》）为审判依据进行审理活动。《前南规约》和《卢旺达规约》是对《纽伦堡宪章》和《远东宪章》的发展，形成了比较稳定的审判规则。根据《卢旺达规约》第 14 条的规定，"卢旺达问题国际法庭的法官采用前南国际法庭的程序规则，并可以做出他们认为必要的更改"。③ 而前南法庭则根据《前南规约》第 15 条的授权，通过了"关于诉讼预审阶段、审判和上诉的进行、证据的采用、受害人和证人的保护和其他相关事项的《程序和证据规则》"。④ 1994 年 3 月 14 日，这一规则正式公布实施。

就刑事诉讼法庭质证规则而言，前南斯拉夫国际法庭和卢旺达国际法庭不同于纽伦堡法庭和远东法庭的新做法主要有以下几个方面：

第一，就主询问中的诱导性询问问题而言，在前南法庭和卢旺达法庭进行的主询问并非如纽伦堡军事法庭一般严格禁止诱导性询问，而是规定"对于相关的背景性的事项以及控、辩双方都没有争议的事项允许在主询问中以

---

① 《远东军事法庭程序规则的修正与补充》。
② 《远东军事法庭程序规则的修正与补充》。
③ 《卢旺达国际刑事法庭规约》。
④ 《前南法庭程序和证据规则》。

诱导性询问的方式进行，以便加快诉讼进程、节约司法成本"。①

第二，就交叉询问的范围而言，前南法庭和卢旺达法庭所允许的交叉询问范围与纽伦堡法庭和远东法庭相比更为宽泛，规定"交叉询问中只要提出的问题与审判案件相关即可，而并非仅仅只能限制于主询问所涉及的相关问题。"②

第三，关于特殊证据的排除规则。《程序和证据规则》第 72 条规定"对取得证据方式的可靠性具有实质性怀疑的证据和对与刑事诉讼程序的公正性具有对立性并严重违背程序的证据不能作为证据使用。"③

第四，律师与委托人特权规则。《程序和证据规则》赋予了被告人一项特权，即律师与委托人关系特权。第 73 条规定"律师和委托人之间有关案件的全部沟通都受到特权保护，可以不在庭审中公开。但是经过委托人同意公开或者有证据证明委托人已自愿向第三方公开的内容除外。"④

（三）国际刑事审判规则之大成——《国际刑事法院罗马规约》

从国际社会意识到应当建立一个惩罚反人类罪行的法庭到 1998 年联合国外交大会通过了《国际刑事法院罗马规约》（以下简称《罗马规约》）历时近一个世纪。根据《罗马规约》第 126 条的规定，该规约将在 60 个国家批准后生效，因而到 2002 年在达到批准国数量的同时《罗马规约》最终生效，并在此基础上设立了一个以惩罚反人类和其他严重国际罪行为宗旨的常设国际刑事法院，管辖在《罗马规约》生效当日以及生效日之后发生的罪行。

《罗马规约》是经过《纽伦堡宪章》、《远东宪章》、《前南规约》以及《卢旺达规则》的实践发展演化而成的，是国际刑事审判规则之大成者。在刑事诉讼法庭质证规则的设计上，《罗马规约》中吸收了《纽伦堡宪章》、《远东宪章》、《前南规约》以及《卢旺达规则》中的合理做法，如要求证人附誓作证、控辩双方以询问的方式进行质证、赋予被告人的证人同样的作证机会、令被告方有机会询问对其不利的证人、非法证据排除规则、特权规则等，与此同时《罗马规约》还规定了不得自证其罪原则、在特殊情况下，诸如为了保护证人等情况，准予证人借助音像技术提供证言，但这种做法不应

---

① 参见肖玲：《国际形势诉讼中的证据出示和质证规则》，载《国家检察官学院学报》2010 年第 4 期。

② 参见肖玲：《国际形势诉讼中的证据出示和质证规则》，载《国家检察官学院学报》2010 年第 4 期。

③ 《前南法庭程序和证据规则》。

④ 《前南法庭程序和证据规则》。

损害或违反被告人的权利。此外，《罗马规约》中还出现了关于证据可采性的价值衡量条款，规定裁定证据的可采性时要衡量证据的证明价值和该证据造成的不公正偏见的危险。

在一定意义上看，《罗马规约》中关于刑事诉讼法庭质证规则的规定是以国际刑事审判规则和实践为基础，又加入了新的合理规则而形成的质证规则。这些规则中有的是经过国际刑事审判的实践检验验证的、具有合理性的规则；有的是与时代发展相一致而从各国的立法、司法实践中吸收而来的规则。在诉讼模式的选择上，国际刑事法院采纳了对抗制的构架，但是并不存在陪审团，法官也并非消极听审。因而国际刑事法院可以看作是在对抗式与审问式相结合的基础上构成的混合式诉讼模式，并以《罗马规约》和相关的诉讼规则为依据，为惩罚国际社会中的灭绝种族罪、战争罪、危害人类罪等严重罪行而存在的法院。

第三节　法庭质证规则溯源和发展

刑事诉讼法庭质证规则是英美法系进行刑事诉讼法庭质证的重要依据，建立在对抗制诉讼模式之上，在美国法的历史上经历了从无到有，从有到优的发展过程。

一、对抗制诉讼模式的影响

美国刑事诉讼建立在普通法基础之上，采对抗制诉讼模式。刑事诉讼的审判法庭由主审法官和陪审团组成，审判法庭本身在庭外不进行任何证据调查和收集行为，而是由控辩双方律师来收集证据、选择证据、出示证据、调查和探究证据，法庭基于双方律师对于庭上证据的质证和辩论而判断被告人罪与非罪。这便是对抗制最为突出的特点。

美国诉讼程序的设计建立在这样一个理念之上，即"发现事实是关键，发现事实之后的法律适用是一件简单的事情"。[①]因而，刑事诉讼程序的设计和演变都致力于最大限度地发现案件事实这一目的。威格摩尔说："交叉询问是发现案件事实真相的最伟大装置。"[②]然而，这一认识在刑事诉讼发展史

---

①　William Blackstone, Commentaries on the Laws of England 330(Oxford 1765-69)(4 vols.).

②　［美］米尔建·R. 达马斯卡著：《漂移的证据法》，李学军等译，中国政法大学出版社2003年版，第59页。

上并非最初就存在，而是经历了一个发展的过程，这一历史发展演变过程可以追溯到近代早期的英国普通法。

历史上，对抗制诉讼经历了从无到有，诉讼程序也经历了从最初的没有律师参与刑事诉讼到律师主导刑事诉讼（律师调查收集并出示证据、询问和交叉询问证人）这一演变过程。近代早期（16世纪末到17世纪），刑事诉讼中没有律师参与，也没有警察或者公诉人参与，法庭审理要迫使被告人针对指控作出答复，将其作为案件信息和材料的来源。"如果被告人是无辜的，其针对指控的答复具有自我澄清作用；如果被告人是有罪的，其针对指控的答复将揭露事实，但被告人之外的其他人代替被告人对指控作出答复则不利于发现案件事实。"[1] 直到17世纪末，律师禁止介入刑事案件的情况才稍有松动，1969年英国《叛国罪审判法》，开启了对抗制刑事诉讼的审理模式的萌芽，当贵族面临叛国罪指控时，允许辩护律师介入审判程序，为被告人提供辩护。到18世纪30年代，为了防止审前取证程序对被告人造成不公正的危险，法官开始允许律师协助重罪案件的被告人，为其在刑事审判中询问和交叉询问证人，此后律师便频频出现在重罪法庭，并迅速成为重罪法庭的重要参与者。当时法官为了减少审前程序对被告人获得公正审判造成的危险，创设了刑事证据法，其中最重要的两个证据规则就是共犯证言补强规则和审前自白排除规则。但这一时期，对抗制诉讼还没有形成。因为，法官认为刑事审判程序的目的在于修复审前阶段的错误，以形成正确的判决，而律师参与刑事审判只是为达成这一"修复"任务提供助力。因而，律师在审判时禁止向陪审团进行陈述，只能帮助被告人询问和交叉询问证人，既不得作开庭陈述和终结陈述，也不得代替被告人回答问题，被告人仍然作为案件信息的来源而存在。18世纪中后期开始，刑事诉讼的对抗制模式逐步取代了早期的诉讼模式，控诉律师、特别是辩护律师开始主导法庭审判程序。辩护律师在法庭上要衡量控诉律师的证明责任是否完成，这在很大程度上使刑事审判成为了辩护律师检验控诉律师起诉案件的程序，刑事辩护律师也在一定程度上替代了法官的角色，与此同时被告人也不必再开口说话了。法国曾有评论者说过："英国的法官在法庭上并不知道接下来将发生什么……用一根棍顶着被告人的帽子树在法庭上也不会对审理造成不便。"[2] 由此，法官和被告人在

---

① William Hawkins, A Treatise of the Pleas of the Crown 400 (London 1716, 1721) (2 vols.).

② Charles Cottu, On the Administration of Criminal Justice in England (London 1822), translation De l' administration de la justice in criminelle en Angleterre (Paris 1820).

庭审中的形象可见一斑，也正因如此，司法实践中开始引出了反对自证其罪特权和超越合理怀疑的证明标准。

二、刑事诉讼法庭质证规则在美国的产生和发展

刑事诉讼法庭质证规则是约束刑事诉讼的控、辩双方进行直接询问和交叉询问的方式与内容的规则。"在整个直接询问和交叉询问期间，控、辩双方都必须遵守相关的证据规则。"① 美国的刑事证据规则来源于三个部分，其一是英国普通法长期的司法实践；其二是美国联邦最高法院对于宪法的解释；其三是针对证据而规定的制定法。据此，美国的证据规则，包括刑事诉讼法庭质证规则中的相关证据规则都可以溯源至早期英国的刑事证据制度。

15 世纪，英国的陪审团完成了从知情陪审团向不知情陪审团的转变。自此，"陪审团不再作为一个对案件信息通晓的群体，而是作为一个聆听和评价证据的群体而存在"。② 不过，"不知情陪审团审理刑事案件之后相当长的一段时间内，刑事诉讼依然没有实现对抗式审判，直到 18 世纪 30 年代起对抗式刑事审判才开始正式登上历史的舞台，律师才开始在刑事法庭上发挥询问和交叉询问证人的作用"。③ 由于不知情陪审团和律师交叉询问制度一起出现在刑事诉讼中，作用于刑事诉讼审判程序，为了提高证据的可靠性，便产生了创设一套证据规则的需求和土壤，这可以作为早期刑事诉讼证据制度产生的背景。正如威格摩尔所言："交叉询问的一个显著效果是通过法庭审判中对证人的多重询问而发展出证据规则。"④事实上，在询问过程中产生和发展出来的最主要的询问规则就是诱导性询问规则。即进行主询问时不得提出诱导性问题，而进行交叉询问则允许提出诱导性问题。

18 世纪 90 年代，在讨论出庭律师应当如何对待证人时，托马斯·吉斯波恩提出了一系列品行标准，"律师不能诋毁对方证人的名誉；也不应该……想方设法损害其证言应有的可信度。律师不能声色俱厉，以威胁……来恐吓证人，也不能以狡辩和诡计欺负证人的不谙世故。律师不能……实施

---

① ［美］艾伦·豪切斯泰勒·斯黛丽·南希·费兰克著：《美国刑事法院诉讼程序》，陈卫东、徐美君译，中国人民大学出版社 2002 年版，第 528 页。

② Barbara J. Shapiro, Beyond Reasonable Doubt and Probable Cause: Historical Perspectives on the Anglo-America Law of Evidence, University of California Press, 1991, p.4.

③ ［美］约翰·H. 兰博约著：《对抗式刑事审判的起源》，王志强译，复旦大学出版社 2010 年版，第 257 页。

④ John Henry Wigmore, Evidence in Trials at Common Law, Peter Tillers Rev., Little Brown and Company, vol.2, p.608.

阴谋，从证人的言语中引申出与其本意不符的内容。如果律师相信证人没有说假话，那么我就对律师挖空心思从证人的证言中找出似是而非的矛盾这类做法深恶痛绝"。[①] 这些标准是针对刑事诉讼法庭审判中律师询问证人而提出的，可以看作是刑事诉讼法庭质证规则的萌芽。

相对而言早期的质证规则非常简单，而现代质证规则多是通过判例的形式确定下来的，相对就复杂得多了。在证据规则的建立过程中，美国走上了证据法典化的道路。"1942 年，美国法律协会起草了《模范证据法典》，但司法部门并没有予以采纳，不过美国律师协会却在 1946 年宣布以此《模范证据法典》为基础，草拟证据规则，到 1953 年由美国律师协会和国会的州法律委员会共同草拟了一套《统一证据规则》，然而遗憾的是该证据规则只取得了极少数州的支持。"[②] "1961 年，美国司法委员会批准建立了一个证据规则咨询委员会，历时 8 年时间，直到 1969 年，《联邦证据规则》草案才正式推出。"[③] 1972 年，美国联邦最高法院批准了该草案，然而，几经波折之后，直到 1975 年 7 月，《联邦证据规则》（Federal Rules of Evidence.）才正式生效并实施。而美国《联邦证据规则》是美国联邦法院刑事诉讼庭审质证规则的主要依据之一，此外，《联邦刑事诉讼规则》（Fed.R.Crim.P.）、《联邦保密程序法案》（Classified Information Procedure Act）、《美国法典注释》（U.S.C.A.）以及在司法实践当中产生的判例法等都成为了美国刑事诉讼法庭质证规则的来源和依据。

---

① See Thomas Gisborne, an Enquiry into the Duties of Men (Fourth Edition), London, 1979. pp.377-378.

② Stephen A. Saltzburg, Michael M. Martin, Naniel J. Capra, Federal Rules of Evidence Manual (6th edition), The Michie Company, 1994, p.365.

③ Committee on Rules of Practice and Procedure of the Judicial Conference of the United States, Preliminary Draft of Proposed Rules of Evidence for the United States District Court and Magistrates, 1969.

第二章 刑事诉讼法庭质证规则的
理论基础和价值

规则的产生离不开理论基础的支持，规则的发展离不开价值观念的引导。刑事诉讼法庭质证规则也不例外，其产生和发展也是建立在一定的理论基础和价值追求之上的。有鉴于此，本章将以刑事诉讼法庭质证规则的理论基础和价值分析为内容进行论述。

第一节 刑事诉讼法庭质证规则的理论基础

在美国的刑事诉讼庭审过程中，控、辩双方在法庭质证规则的引导下，以提出证据异议的方式质疑庭审证据的可信性，从而达到将证据排除出法庭的目的。而设立法庭质证规则的意义就在于引导庭审中的控、辩双方遵循一定的法庭质证规则进行举证、质证行为。下文将从人权保障、平等武装、诉讼正义三个方面探寻刑事诉讼法庭质证规则的理论基础。

一、刑事诉讼法庭质证规则要落实人权保障

在刑事诉讼中"贯彻和落实人权保障已经成为法学理论界和司法界的普遍共识"。[①] 简单地说，人权是指社会中每个人都享有或者应该享有的权利。"人权一词包括两层含义：其一，是法律意义上的权利，由各种各样的权利构成；其二，是若干类关于人及人类社会应该怎样对待人、尊重人的原则，简称为'人道'。一般说来，人权概念是由权利和人道这两个概念共同构成的，是这二者的融合。"[②] 保障人权是法治社会的重要标志，保障人权的具体落实则依赖于具体的法律规范。对此，曾有学者提出"法治的真谛在于人权

---

① 陈瑞华著：《刑事诉讼的前沿问题》，中国人民大学出版社 2000 年版，第 99 页。
② 夏勇著：《人权概念起源——权利的历史哲学》，中国政法大学出版社 2001 年版，第 2 页。

的保障，而人权保障则是通过民主的政治法则和法治的程序法则来实现的。"① 具体到刑事诉讼领域，人权保障便与刑事诉讼法密不可分了。

学界对于刑事诉讼中人权保障的具体含义形成了多种不尽相同的主张。有的学者认为："刑事诉讼中的人权保障内涵十分丰富，它包含以下几个方面：一是通过对犯罪人的及时惩处，保护一般公民的人身、财产、生命等合法权利，使其不受犯罪行为的侵犯；二是在打击犯罪的同时保障无罪的人不受刑事追究；三是保障包括犯罪嫌疑人、被告人、被害人在内的所有诉讼参与人的诉讼权利得到充分行使；四是保障有罪的人受到公正的惩罚，即做到程序合法、事实准确、定罪正确、量刑适当。"② 有的学者认为："刑事犯罪的存在，是社会发展的一个不稳定的因素，所以，刑法和刑事诉讼法都把惩罚犯罪、保护人民作为它的宗旨和任务，这是人权保障思想的重要体现是人权保障机制中的首要内容；同时，依法保护当事人及其他诉讼参与人的诉讼权利，保障无罪的人不受刑事追究，也是人权保障的基本内容。"③ 还有的学者认为："保障人权的基本目的有三层含义：一是保障无罪的人不受刑事追究和保护有罪被告人的合法权益以及辩护人的诉讼权利；二是保护自诉人、被害人、证人等诉讼参与人的合法权益；三是保护一般公民的合法权益。"④ 实际上，不论学者们如何论述刑事诉讼中的人权保障，我们都能够从他们的定义中看到刑事诉讼人权保障至少具有三重基本含义：其一是程序意义上的人权保障。在刑事诉讼中保障人权首先要保障刑事诉讼的参与人，特别是刑事诉讼中的被追诉人的程序性权利得到充分尊重和有效行使。其二是结果意义上的人权保障。完整的刑事诉讼活动，最终都会产生一个结果，能够使有罪的人罪当其罚，使无罪的人不受刑事追究，并尽早摆脱诉累体现的便是结果意义上的人权保障。其三是社会普遍意义上的人权保障。追究犯罪，维护社会安定是刑事诉讼的重要使命之一，故而，刑事诉讼中的保障人权还包含着通过国家准确、及时地追究犯罪，进而保障所有社会公民的人权，保护人民的合法权益的意义。

作为保障刑事诉讼程序有效运行的重要组成部分，刑事诉讼法庭质证规

---

① 夏勇：《中国宪法改革的几个基本理论问题》，载《中国社会科学》2003 年第 2 期。

② 陈光中：《坚持惩治犯罪与保障人权相结合、立足国情与借鉴外国相结合——参与刑事诉讼法修改的几点体会》，载《政法论坛》1996 年第 6 期。

③ 樊崇义：《刑事诉讼与人权保障》，载陈光中、江伟主编：《诉讼法论丛》（第 2 卷），法律出版社 1998 年版，第 70 页。

④ 李心鉴著：《刑事诉讼构造论》，中国政法大学出版社 1992 年版，第 138 页。

则的设计和构建也同样是以尊重和保障人权为基石的，更是落实和实现刑事诉讼保障人权这一基本理念的重要手段之一。具体而言：

首先，刑事诉讼法庭质证规则能够规范庭审质证，使庭审质证活动有章可循、有典可考。制定明确而合理的法庭质证规则，使参与刑事诉讼的人通晓和遵守质证规则，在刑事诉讼庭审过程中恰当地运用质证规则进行质证，这是保证刑事诉讼法庭质证活动顺利、有序、有效进行的基础。刑事诉讼恰似一场控、辩双方在法庭中进行的"决斗"，只有设定并公布出具有明确性和稳定性的"决斗规则"才能保证这一"决斗"的规范性和公平性。刑事诉讼法庭质证规则能够使刑事诉讼庭审质证过程中的控、辩双方有机会凭借具有明确性和稳定性的质证规则，进行攻防辩论，并以此在刑事诉讼活动中维护己方的合法利益。

其次，刑事诉讼法庭质证规则能够保障控、辩双方充分、平等、有效地行使质证权，进而落实刑事诉讼中的人权保障。刑事诉讼庭审质证规则是规范刑事诉讼庭审质证的规则，因而在刑事诉讼庭审质证过程中，参与刑事诉讼庭审的控、辩双方都应当遵守庭审质证规则，在质证规则的规范下，行使质证权，实现控、辩双方的公平对抗，而控、辩双方出庭律师能够深入地理解、掌握和熟练地援引、使用刑事诉讼庭审质证规则，对于双方在庭审中巧妙运用质证规则、充分有效质证意义非凡。

最后，刑事诉讼庭审质证规则贯穿着衡量证据价值的理念。一项证据即便对案件事实具有证明价值，但是，如果该证据是以侵犯人权而取得的或者该证据对被告人具有不公正的偏见会对事实裁判者产生不当的影响，那么援引相关的质证规则就可以要求将这项证据加以排除，因为此时质证规则的价值天平是倾向于刑事诉讼人权保障理念的。实际上，为了避免在刑事诉讼中过分追求案件事实，而忽视人权保障，刑事诉讼法庭质证规则的设计在价值衡量的基础上，对相关质证规则的构建也不乏落实保障人权的各种具体规则。例如，为了避免受到刑事追诉的被告人遭受不公正的偏见而禁止公诉方首先提出被告人的品行证据攻击被告人的规则；为了避免证人遭受无端的凌辱和责难而禁止询问方以证人的宗教信仰为由弹劾证人可信性的规则；为了保护更重要的社会关系和价值而规定了诸如夫妻特权、律师委托人特权等在内的特权规则，等等。

二、刑事诉讼法庭质证规则要维护控辩平等

"民主社会对于平等的渴望是强烈的、无法满足的、没有节制的和压倒

一切的。"① 对于平等的重要性，庞德有一段经典论述，他曾说道："当人们知道这些原则和规则将被一视同仁地适用于所有的人身上时，他们就情愿使自己服从于这些原则和规则的要求，这是符合人类尊严的；相反，在没有规则的情况下，如果掌握着社会权力的人，将每一件事情都当作一个特殊问题来处理，并对人们加以任意践踏，那么他们是会遭到人们的坚决反抗的。"② 对于平等的含义，学者们有不同的解释，有的学者认为："从某一标准看来，平等意味着相同的人给予同样的对待。"③ 还有学者主张："平等是一定主体之间，类似情形类似对待，不同情形不同对待。既反对特权也反对歧视，是一种对等对待的原则与状态。"④ 虽然平等不易求，但人类社会对平等的追求却从未停止过。正如乔万尼·萨托利在《民主新论》中所言："不平等易，因为它只需要随波逐流；平等难，因为这需要逆流而动。但平等也是我们所有理想中最不知足的一个理想，其他种种努力都有可能达到饱和点，但追求平等的历程却几乎没有终点，因为在某个方面实现的平等有可能会在其他方面产生明显的不平等。因此，如果说存在着一个使人踏上无尽历程的理想，那就是平等。"⑤

平等涉及人类社会生活的方方面面，"人类运用各种方式来保障或实现平等，法律便是最基本的途径和手段之一。作为一种公共行为准则，法律本身也必然包含着人类社会对于平等的追求"。⑥ 具体到刑事诉讼领域而言，实际上，从一定意义上来看，刑事诉讼的发展史就是一部被告人作为受到国家追诉权追诉的弱势一方与行使国家追诉权的公诉方在权利、地位上从不平等发展到平等的历史。从一定程度上看，"在诉讼法领域，平等原则关注的是诉讼权利的平等"，⑦ 而刑事诉讼法庭质证规则就是为了维护控、辩双方的平等而设计的。具体而言：

首先，刑事诉讼法庭质证规则维护了国家与个人在刑事诉讼活动中的平

---

① ［美］伯纳德·施瓦茨著：《美国法律史》，王军等译，中国政法大学出版社1990年版，第130页。

② ［美］庞德著：《通过法律的社会控制——法律的任务》，沈宗灵、董世忠译，商务印书馆1984年版，第67页。

③ 张文显著：《二十世纪西方法哲学思潮研究》，法律出版社2006年版，第425页。

④ 卓泽渊著：《法的价值论》（第二版），法律出版社2006年版，第130页。

⑤ ［美］乔万尼·萨托利著：《民主新论》，冯克利、阎克文译，上海人民出版社2009年版，第337~338页。

⑥ 陈光中主编：《辩诉交易在中国》，中国检察出版社2003年版，第316页。

⑦ 赖早兴著：《刑法平等论》，法律出版社2006年版，第130页。

等地位。刑事诉讼本质上是社会秩序与个人行为之间发生的冲突的产物，当国家委托检察机关充当公诉人追诉刑事犯罪时，刑事诉讼实际上就演变成了国家和受到刑事追诉的个人之间的利益冲突。而刑事诉讼庭审质证规则所维护的控、辩平等也就转变成了参与刑事诉讼活动的国家和个人在诉讼地位上的平等。之所以要以刑事诉讼庭审质证规则来约束控、辩双方的质证行为，平衡控、辩双方的力量，实现控、辩平等，其中的原因就在于，被告人在刑事诉讼中面临的是来自国家的追诉，而国家是拥有强大诉讼资源的一方，被告人无论在人力、物力、财力、科技等哪一方面都无法与国家拥有的强大资源相比拟，而控、辩双方在诉讼资源上的巨大悬殊会直接影响到刑事诉讼的最终结果，因而以庭审质证规则来平衡国家与个人的力量，保证国家与个人在刑事诉讼活动中地位平等具有不可忽视的价值。

其次，刑事诉讼法庭质证规则保证了刑事诉讼活动中控、辩双方的平等武装。欧洲人权委员会最早将平等武装解释为"检察官与被告人在刑事诉讼中的程序平等"。[①] 刑事诉讼是控、辩双方的一场决斗，要实现决斗公正性，控、辩双方拥有平等的攻防手段是基本前提。具体到刑事诉讼庭审质证环节，控辩双方的平等武装表现为：在形式上，刑事诉讼控、辩双方都要共同遵循庭审质证规则，控、辩双方传唤的证人要受到平等的对待，双方要能够平等地援引和使用质证规则进行攻防；在实质上，考虑到控、辩双方在诉讼力量上的巨大差异，刑事诉讼庭审质证规则的设计要适当地向被告人一方倾斜，赋予被告人一方抵御国家公权力肆意侵犯其合法权益的特权。

最后，刑事诉讼法庭质证规则实现了刑事诉讼活动中对控、辩双方的平等保护。平等武装是实现诉讼公正的前提条件，但平等保护却是实现诉讼公正的重要保障。因为法官对证据可采性的判断是决定证据能否出现在事实裁判者面前的前提，而证据是事实裁判者据以认定案件事实的参考依据。刑事诉讼法庭质证规则一方面约束着庭审中控、辩双方的举证、质证行为，另一方面也是法官据以裁定证据可采性的重要依据。具有确定性和稳定性的质证规则有助于法官抑制个人偏见，客观、中立地对刑事诉讼中的控、辩双方加以平等的保护，即为控、辩双方提供平等的质证机会、平等地听取控、辩双方对证据的异议及其理由，不偏不倚地对证据的可采性作出判断。

---

① 陈瑞华著：《刑事审判原理论》，北京大学出版社 2003 年版，第 230 页。

三、刑事诉讼法庭质证规则要保证诉讼公正

正如罗尔斯在《正义论》中所言："忍受一种不公正的唯一理由是需要用它来避免另一种更大的不公正。"[①] 刑事诉讼追求的首要价值也在于公正，刑事诉讼的重要目的之一就在于追求诉讼公正。

诉讼公正可以分为程序公正和实体公正两个方面。"程序公正是过程的公正，是诉讼程序所体现的公正；实体公正是结果的公正，是案件实体的结局处理所体现的公正。"[②] 历史上有关程序公正的规范性表述最早出现于1215年英国《自由大宪章》，此后正当程序的观念不仅仅在英国落地生根，更漂洋过海在美国得到了进一步的发展和完善。美国学者马丁将程序公正的标准进行了总结，他认为："程序公正首先包括中立原则。这一原则要求（1）任何人不能为自己案件的法官；（2）冲突解决的结果中不应包含解决者的个人利益；（3）冲突的解决者不应存在对于任何一方当事人的偏见。其次，冲突的疏导原则。这一原则要求（1）冲突的解决者应当平等地告知双方当事人有关程序的全部事项；（2）冲突的解决者应当获知双方提交的证据并听取双方的辩论；（3）冲突的解决者应当在一方在场的情况下听取另一方的意见；（4）双方当事人应当有公平的机会回答另一方所提出的异议，并针对对方证据发表意见。最后，裁判原则。裁判原则包括（1）解决争议应当以理性推理为依据；（2）分析推理应当建立在当事人提出的证据和所进行的辩论之上。"[③] 就实体公正而言，刑事诉讼法视野下的实体公正标准主要包括四个方面："其一是准确地认定案件事实；其二是依法、合理地适用法律；其三是错案能够得到及时纠正和赔偿；其四是法院的生效裁判能得到公正的执行。"[④] 其中准确认定案件事实是实现实体公正的基础和前提，依法正确合理地适用法律是实现实体公正的重要手段，依法、及时、公正、合理、有效地执行生效判决是实现刑事实体公正的最终环节和必要保障性措施。此外，由于"不论在刑事司法程序的每个阶段如何费尽心机，错误的可能性依然存

[①] ［美］约翰·罗尔斯著：《正义论》，何怀宏等译，中国社会科学出版社1998年版，第2页。

[②] 陈光中主编：《刑事诉讼法》（第五版），北京大学出版社、高等教育出版社2013年版，第13页。

[③] ［美］马丁·戈尔丁著：《法律哲学》，齐海滨译，生活·读书·新知三联书店1987年版，第240页。

[④] 陈光中等著：《中国司法制度的基础理论问题研究》，经济科学出版社2010年版，第377页。

在",① 因而，为了真正实现实体公正，一方面刑事诉讼应当努力避免冤错案件的发生，另一方面发现冤错案件后应当及时予以纠正，并进行相应的国家赔偿。

就程序公正与实体公正的关系而言，大陆法系更多地支持实体优先论，其中较为典型的、极端的观点来自于边沁，他认为："程序法的唯一正当目的是最大限度地实现实体法。"② 而英美法系则盛行程序优先论。对此英国大法官曾经提出："必须遵守关于审判活动的程序，即使在一些例外的场合下，这样做有损于事实真相，也在所不惜。"③

实际上，从总体上看，"程序公正与实体公正是对立统一的，如鸟之两翼，相互依存，相互联系，当二者发生冲突时，应视具体情况而选择是程序公正优先还是实体公正优先"。④ 程序公正的价值首先在于保证实体公正，意在以公正的程序来促成公正的结果，正如麦考密克所言："一个公平的法律程序组织可以最大限度地增加作出公正决定的可能性。"⑤ 其次，程序公正也有其自身独立的价值。程序公正本身能够彰显出一个国家的民主、法治、文明程度。诚如美国联邦最高法院的一位大法官所言："权利法案的大多数规定都是程序性条款，这一事实绝不是毫无意义的，正是程序决定了法治与肆意的人治之间的基本区别。"⑥ 正是因为"一切有权力的人都容易滥用权力，而有权力的人使用权力一直要到有界限的地方才能休止"，⑦ 所以用正当法律程序对刑事诉讼进行规制，有助于增进民主法治的文明和进步。最后，公正的程序还有利于增加当事人以及社会大众对司法判决的接受度，增强司法权威性。因为，不论刑事诉讼的结果如何，公正的程序都有助于吸收遭受不利结果的一方当事人的不满情绪，增强刑事判决的可接受性，一旦刑事判决得到了控、辩双方的接受和认可，就在一定程度上完成了刑事诉讼惩罚犯罪、

---

① 〔英〕杰弗里·威尔逊主编：《英国刑事司法程序》，刘丽霞等译，法律出版社 2003 年版，第 456 页。

② 陈瑞华著：《刑事审判原理论》，北京大学出版社 1997 年版，第 28 页。

③ 〔法〕勒内·达维德著：《当代主要法律体系》，漆竹生译，上海译文出版社 1983 年版，第·337 页。

④ 陈光中：《刑事诉讼法再修改之基本理念——兼及若干基本原则之修改》，载《政法论坛》2005 年第 5 期。

⑤ 〔美〕麦考密克、魏因贝格尔著：《制度法论》，周叶谦译，中国政法大学出版社 2004 年版，第 262 页。

⑥ 季卫东著：《法治秩序的建构》，中国政法大学出版社 1999 年版，第 3 页。

⑦ 〔法〕孟德斯鸠著：《论法的精神》（上册），张雁深译，商务印书馆 1961 年版，第 155 页。

保障人权的诉讼功能，实现了诉讼终结性，而刑事诉讼程序终结性在一定意义上体现了法院的司法权威性。故而，从总体上来看，程序公正与实体公正是辩证统一的关系。当二者发生矛盾时，"无法泛泛导出何者必然优先于何者的简单铁律，而应针对具体层面之运用"，① 具体问题具体分析，相应地调整对程序正义和实体正义的价值侧重。

在刑事诉讼庭审过程中也同样时刻贯穿着对诉讼公正的价值追寻，具体到刑事诉讼法庭质证规则而言：

从保证程序公正方面来看，首先，刑事诉讼庭审质证规则是由一系列具体的质证规则构成的，其内容细致、操作明确、体系完备，是庭审中控、辩双方进行法庭质证的依据；其次，根据质证规则的规定，证人不得因为作证而单纯地遭到侮辱和陷入窘境；再次，质证的程序透明而且公开，法庭质证是本着公开、公平、公正的原则进行的；最后，审判法官对于控、辩双方中任何一方针对证据相关性、可采性而提出的异议都要依据质证规则当即作出合理而公平的裁断。

从保证实体公正方面来看，刑事诉讼庭审质证规则始终贯穿着证据价值衡量原则。为了保证最终法庭能够达成公正的判决，当证据所造成的不公正偏见远远大于该证据的证明价值时，该证据就不再是具有可采性的证据了，因而举证方也不得在事实裁判者面前出示该证据。此外，被告人一方对于初审法官针对其提出的证据异议作出的裁决不服的，有权利基于该证据异议权而要求上诉法院重新审查，以此达到纠正实体判决错误，最终实现实体公正的目的。

综上可知，刑事诉讼法庭质证规则维护刑事诉讼公正的价值既体现在维护诉讼程序公正方面，又体现在维护诉讼实体公正方面。实际上，这两个方面的诉讼价值是相辅相成的，正如车之两轮，鸟之两翼，共同践行着刑事诉讼维护诉讼公正的理念和追求。

第二节 刑事诉讼法庭质证规则的价值

刑事诉讼法庭质证规则的设计一方面在于约束控、辩双方律师的举证、质证行为，另一方面在于保护事实裁判者不受律师举证、质证技巧的蒙蔽，进而能够准确地发现和认定案件事实。其价值目标具体体现在提高诉讼效率，

---

① 林钰雄著：《刑事诉讼法》，台湾图书馆 2003 年版，第 12 页。

维护诉讼公正、鼓励双方在庭上出示具有可采性的证据、避免事实裁判者滥用证据、特殊情况下保护更重要的价值而非精确认定事实四个方面。其中前三个价值都是为了发现案件事实服务的，而最后一个则是在特定情况下，倾向于保护某些更重要的价值而非单纯地发现案件事实。

一、提高诉讼效率，维护诉讼公正

诉讼效率是诉讼中所投入的司法资源与所取得的成果之间的比例；诉讼公正包含诉讼程序公正和诉讼实体公正两层含义。关于诉讼效率与诉讼公正的关系，理论界有三种不同的观点：

第一种观点主张诉讼效率优先。持此观点的学者认为："降低诉讼成本，提高诉讼效率，是完善诉讼机制的基本措施，诉讼效率在价值位序的排列上占据优先地位。"[1] 正所谓"迟来的正义非正义"，"诉讼效率低下带来的不仅仅是诉讼成本的增加以及诉讼收益的减少，更带来了对司法正义的损害。"[2] 当司法裁判的及时性受到损害时，一方面有可能基于案件周期的拖延，使得争议案件的证据流失，甚至消灭，进而影响案件实体判决的准确性；另一方面即便经过漫长、拖沓的刑事诉讼程序，最终得到了符合实体正义的裁判结果，但是受到刑事诉讼判决影响的人，在漫长的诉讼程序中，长时间地挣扎在未决状态里，这对其合法权益和人格尊严都造成了损害。

第二种观点主张诉讼公正优先。持此观点的学者认为："诉讼公正是刑事诉讼的最基本原则，失去诉讼效率的司法模式还可以被认为是司法模式，但是，失去诉讼公正的司法模式，失去的却是司法模式的生命。"[3] 在刑事诉讼中，诉讼公正具有实体公正和程序公正两层含义，理想的结果是以程序公正促进和保障实体公正，最终能够使得程序公正和实体公正都得到实现。但是，一旦诉讼公正与诉讼效率二者发生冲突时，要优先考虑诉讼公正，将诉讼公正置于诉讼效率之前，因为"诉讼制度或诉讼程序真正永恒的生命基础在于它的公正性"，[4] 而非仅仅对诉讼效率的追逐。

第三种观点主张兼顾诉讼效率和诉讼公正两种价值。主张这种观点的学者认为，刑事诉讼程序的进行要在保证诉讼公正的前提下，努力提高诉讼效

---

[1] 张正德：《刑事诉讼法价值评析》，载《中国法学》1997 年第 4 期。

[2] 陈瑞华著：《看得见的正义》（第二版），北京大学出版社 2013 年版，第 61 页。

[3] 马贵翔：《公正、效率、效益——当代刑事诉讼的三个基本价值目标》，载《中外法学》1993 年第 1 期。

[4] 柴发邦著：《体制改革与完善诉讼制度》，中国人民公安大学出版社 1991 年版，第 39 页。

率，尽量以最小的司法资源投入取得最多的诉讼成果，以高效的诉讼运作，减少案件消耗的时间。实际上，如何做到以最少的司法资源投入尽量获取最多的诉讼成果，实现诉讼效率与诉讼公正之间的价值平衡，已经成为当今国际社会刑事司法的普遍价值追求。

诉讼效率和诉讼公正休戚相关，因为在追究诉讼公正的过程中，诉讼效率也是促进诉讼公正的重要因素；而在追求诉讼效率的同时，也同样不应当忽视诉讼公正这一刑事诉讼的本质要求和价值目标。刑事诉讼是涉及公民人身自由的诉讼程序，提高诉讼效率在刑事诉讼领域内意义重大，意大利著名法学家贝卡里亚就曾著文道："惩罚犯罪的刑罚越是迅速和及时，就越是公正和有益。"① 然而，提高诉讼效率是不能以牺牲诉讼公正为代价的，只追求诉讼效率而不顾诉讼公正的诉讼程序都是难以被人们接受的诉讼程序，与此相反，应当提倡以提高诉讼效率来促进诉讼公正、维护诉讼公正。具体到刑事诉讼法庭质证规则的设计亦是如此。

在刑事诉讼庭审过程中，为节约诉讼成本、避免浪费庭审时间、提高诉讼效率，维护诉讼公正，法庭质证规则倾向于将过分浪费法庭时间的证据排除在外，如一般性地禁止律师引用外部证据证明非实质性问题。通常经验丰富的美国律师在刑事诉讼庭审质证中会避免使用这类增加诉讼成本的证据。不过，在刑事诉讼庭审过程中有些律师可能会出于策略性的考虑而在质证中出示此类证据，如律师手中并没有比这类证据更好或者更糟糕的证据；律师希望拖延做出决定的时间；律师希望延长庭审的某一环节而将庭审时间拖到当天的结束或者当周的结束；或者律师想要挤占相对方的时间，等等。在某些案件中，如果律师成功运用这种做法，将有可能最终阻碍某一裁判结果的达成。刑事诉讼法庭质证规则在一定意义上是为了避免发生这种不公正的可能性而设计的，因而庭审质证规则包含了排除不具有相关性的证据、排除过度浪费诉讼时间的重复性证据的要求，并意在以此提高刑事诉讼的诉讼效率，保证诉讼的公正性。

二、鼓励控、辩双方在法庭上出示具有可采性的证据

刑事诉讼的目的之一在于发现案件事实，而案件事实的认定则有赖于法庭中的证据，事实裁判者认定案件事实是以庭审中亲自看到或听到的证据为判断依据的。刑事诉讼中的控、辩双方都有权向法庭出示证据，根据"举证

---

① ［意］贝卡里亚著：《论犯罪与刑罚》，黄风译，北京大学出版社 2008 年版，第 78 页。

之所系，败诉之所系"这一来自古罗马的法谚，控诉方要追诉犯罪就必须向法庭出示证明被告人有罪的证据，如果控诉方举证不能或者举证不充分，那么被告人就不得被判定有罪。依据无罪推定原理，在刑事诉讼中被告人是没有义务提出证明自己无罪的证据的，但是被告人有权利针对公诉方的指控进行辩护、向法庭提交证据。此外，如果被告人以"不在犯罪现场"等积极的抗辩理由进行辩护时，被告人一方就有义务向法庭提交相关证据来支持自己的诉讼主张。

鉴于控、辩双方向法庭出示的证据对事实裁判者据以判定被告人是否有罪具有基础性和决定性作用，因而，让事实裁判者接触到具有可采性的证据对于案件事实和被告人罪与非罪的认定至关重要。正因为如此，作为检验证据可采性的刑事诉讼庭审质证规则，其中包含着一些证据排除规则，这些规则的存在一方面是为了将不符合法律要求的证据排除出法庭之外，以保证事实裁判者能够不受蒙蔽而准确地认定案件事实；另一方面还蕴含着鼓励控、辩双方在法庭上出示具有可信性保证的案件证据，以避免使刑事诉讼程序受到不当拖延的含义。

如果没有质证规则的约束，刑事诉讼的控、辩双方为了达成各自期望的诉讼结果，在法庭审理过程中，双方都会更倾向于在法庭上出示对自己一方有利的证据，而出示该证据的动机仅仅是因为该证据看起来会更具有说服力，而其可采性如何则在所不论。例如，一般情况下，证人的证言听起来总是比不上向其取证的警察代为转述其证言时表现得那般坚定，试想，如果没有传闻证据排除规则，那么为了使案件证据看起来更具有说服力，提出该证据的公诉人就会更倾向于让警察在法庭上转述证人的话，而不是传唤证人亲自出庭作证。除此之外，还有一些针对展示物（Exhibition）的质证规则，根据这些规则的要求，提出证据的一方要妥善地获取并保存和保护证据，以防止证据损毁或遗失。例如，最佳证据规则要求出示证据的一方要向法庭出示证据原件或者原物；向法庭提交展示物作为证据的，还需要证明展示物具有完整的"保管链条"才有可能使其成为具有可采性的证据……

刑事诉讼法庭质证规则包含着原始证据优先规则在内的诸多保护证据可靠性的证据规则，这些证据规则的设计和存在价值在于促使和鼓励刑事诉讼庭审中的控、辩双方出示具有可靠性、可采性的证据来证明案件事实，以此，为刑事诉讼法庭审理最终形成具有合理性、合法性的刑事判决结果提供基础性保障。

三、避免事实裁判者滥用证据

刑事诉讼法庭审理结束之后，审理案件的事实裁判者将根据法庭上出示的证据最终对案件事实进行认定。在英美法系，完整的刑事诉讼法庭审理程序是有陪审团参与的诉讼程序。法官与陪审团有着不同的分工：陪审团负责对案件事实的认定，解决事实问题；法官则根据陪审团最终认定的案件事实适用法律，解决法律问题。与英美法系不同的是，大陆法系的法官不仅仅是法律裁判者，同样也是事实裁判者。然而，不论是由陪审团认定案件事实，还是由法官认定案件事实，案件事实的认定者都是自然人。自然人本身就是有局限性的，再加上个人的认识、知识、能力等方面的差异，在某些情形下，事实裁判者认定案件事实的时候，非常有可能存在滥用证据的危险性。

刑事诉讼法庭质证规则中包含着一定数量的排除不适当证据的规则，这些规则在一定意义上就具有避免事实裁判者滥用证据的作用。试想如果没有法庭质证规则的协助，案件事实的裁判者，特别是缺乏法律专业培训的陪审团成员，有些时候可能会出现过度评估或者过度忽视庭审证据信息的可能性；当然他们也有可能会仅仅基于喜欢或者讨厌诉讼中的一方而作出带有某种倾向性的不适当裁决；此外还存在一种可能性，即缺乏法律专业素养的陪审团成员有可能会轻易地相信法庭中的某一证据，从而使自己陷入真伪不明的困境中。

为了避免事实裁判者陷入窘境，美国的刑事诉讼庭审程序要求法官对如何达成裁决指示陪审团，不过在司法实践中，单纯由法官指示陪审团很有可能难以将陪审团从困境中解脱出来，进而达到法官指示陪审团的预期效果。有鉴于此，在美国的刑事司法领域中便逐渐产生、发展、完善出了一套设计科学、合理、复杂、严密的法庭质证规则体系，而这套法庭质证规则体系就与法官指示陪审团一道承担起了这一避免事实裁判者陷入窘境的重任。举例而言，诸如相关性规则、传闻证据排除规则、品格证据规则等，这些庭审质证规则都有将不适当证据排除在法庭之外，使其免于接触事实裁判者，进而避免事实裁判者陷入混乱而滥用证据认定案件事实。

事实上，刑事诉讼法庭质证规则中包含着一系列排除规则，这些规则试图将一些具有严重误导陪审团倾向或者使陪审团成员产生严重困惑的证据排除于法庭之外，以此达到避免事实裁判者滥用证据的目的，而正确运用和合理评估证据乃是形成公正的刑事判决的基础性前提。

四、在特殊情况下保护更重要的价值而非精确认定事实

刑事诉讼以发现案件事实为目的，但是发现案件事实并非刑事诉讼的唯一目的。刑事诉讼是一门平衡的艺术，当诉讼程序涉及更重要的价值需要予以保护时，发现案件事实就会让位于保护更为重要的价值。刑事诉讼庭审质证规则本身就贯穿着价值衡量的理念。

刑事诉讼庭审质证规则中包含着诸多特权规则，简单来说，这些特权规则是为了保护某些特殊的行为而将该行为形成的证据排除出刑事诉讼。由于这些特殊行为隐含着诸如隐私权、秘密交流权、个人自治权等在内的更为重要的价值，这些价值是为了保护维持社会有序运行的重要社会关系。因而基于这些重要的社会关系而发生的相关行为产生的证据，即便这些证据对待证案件事实是具有极大证明价值的证据，也不能在法庭上将其用作对行为人不利的指控。刑事诉讼法庭质证规则中包含的夫妻免证特权、律师与委托人特权、医患关系特权、不得自证其罪特权等都是为保护这些重要的社会关系和特殊价值而存在的。事实上，刑事诉讼法庭质证规则中设计的所有的特权规则虽然内容不同，保护的权利主体各异，但是它们都有一个共同的目的，那就是保障并促使人们能够在社会中自由、幸福地生活，不必担心他们的日常行为某一天会成为在法庭上攻击自己的武器。

刑事诉讼追求惩罚犯罪，保护人权，更进一步讲，刑事诉讼是为了维护公民社会的和谐稳定，使公民能够在社会中更好生活而设计的。正如沈家本所言："刑律不善不足以害良民，刑事诉讼律不备，即良民亦罹其害。"[1] 因而完备的刑事诉讼法在保障公民合法权益、维护重要的社会关系、促进社会和谐稳定方面具有重要意义。所以，刑事诉讼的一系列规则也是为了实现和谐稳定的社会、使公民不致遭受无端罹难而设计的。具体到刑事诉讼法庭质证规则的设计亦是如此。故而，质证规则中除了为保证准确发现案件事实而设定的规则之外，还包含了一类为保护公民特殊权益和重要的社会关系而设定的特权规则。所有的特权规则都不是为了追求发现案件事实而设定的，这些特权规则的设计更多的是为了维护公民正当、自由、幸福的社会生活，相比之下，这些价值比发现案件真实更为重要，也更为接近刑事诉讼所努力维系的公民社会的价值追求。

---

[1] 转引自陈瑞华著：《看得见的正义》（第二版），北京大学出版社 2013 年版，第 222 页。

第三章 刑事诉讼法庭质证规则的内容

美国刑事诉讼法庭审理程序中以控辩双方律师为主导，提出证据、质疑证据，推进刑事庭审程序，实现刑事诉讼的对抗。法庭审理中的证据从形态上可以简单分为言词证据和实物证据两大类。与此相对应，也可以将刑事诉讼法庭质证规则分为证人证言的质证规则和展示物（Exhibition）的质证规则两大类。本章第一节将介绍证人证言的质证规则，第二节将介绍展示物的质证规则。此外，由于专家证人是以专业知识而非亲身体验作证的人，这使其不同于普通证人，而具有特殊性，故而本章将在第三节中单独阐释专家证人不同于普通证人的特殊质证规则。

第一节 证人证言的质证规则

证人证言是美国刑事诉讼法庭质证中最为主要和最为常见的对象，因而美国刑事诉讼法庭质证规则中针对证人证言的规则十分丰富，并日趋成熟。从总体上看，涉及质疑证人证言的规则主要包括弹劾证人本身的规则、相关性规则、传闻证据规则、特权规则、诱导性询问规则以及其他规则等六大类几十种具体规则。

一、弹劾证人本身的规则

对于证人证言的质证可以从证人和证言两个方面来看，也就是说要质疑证人证言的可信性，既可以质疑证人本身，也可以质疑证言。相对于质疑证言而言，质疑证人本身具有釜底抽薪的功效。在美国刑事诉讼庭审程序中质疑证人本身的规则名曰"弹劾证人"规则，是以弹劾证人的方式达到质疑证人证言可信性的目的，这一方式是庭审质证中律师较为常用的手段之一。经过宣誓后的证人，自从走上证人席那一刻开始，其作为证人的能力以及可信度就有可能受到对方律师的质疑。一般来说，弹劾证人，攻击证人的能力和可信性可以从如下几个方面着手：

（一）证人的作证能力

绝大多数的刑事诉讼法庭质证规则，无论是应用于言词证据还是实物证据，一般都将着眼点落在规范证据内容上，但证人作证能力的这类质证规则却着力于确认证人是否有资格在刑事审判法庭上提供证言这一基本问题。

具体而言，根据《联邦证据规则》第 601 条、第 602 条、第 603 条对证人作证能力的概括性规定，只要证人对自己要证明的事项有亲身感知并进行宣誓或作出郑重声明后，这个人就有资格成为证人。咨询委员会对第 601 条解释说："检验证人是否适格没有特别的精神上的或道德上的要求。"① 在司法实践中许多法院要求诉讼中的一方针对证人的作证能力提出异议时，必须要从以下四个方面对证人的作证能力进行质疑，证明证人与以下要求中的含义和精神实质不相符："第一，证人有能力正确地感知、记录和回忆当时的印象（生理和心理能力）；第二，证人确曾感知、记录并能够回忆起有可能确定诉讼中的重要事实的有关印象（亲身体验）；第三，证人声明他将如实作证，理解如实作证的责任（宣誓或者郑重声明），并能够辨别事实与谎言或者幻想之间的不同；第四，证人有理解问题和清楚地表达自己的能力（在必要时，由翻译协助其表述）"。② 除了上述针对证人作证能力的概括性规定之外，第 604 条和第 605 条继而又对法官和陪审员充任证人的能力作出了限制性规定。首先，法官绝对禁止在其主持审判的案件中充当证人。这种绝对禁止性规定，并非由于怀疑法官作为证人的诚实性，而是"由于诉讼程序的复杂性以及这种证言有可能对陪审团裁决产生潜在的不公正影响"。③其次，审理案件的陪审员没有作证资格。一方面，"知情陪审员"会在挑选陪审员的程序中被剔除，从而避免这一问题的出现；另一方面禁止陪审员就弹劾陪审团裁决或者起诉书有效性的问题作证。但是，陪审员可以就有害信息或外来不当偏见对陪审团的影响，以及陪审团的裁决制成裁决书的错误作证。

此外，根据《联邦证据规则》第 701 条（a）款的规定，"非专家证人的意见证据如果是基于该证人的亲身观察或第一手资料而得出的，则该意见证

---

① Federal Rule Evidence 601 advisory committee's note.

② ［美］约翰·W. 斯特龙主编：《麦考米克论证据》，汤维建等译，中国政法大学出版社 2004 年版，第 135 页。

③ Federal Rule Evidence 605 advisory committee's note.

据具有可采性"。① 但是，"如果法庭认为没有任何一个理性陪审团成员会合理地相信该意见证人有能力和有机会感知到案件事实或与其作证相关的问题，并能够基于其自身感知而提供意见，则此非专家证人的意见证据不具有可采性"，② 此意见证人也就不具有证人能力。法庭审理程序中，如果一方当事人认为对方证人因缺乏亲身感知而不具备作证资格时，则其应当遵循规则第602条对该证人进行审查，在交叉询问中证明该证人不具有作证能力，并就此提出排除该证人证言的动议。

综上可知，由于证人无能力而不具有作证资格的重要性正日趋弱化，而"法院也更倾向于每个人都有作为证人的资格这一推论"，③ 不过这一推论也存在例外，主要的例外是主审案件的法官和陪审员就其审理的案件不具有证人的作证能力。

（二）证人的可信性

刑事诉讼法庭质证规则规范关于弹劾证人可信性的规则大体上可以区分为许可性规则和禁止性规则两类。

1. 弹劾证人的许可性规则

弹劾证人的许可性规则，是指刑事诉讼法庭质证程序中许可使用的弹劾证人可信性的规则。一般情况下，交叉询问的内容不得超出主询问的内容，但是弹劾证人的可信性时，交叉询问的范围便不再受到直接询问的限制。可以用来弹劾证人的规则主要包括以下几种：

其一，可以以证人存在偏见、利害关系或动机为由弹劾证人的可信性。交叉询问时，可以将证人存在偏见、利害关系或动机，而导致其观察、记忆或叙述案件事实的能力受到影响作为弹劾证人可信性的方法之一。偏见，即"当事人和证人的关系可能会导致证人证言下意识地更有利于或更不利于这一方的当事人，故而，偏见和评估证人的可信性总是紧密相关的"。④ 利害关系，"通常表现为一种经济利益关系，这种关系使得证人的证言倾向于刑事

---

①　Federal Rules of Evidence.

②　U.S. v. Hickey, 917 F.2d 901, 1990.

③　Unite States v. Allen J., 127 F.3d 1292. 10th circle court 1997. 此案中联邦上诉法院支持了初审法院关于可能患有胎儿酒精综合征和轻度智障的未成年性侵被害人的证人资格。

④　U.S. v Lynn, 856 F.2d 430, 432 n.3 1st circle, 1988; U.S. v Abel, 469 U.S. 45, 52, 105 S.Ct. 465, 469, 83 L.Ed.2d 450, 1984.

诉讼中的一方，而损及另一方，如雇员雇主关系、债权债务关系等等"。① 动机，是指"由于存在个人原因而倾向于采取一种特定的作证方式，常见的个人原因包括爱人关系、仇敌关系等"。② 允许交叉询问超出主询问的范围而以偏见、利害关系或动机等不当倾向弹劾证人可信性的正当性基础在于美国宪法修正案六中的对质条款，其基本要求是被告人有机会与对他不利的证人对质。具体到交叉询问，便为给予被告人揭示证人对其存在偏见、利益关系、动机等不适当看法的机会提供了支持。虽然被告拥有这项正当权利来揭露证人的偏见，但是，对证人进行的这种询问必须具备善意的基础，证人要被公平地对待。若要以存在偏见、利益关系、动机等为根据弹劾证人，则交叉询问要首先就被弹劾的证人表现出的具有偏见、利益关系、动机等倾向性的行为或者陈述进行询问。在具体的司法实践中，美国的大多数州都将此作为弹劾证人可信性的基础性询问，"如果证人对此予以否认或不完全承认，则弹劾人需要通过外部证据对此予以证明；如果证人对此表示承认，则为诉讼效率考虑，不必再引用外部证据。在交叉询问中，成功的弹劾需要揭示出证人具有偏见，或者该证人提供的证言过于夸大、不具有可信性"。③然而当以偏见、有利益关系或者动机为由对证人进行弹劾时，有可能会附带性地将一些不可采的证据呈现在事实裁判者面前。审判法官对该证据是否应予排除拥有自由裁量权，裁量的根据是《联邦证据规则》第403条的价值衡量条款。在 U.S.v.Abel 案中，联邦法院指出："没有任何一条证据规则指出证据基于一种目的是可采的，而基于另一种目的是不可采的时候，该证据就因此而不具有可采性。"④ 在 U.S. v. Zaccaria 案的判决中，联邦巡回法官论述道："一方当事人以交叉询问的方式弹劾证人的可信性时，其直觉或具有讽刺性的暗示不得作为弹劾证据使用。"⑤ 故而，司法实践中，法官排除基于对证明犯罪事实不具有可采性而排除弹劾证据的情况较少，更多的时候法官是基于该弹劾证据与证人的可信性之间没有关联性或该证据属于推测性的证据而将其排除。

　　其二，可以用证人感知案件的能力缺陷弹劾证人的可信性。《联邦证据

① Thomas. A. Mauet, Trails: Strategy, Skills, and the New Powers of Persuasion(Second Edition), Wolters Kluwer Law&business. Aspen Publishers, 2009, p.235.

② Thomas. A. Mauet, Trails: Strategy, Skills, and the New Powers of Persuasion(Second Edition), Wolters Kluwer Law&business. Aspen Publishers, 2009, p.235.

③ Peensylvania v. Ritchie, 480 U.S. 39, 51-52, 107 S. Ct. 989, 997-98, 94 L.Ed.2d 674, 1998.

④ U.S. v Abel, 469 U.S. 45, 52, 105 S.Ct. 465, 469, 83 L.Ed.2d 450, 1984.

⑤ U.S. v. Zaccaria, 240 F.3d 75, 81, 2001.

规则》第 602 条要求证人只有就作证事项具有亲身感知的情况下，才能以证人的身份出庭作证。这就为弹劾方以证人缺乏感知案件的能力为由弹劾该证人提供了法律上的支持。亲身感知（Personal Knowledge）是："指依靠自身的感官、经历而不是从传闻获知的情况。"[①] 具体而言，证人要对待证案件事实作证，则该证人首先在主观上要具备观察该事实的能力，其次要在客观实际观察到了该事实，最后证人要基于自己的感官和智力对待证案件事实形成亲身感知并能够描述出来。据此，理论上来说，证人的任何感官上的缺陷或者智力上的缺陷都可以用来质疑证人的观察能力。此处所谈及的被弹劾证人限于有作证能力而出庭作证的证人，但弹劾该证人的理由是其感官上或智力上的缺陷，而导致该证人缺乏亲身感知案件事实的能力。证人感官上的缺陷包括但不限于视力或听力的缺陷，而感官上的缺陷都会或多或少地削弱证人观察事实的能力，质证时以此为据便可以弹劾证人的可信性。证人智力上的缺陷可能是多种原因导致的。具体而言：第一，精神缺陷导致智力缺陷的证人。精神缺陷表现为证人反应迟缓、记忆力不佳、表达不畅等情况。交叉询问方可以依据证人有精神缺陷弹劾证人的可信性。关于精神缺陷内容的具体范围以及弹劾方是否可以用外部证据对该证人的精神缺陷加以证明，都属于法官自由裁量权的范围。法官行使裁量权时将考虑："被攻击证言的重要品格特征以及对证人可信性的调查是否超过了展开这个次要争议所付出的时间以及是否值得为此偏离（诉讼争点）。"[②] 第二，受毒品影响导致智力缺陷的证人。当证人受到毒品影响时，其感知能力将受到影响，弹劾方可以据此质疑证人的可信性和证人证言的准确性。受毒品影响的证人具有证人资格，其证言具有可采性，但该"证人证言是否可信则是陪审团考虑的问题"，[③]为了争取陪审团的支持，律师便可以凭借证人受毒品影响这一证据弹劾证人的可信性。第三，受药物影响导致智力缺陷的证人。证人服食药物之后的陈述和偶尔出现的不确定性陈述可能令该证人的可信性遭到相对方的弹劾，但是这些质疑与受到毒品影响的证人证言一样，都是涉及证人证言的可信性而非该证言可采性的问题，也就是说律师可以以此为由弹劾证人的可信性，争取陪审团的支持。实际上，针对智力上的缺陷，法官更倾向于由事实裁判者判断证人的可信性，以及证人证言的真实性和准确性，而不是排除该证言的可

---

① 薛波主编：《元照英美法词典》，法律出版社 2003 年版，第 1050 页。

② ［美］约翰·W. 斯特龙主编：《麦考米克论证据》，汤维建等译，中国政法大学出版社 2004 年版，第 90 页。

③ U.S.v.Sinclair, 109 F.3d 1527, 1997；U.S. v. Hickey, 917 F.2d 901, 1990.

采性。

其三，可以用有罪判决或未构成犯罪的不良行为弹劾证人的可信性。有罪判决或未构成犯罪的不良行为可以用来证明证人具有不诚实的品格特征。而不诚实的品格特征则是质疑证人证言可信性的间接证据。《联邦证据规则》第 609 条是使用有罪判决对证人进行弹劾的法律依据。具体而言，"如果证人的有罪判决是关于不诚实和虚假陈述的，不论其所受刑罚轻重，该有罪判决都可以用来弹劾该证人；除了不诚实和虚假陈述之外的其他有罪判决，如果其刑罚不超过一年的，则不能用于对证人品格的弹劾，如果刑罚超过一年或为死刑时，法官裁量认为该有罪判决的证明价值超过了其造成的损害，则该有罪判决就可以用以弹劾证人的品格。使用以上有罪判决弹劾证人的品格都受到十年有效时间的限制，即自定罪之日或被释放之日中较迟的那一日起算，超过十年的有罪判决一般不能用于弹劾证人，但是，如果弹劾方坚持用此超过十年的有罪判决弹劾证人的品格，则必须事先向相对方发出书面通知，令对方知悉本方有使用该证据的意图，以使对方获得反对使用该证据的公平机会，由法官判断该有罪判决的证明价值是否超过了其致害效果。"① 此外，根据咨询委员会对不诚实和虚假陈述类犯罪的解释："伪证罪、教唆伪证罪、虚假陈述罪、欺诈罪、侵占罪、诈骗罪以及本质上属于欺诈性的犯罪，内容上具有欺骗、不诚实或者对证人诚实作证倾向造成影响的伪造行为等都属于不诚实和虚假陈述类犯罪的范围。"②使用未构成犯罪的不良行为弹劾证人的品格规定于《联邦证据规则》第 608 条（b）款，这种弹劾证据的使用和调查受到法官自由裁量权的控制。利用不良行为质疑证人品格时，交叉询问的范围限于与证人具有不诚实品格相关的行为，并且弹劾方不得利用外部证据证明该不良行为。这一点与有罪判决作为弹劾证据时有所区别：如果有罪判决遭到证人的否认时，弹劾方可以利用外部证据证明该判决，但是"如果证人出庭作证时对弹劾方提出的不良行为予以否认，弹劾方只好接受证人的回答"，③ 因为弹劾方不能通过外部证据来证明证人的不良行为，其价值理念在于避免案件纠缠于不相关的问题或者其他附属性问题。通常证人否定不良行为时，弹劾方可以做的是请求法官行使自由裁量权，如果该不良行为对于证人诚实与否的品格具有证明作用，法官在衡量证明作用、致害情况与诉讼效

---

① Ferderal Rules of Evidence.

② Federal Rule Evidence 609 advisory committee's note.

③ U.S.v.Matthews. 168 F.3d 1234, 1999.

率之间的价值之后，认为证明作用更重要时，便可以行使裁量权决定对该证人的不良行为进行调查。于是，"弹劾方就可以通过进一步的交叉询问来获得证人对该不良行为的承认"。①

其四，可以用证人的先前不一致陈述弹劾证人的可信性。以证人先前不一致的陈述来质疑证人的可信性是弹劾证人的有效武器，也是弹劾证人最常用的方式之一。《联邦证据规则》第801条（d）款（1）（A）将特定证人的先前陈述规定为非传闻证据。即"如果陈述者的先前不一致陈述是经过宣誓后并在过去的审判程序、听证程序或其他程序或庭前附誓存录程序中作出的，而且陈述者当庭作证，并接受交叉询问，那么该先前不一致陈述就不是传闻证据，而具有可采性"。② 使用证人先前不一致的陈述对证人进行弹劾，其目的不是为了证明案件的实体事实而是为了以这种不一致性质疑证人的可信性。也就是说，交叉询问中提出证人的先前陈述和当庭陈述不一致，并非为了证明哪一个陈述是真实的，而是通过庭前陈述和庭上陈述的不一致，揭示证人证言的出尔反尔，从而质疑该证人证言的可信性。据此，《联邦证据规则》第613条（a）款规定："以证人先前不一致陈述弹劾证人，弹劾方无需向证人出示该陈述或者向其披露该陈述的内容，但是如果对方律师提出要求，则必须向对方律师出示此项陈述或者披露此项陈述的内容。"③ 在不展示或披露先前不一致陈述的情况下，对证人进行交叉询问，有助于促使事实裁判者将证人的先前不一致陈述作为考量证人可信性的标准，进而最大限度地避免将其作为考量实体事实的依据。而"应对方律师的申请披露先前不一致陈述的目的在于减少弹劾方对于先前陈述所作的不正当暗示"。④《联邦证据规则》第603条（b）款对先前不一致陈述的外部证据的可采性进行了限制，规定"只有在为证人提供了对先前不一致陈述予以解释或者予以否定的机会，并且为对方当事人提供了就此询问该证人的机会，或者为正义所要求的情况下，证人先前不一致陈述的外部证据才具有可采性。不过一方当事人的先前陈述不是传闻，不受上述要求所限，而具有可采性。"⑤ 但是，证人后来的解释或

---

①　《联邦证据规则》本身没有解释外部证据的具体含义，在司法实践中，联邦法院通过 U.S.v. Murray 一案，将外部证据解释为通过其他证人提供的证据，而不包括对被弹劾的证人进行交叉询问获得的证据。在 U.S.v.Olivo 一案中联邦法院进一步明确交叉询问的问题本身并不是外部证据。

②　Federal Rules of Evidence.

③　Federal Rules of Evidence.

④　Michael H. Graham, Handbook of Federal Evidence: rule 601-706, West Group, 2002.

⑤　Federal Rules of Evidence.

者否认的机会以及对方律师向证人询问有关该陈述的机会可能会被法官出于正义目的的考量，而行使其自由裁量权予以取消。法官行使自由裁量时将考虑是否出现了不给证人一个对不一致陈述进行解释的机会就明显不符合司法正义的情况。当法官出于司法正义和控制争点范围考虑，取消此项权利时，其正当性基础正如上文所述，即提出先前不一致陈述的目的在于弹劾证人的可信性，而不在于证明案件的实体事实。关于先前不一致陈述，美国联邦最高法院曾经在 U.S.v.Hale 一案中认定，允许就被告人在法庭审判前的沉默进行询问，并以"先前不一致陈述"为由弹劾证人（被告人）的可信性是一种有害错误。本案中被告人 Hale 因抢劫而被带到警察局询问，警察搜查后发现其持有 158 美元现金，问及来源，被告人行使了沉默权，然而在后期的法庭审理阶段，被告人解释说这些钱是他妻子给他的。检察官就此对 Hale 的可信性进行弹劾，认为先前其未提供此项开罪陈述，是一种"先前不一致陈述"。一审 Hale 被判有罪，上诉法院认为调查被告人的先前沉默，侵犯了被告人的沉默权，并对其辩护产生了损害，因而撤销了原判。联邦最高法院认为："如果检控方未能证明被告人先前在警察局的沉默与法庭审理时提供的开罪陈述存在实质上、确实的不一致，则这种沉默就不具有先前陈述的证明力，而应予以排除。"[1]潜在的证人不一致陈述存在于许多领域，如通常证人会对警察或其他调查人员作出口头陈述，并对根据其口头陈述制作的书面证言签字确认；证人通常会附誓在听证程序或其他程序中作证，在某些情况下，他们可能忘记陈述某些应当陈述的事实等，这些都可以作为潜在弹劾证人可信性的材料。成功地利用先前不一致陈述弹劾证人的可信性要做到三点：首先，要让证人明确承认他（她）在直接询问中陈述过的事实，当然这个事实是下一步将要用来与先前不一致陈述进行对照，进而弹劾该证人可信性的事实；其次，构建先前不一致陈述形成的情景，即询问证人在何时、何地、何种情况下作出了先前陈述，令审理案件者清楚地知悉，证人的先前不一致陈述是在特定环境下，证人的记忆比现在更鲜活的时候作出的；最后，就是要说出证人的先前不一致陈述，令证人承认曾经做过这样的陈述。至此，先前不一致陈述与证人当庭陈述的矛盾已经建立在案件审理者面前。

其五，可以用"具体事实的自相矛盾"弹劾证人的可信性。这类弹劾未规定于《联邦证据规则》第六部分中，但却存在于判例法中，联邦法官也不断地允许律师使用这种弹劾技巧。"对于具体事实的自相矛盾，虽然《联邦

---

[1]　United.States.v.Hale,422 U.S.171，1975.

证据规则》没有规定相应的弹劾技巧，但是这种偏见在逻辑上显然与证人的可信性有关系，因而，即使没有其他规定，《联邦证据规则》第 402 条也可以构成充分的制定法根据，保证这种针对偏见的弹劾技巧得以持续使用。"[1]无论何时，只要证人在法庭上陈述了一个事实，该证人就可以被询问与其陈述相矛盾的事实。以具体的自相矛盾的事实弹劾证人时，弹劾律师需要以具有善意为基础。善意是一个非常重要的前提。除非弹劾律师具有善意基础并且善意地相信矛盾事实的存在，否则就不得以具体事实的自相矛盾来弹劾证人。《美国律师协会职业行为规则》（Model Rules of Professional Conduct）第 3.3 条禁止律师故意提供虚假证据；第 3.4 条禁止律师提及任何该律师认为没有可采性证据支持并且无合理根据令其信服的事实。因为，交叉询问是为了让事实裁判者寻找到案件事实，而不是让律师有机会一味地攻击证人，甚至向证人泼脏水。例如："证人作证说他在 20 英尺处看到了案件事实的发生，律师用具体事实自相矛盾弹劾证人时，可以问他实际上，他是否离案发现场有 100 多英尺。但是作此询问时，律师必须具有善意基础，即有事实基础令其相信实际上证人离案发现场就是有 100 多英尺远。"[2]在刑事诉讼法庭审理中，一位具有善意基础的律师，用具体事实自相矛盾来弹劾证人时，只需要以适当的态度向该证人提问即可。如果证人承认了矛盾事实，则律师对此不必再多做询问。因为自相矛盾的事实已经明确摆在事实裁判者面前，这在事实裁判者衡量该证人证言时自会产生负面影响。如果证人对矛盾事实予以否认或者作出模棱两可的回答，那么律师就需要用外部证据来证明矛盾事实的存在了，但是，引用外部证据证明的事实必须是重要事实，而不能是间接事实。这是出于诉讼效率的考虑，如果允许传唤其他证人对不重要的间接事实出庭作证，不仅会拖延审判，而且还会分散陪审员的注意力，浪费审理时间。据此，普通法上许多法官都行使其自由裁量权，主张如果某个事实本身在法律上不能构成一项重要事实，那么它就被认定为间接事实，在刑事诉讼法庭审理中，不允许律师提供间接事实这类外部证据，以具体事实自相矛盾为由来弹劾证人。通常情况下，要质疑证人可信性，可以引用的外部证据包括饮酒、吸毒等影响证人观察力的事实。因为如果该证人是案件的一位重要的目击证人，那么该证人在饮酒、醉酒、吸毒等情况下，都显然会影响其对案件

---

[1]　[美]约翰·W. 斯特龙主编：《麦考米克论证据》，汤维建等译，中国政法大学出版社 2004 年版，第 93 页。

[2]　参见 Thomas. A. Mauet, Trails: Strategy, Skills, and the New Powers of Persuasion (Second Edition), Wolters Kluwer Law&business. Aspen Publishers, 2009, p.256。

事实的观察能力，这是重要事实。此外，另一个矛盾事实来源是己方证人。这是一个非常有益的情况，因为弹劾方拥有一位证人，其证言正好与被弹劾证人的证言相矛盾，以此为基础一方面可以弹劾前面证人的可信性，另一方面还可以在事实裁判者面前构建弹劾方所要主张的事实。

其六，可以传唤另一个品格证人出庭弹劾证人的诚实性和可信性。《联邦证据规则》第405条以及第608条（a）款都对此做法提供了支持。规则第405条规定："如果关于某人的品性或品格特征的证据具有可采性，则可以用关于此人的声望证言或者意见形式的证言予以证明此人具有或不具有该品性或品格特征。"① 与此相应，并更进一步的规则是第608条（a）款的规定，即可以"用证人是否具有诚实品格的名声证言或关于证人是否具有诚实品格的意见证言，攻击或支持证人的诚实品格"。② 可以说规则第405条针对的是证人的一般品性或品格特征，而规则第608条（a）款则更具体地针对证人是否具有诚实品性这一特定品格特征。然而，声望证据明显属于传闻证据，不过《联邦证据规则》第803条（21）款将此项传闻规定为传闻规则的例外，从而使其具有了可采性。当证人针对被弹劾证人诚实与否的品性作证时，交叉询问的范围也被严格限制了。《联邦证据规则》和司法实践中的多数法院都将证人诚实与否的名声证言和意见证言严格限制于该证人是否具有诚实性品格之内，而不可以延展至一般品格证据，这种做法能够"突出证据的相关性、减少突袭审判、避免诉讼延宕，而且将争议控制在合理范围之内还能够避免争点的混淆，并使证人避免遭遇那些令人生畏的难堪"。③ 传唤另一名证人出庭就被弹劾证人的名声作证时，名声便成为重点关注，但名声是在一定场所内形成和达成共识的一种符合大众认识的意见。据此，名声存在的场所和范围关系到就名声问题提供证言的证人是否具有作证能力这一根本性问题。通常认为，"有资格针对证人的名声作证的人存在于对证人名声的形成最有了解的群体中。因此，可以在证人居住的司法辖区寻找名声证人，还可以延伸至对证人名声的形成有了解的任何群体中，例如证人的同事、同学、狱友、商业伙伴等等都可以作为名声证人出庭就被弹劾证人是否具有诚实性的品格作证"。④ 此外，为弹劾证人的诚实性品格作证，在交叉询问中可以询

---

① Federal Rules of Evidence.

② Federal Rules of Evidence.

③ Federal Rule Evidence 608 advisory committee's note.

④ ［美］约翰·W. 斯特龙主编：《麦考米克论证据》，汤维建等译，中国政法大学出版社2004年版，第89页。

问品格证人有关被弹劾证人的具体行为实例。被弹劾证人的有罪判决、未构成犯罪的不良行为乃至被逮捕的记录等，都可以成为交叉询问中向品格证人询问的问题。不过，进行此类提问的目的不在于检验被弹劾证人的品格，而在于检验品格证人对被弹劾证人所持名声的了解程度。

2. 弹劾证人的禁止性规则

弹劾证人的禁止性规则，是指刑事诉讼法庭质证程序中设定的不允许用于弹劾证人可信性的规则。不得用来弹劾证人的规则主要是不得用附带问题弹劾证人、不得用被逮捕记录弹劾证人，以及不得以宗教信仰弹劾证人三类规则。

附带问题，英文中对应 collateral matter 一词，《布莱克法律词典》解释为："与争议事实无直接关系的间接问题或间接事实。如果证人证言在描述有关案件细节上犯了错误，则该证言对于待证案件事实而言就属于没有直接相关性的附带问题，就此附带问题相对一方不能传唤另一名证人出庭来反驳该证人的证言。"[1]这一禁止性规定的法律基础是《联邦证据规则》第 608 条（b）款。对此禁止性规则可以理解为以下三个方面：首先，在交叉询问中，律师可以向证人提出关于附带性问题的询问，并裁量决定其进行附带问题询问的范围。其次，律师可以就附带问题质疑证人的可信性。最后，律师就附带性问题质疑证人可信性时，禁止使用外部证据（传唤另一名证人出庭作证或出示其他证明材料），就证人关于附带性问题中的细节错误进行反驳。但是，律师可以用交叉询问的方式迫使证人承认犯了错误，以质疑该证人的可信性。综上可知，不得用附带问题弹劾证人的本质是禁止交叉询问的一方传唤其他证人来反驳与本案待证事实没有直接相关性的证人证言。但是，如果附带问题是一个对事实裁判者判断案件事实非常重要的问题，则允许弹劾证人一方传唤其他证人对被弹劾证人证言中的附带问题进行反驳。举例说明，"1859 年 3 月，Stephens 被诉用毒药杀妻，在纽约州的一个郡县法院审理并宣判，庭审从 3 月 7 日开始，并以隔天开庭的方式连续进行审理，直到 3 月 26 日审理结束，被告人 Stephens 被判决有罪。1859 年 9 月纽约州上诉法院维持了该判决。在初审法庭审理中，已经证明 Stephens 的妻子死前的很短一段时间内，被告人和他的妹夫在一起，他们其中一个人已经购买了一些砒霜。不过 Susan，Isabella 和 Maria 等三名证人经过交叉询问，并提供言词证据证明砒霜是用于毒杀老鼠的，而这些老鼠在存储粮食所用的地窖中。为了反驳三名

---

[1] Black's Law Dictionary. Thomason Reuters, 2009.

证人的说法，公诉一方的律师请求传唤 Jane 出庭作证，以证明地窖中根本就没有粮食。被告人的辩护律师对此提出异议，认为 Jane 的证言属于针对附带性问题的证据，是被公诉方引入法庭中的不具有可采性的证据。但是，Jane 的证言却被法庭裁定具有可采性"。①此外，值得特别留心的是，偏见、歧视、利害关系、有罪判决或未构成犯罪的不良行为等，虽然不是案件的诉争点，却并非附带性问题，是可以用来弹劾证人可信性的。

　　证人被逮捕的记录不得用以弹劾证人的可信性。如前文所述，虽然有罪判决或未构成犯罪的不良行为可以作为弹劾证人可信性的证据使用，但是，证人被逮捕的记录不能在交叉询问中用作弹劾该证人的证据使用。逮捕，是指对正在实施犯罪或被怀疑已经实施了犯罪的人进行羁押，以使其能够到案接受询问或回答指控。"美国法律要求逮捕满足主观和客观条件方可进行，即主观上批准逮捕的官员必须具有保证被告人到庭和防止犯罪继续的逮捕目的，客观上要进行实际的羁押，并告知被逮捕人处于失去人身自由的状态。逮捕可以分为有证逮捕和无证逮捕两种。以有证逮捕为原则，以无证逮捕为例外。但无论是哪一种逮捕，警察逮捕犯罪嫌疑人之后，都要把他带到警察局履行登记手续。登记项目包括犯罪嫌疑人的姓名、住址、职业、逮捕时间、涉嫌的犯罪等，通常还需要照相和提取指纹。"② 履行登记手续后形成的书面文件就称为逮捕记录。逮捕后，则需要根据不同的情况作不同的处理。"如果警长认为证据不足或者罪行轻微不足以提起诉讼，可以采取适当'训诫'后送交其亲属；如果确认不曾犯罪则予以释放；否则就要将被逮捕者'无不必要迟延'地送至地方法官或治安法官面前接受初次聆讯。"③ 据此可知，单纯的逮捕记录不足以证明证人的行为具有违法性或犯罪性。因而，不能用单纯的逮捕记录弹劾证人的可信性。诚然，逮捕记录有可能在一定程度上会影响证人的名声，事实裁判者有可能会因为证人有被警察逮捕的经历，而对其证言的可信性产生怀疑。也就因为如此，上文提到，为弹劾该证人的诚实品格，交叉询问中可以传唤一名新的证人作为品格证人，询问其有关被弹劾证人的品格的具体行为实例。被弹劾证人的有罪判决、未构成犯罪的不良行为乃至被逮捕的记录等，都可以成为交叉询问中向品格证人询问的问题。不过，将被弹劾证人的被逮捕记录纳入弹劾证人的证据范围，旨在检验品格证人对

---

① Stephens v. People, 19 N.Y. 549, 1859.

② 宋英辉、孙长永、刘新魁等著：《外国刑事诉讼法》，法律出版社 2006 年版，第 177 页。

③ 卞建林、刘玫主编：《外国刑事诉讼法》，中国政法大学出版社 2008 年版，第 73 页。

被弹劾证人所持名声的了解程度，而不是用来弹劾该被弹劾证人的可信性的。不过在司法实践中，通常情况下证人是不得就自己具有良好的名声作证的，交叉询问方因而也就无从以证人被逮捕的记录为依据进行弹劾，并质疑该证人的可信性。

　　根据《联邦证据规则》第601条的规定："有关证人的宗教信仰或者意见的证据不得被采纳用以攻击或支持证人的可信性。"① 要求证人宣誓作证来源于普通法，是在一定的宗教环境中形成的，使人相信如果作伪证将会受到神的惩罚。但是时至今日，宗教环境已然随着时间的流逝悄然发生了改变。《联邦证据规则》也随之不再硬性要求证人信仰上帝，进而规定证人作证前要经过宣誓或者发出郑重声明保证其将如实作证。这就为无神论者或者不信仰上帝的人作为证人出庭作证敞开了大门。实际上，在现代社会中，仅仅因为证人是无神论者或不信仰上帝而质疑其可信性是缺乏正当性根据的。因为无从证明无神论者或者不信仰上帝的证人会比信仰上帝的证人作证时更为不诚实。司法实践中，大多数州也接受了《联邦证据规则》的规定，确立了不得以证人的宗教信仰或者意见为依据弹劾证人可信性的一般性原则，并规定证人的宗教信仰属于证人隐私权的范围，除非法官根据自由裁量权认定证人的宗教信仰与待证案件事实的相关性超过了保护证人隐私权的价值，否则弹劾证人的一方不得调查并使用证人的宗教信仰对该证人进行弹劾。此外，根据咨询委员会对《联邦证据规则》第601条的解释："尽管本条规则禁止对证人的宗教信仰或者意见进行调查，来表明其诚实品性受到了其宗教信仰或者意见的影响，但是并不禁止为了表明证人因宗教信仰或者意见而存在利益或者偏见而进行的调查。因此，根据本《规则》可以披露证人属于作为诉讼当事人所拥有或参加的某个教堂的成员。"② 据此可知，在某些特殊的情况下，如宗教信仰造成证人对案件待证事实或当事人具有偏见等不适当倾向性的情况下，弹劾证人时，该证人的宗教信仰或意见也是具有可采性的。只是，此时证人的宗教信仰或者意见作为弹劾证据的依据是证人会基于此产生偏见、歧视、利益关系、动机等不当倾向性，而非宗教信仰或意见本身导致证人不具有可信性。

　　此外，因时间的流逝而导致证人的记忆模糊时，弹劾方不得以此为由弹劾该证人。证人对案件事实的"观察和回忆最终都未必会表述成为其真正的

---

① Federal Rules of Evidence.

② Federal Rule Evidence 610 advisory committee's note.

亲身感知，因为真正的亲身感知不仅要求证人能有机会、有能力观察到案件事实，还要求证人相信其提供的有关案件事实的证言与待证事实具有相关性"。①当证人能够观察到案件事实，并基于此对案件事实形成自己的印象之后，由于时间的流逝和记忆的衰退，到法庭审理的时候，证人很可能已经没有办法完全精确地描述出当时他观察到的案件具体情况，他作证时只能说"我觉得……"或者"我依稀记得……"当时发生了……这时，虽然证人证言未必符合亲身感知的严格概念要求，但是，该证人关于案件事实的证言是具有可采性的，弹劾方不得以此为由对其进行弹劾。

二、相关性规则

（一）相关性规则的概念

证据具有相关性，是指"该证据对于确定案件争议事实具有重要意义，因为该证据具有确定某种案件事实更可能存在或更可能不存在的倾向性"。②据此可知，证据相关性是由两个基本要素构成的：其一是重要性价值；其二是证明性价值。

重要性价值，是指证据必须对于证明案件争议事实具有重要意义，是针对证据与案件事实之间的关系而言的，着眼于证据支持的观点与案件讼争事实之间的关系。只有当证据所支持的观点属于案件争议事项时，该证据才是具有相关性的证据。判断证据是否对证明讼争事实具有重要意义的主要依据是涉案的诉讼请求、辩护意见等诉讼文书以及实体法的规定。从相关实体法和案件的诉讼文书中可以找到案件讼争焦点，从而对证据进行判断，将对案件事实具有重要意义的证据筛拣出来。

证明性价值，是指证据支持或反对某一对判断案件争议事实具有重要意义的事实成立与否的倾向性。由于"倾向性"是一个相对较低的标准，③故仅仅以证明价值为依据对证据提出异议的，极少能够得到法官的支持。一般情况下，如果以证明价值为依据对证据提出异议，通常涉及的是"环境证据"（environment evidence），针对该证据与讼争案件的争议事实缺乏明显的逻辑关联而提出异议。所谓"环境证据"是与"直接证据"相对应的概念。"直接证据是能够直接证明争议事项的证据，而环境证据也可能是具有证明

---

① Michael H. Graham, Handbook of Federal Evidence: rule 601-706, West Group, 2002. p.28.

② Federal Rules of Evidence 401.

③ Iaco-bucci v. Boulter, 193 F.3d 14, 1st Cir. 1999.U.S. v. Tutiven, 40F. 3d 1, 1st Cir. 1994.

力的，但即使被表述的环境被接纳为真实，为了获得想要的结论，仍需其他的推理论证。"①

司法实践中，法官根据《联邦证据规则》判断证据相关性时，大多情况下是依赖法官个人的经验、常识。在 Straley 一案中，联邦法官指出，"判断证据是否具有相关性，是否满足重要性和证明性价值，需要回答三个基本问题：第一，证据要证明的事实是什么？第二，该事实对于本案争议事实是否具有重要意义？第三，证据是否具有证明事实的价值？"②

（二）相关性规则的内容

总体来说，根据相关性规则的规定，在刑事诉讼法庭审理程序中律师传唤作证的证人所提供的证言必须具有相关性，对证明案件争议事实具有重要意义。律师质证时得以证人证言不具有相关性为根据提出异议，以行使质证权。但是，由于相关性的判断标准不高，使得许多证据都能满足具有相关性的条件，针对这种情况，《联邦证据规则》第 402 条、第 403 条对具有相关性的证据的可采性进行了平衡与约束。平衡与约束的依据是证据的价值是否与其所花费的成本相当，许多证据虽然具有相关性，但却因其成本超过其带来的利益而被排除。"证据虽然具有相关性，但是，如果可能导致不公正的偏见、混淆案件争议焦点或者误导陪审团的危险充分大于该证据的证明价值，或者考虑到过分拖延诉讼、浪费时间或者出示重复证据的情况，则可以排除该证据的适用。"③

1. 证据可能导致不公正的偏见、混淆案件争议焦点或者误导陪审团

在具体案件中，如果一方以证据可能造成不公正的偏见、混淆案件争议焦点或者误导陪审团为依据提出证据异议，法官就要行使自由裁量权加以判断。首先，根据《联邦证据规则》第 401 条判断证据是否具有相关性，由于这个标准不高，故而多数证据都能够通过。其次，法官就要依据《联邦证据规则》第 402 条判断证据是否符合现行法的规定。最后，也是最为关键的步骤，即法官要根据《联邦证据规则》第 403 条判断证据是否存在造成不公正偏见、混淆案件争议焦点或者误导陪审团的危险，如果确实存在这样的危险，法官就要继续评估证据的证明价值与该证据造成不公正偏见、混淆案件争议

---

① 参见［美］约翰·W. 斯特龙主编：《麦考米克论证据》，汤维建等译，中国政法大学出版社2004 年版，第 362 页。

② Straley v. U.S., 887 F.Supp. 728, D.N.J. 1995.

③ ［美］约翰·W. 斯特龙主编：《麦考米克论证据》，汤维建等译，中国政法大学出版社 2004年版，第 363 页。

焦点或者误导陪审团的危险性程度。如果评估认为证据的证明价值较大、而造成的危险较小时，或者证据的证明价值等于证据造成的危险时，自由裁量权应倾向于允许该证据出现在事实裁判者面前；如果造成不公正偏见、混淆案件争议焦点或者误导陪审团的危险超过证据的证明价值，则法官不应使该证据出现在事实裁判者面前，如果该证据已经出现在陪审团面前了，则法官应将该证据排除出法庭并告知陪审团忽视该证据。据此，法官在依据《联邦证据规则》第 403 条评估证据的可采性时，有可能会因为证据造成不公正偏见、混淆案件争议焦点或者误导陪审团而合理地将某一具有证明价值的证据予以排除。具体而言，评估证据时如果符合以下情况之一，法官就可以行使自由裁量权将其排除：第一，存在不公正的偏见危险。由于从现实来看，几乎所有的证据都会形成对于刑事诉讼中一方或者另一方的偏见，因而只有当证据会造成"不正当、不合理"的偏见时，才能使这种证据的排除具有正当性。第二，存在混淆案件争议焦点的危险。无论证据是否会引发"情感"反应，具有相关性的证据可能会混淆案件争议焦点、误导未完全为判断证据的证明价值做好准备的事实裁判者时，该证据便具有了被排除的正当性依据。第三，存在误导陪审团的危险。如果某一证据和这一证据引起的反驳证据可能会过度地转移陪审团的注意力，从而偏离和远离讼争案件的主要争议时，该证据被排除亦具备正当性依据。①

2. 重复出示证据，过分拖延诉讼、浪费时间

如果证人已经在交叉询问中回答过一个具体问题，那么出于诉讼效率的考虑，在本次交叉询问中该证人就不应当再被问及同样的问题、做同样的回答。例如：

律师问："出席会议的都是哪些人？"

证人答："我和霍普金森先生、约翰逊女士三人。"

律师问："出席会议的是你和霍普金森先生、约翰逊女士三人，对吗？"

对方律师："反对。对方律师在做重复性提问和回答。"

法官："反对有效。"

另外，当证人一个接一个地进入法庭，只是增强前一个证人的证言，而没有新的证言时，这种证言就属于不必要的重复性证言。针对这类情况的异议称为"重复性询问和回答"的异议，即"当证据被重复提出，但却对案件

① 参见［美］约翰·W. 斯特龙主编：《麦考米克论证据》，汤维建等译，中国政法大学出版社 2004 年版，第 364 页。

其他证据的证明力没有太大帮助，就不必再浪费时间在庭审中提出"。[1]例如：

律师："法官大人，我方申请传唤下一名证人约翰·史密斯先生。"

反方律师："反对。法官大人，我请求近前。"

法官："可以。双方律师近前。"

对方律师："史密斯先生是另一名证明被告人品格的证人。这是不必要的重复举证。"

法官："律师，史密斯先生出庭除了提供证言证明被告人具有良好的诚实性品格，还将提供其他证言吗？"

律师："没有了。法官大人。但是这对我方案件非常重要。"

法官："也许这是对你的案件很重要，但是你已经通过许多证人出庭提供证言来证明被告人的诚实品格了。反对有效。"

以上两个例子是典型地浪费诉讼时间、拖延诉讼效率的无意义重复性询问，因而对此提出异议得到法庭支持的可能性非常大。因为在这样的情况下，诉讼经济、诉讼效率成为了考虑是否在庭审中展示证据的重要因素，不增添任何证明价值和证明力的重复性证据只是在浪费庭审时间、降低诉讼效率。

由于《联邦证据规则》第611条（a）款赋予法院对询问证人和提出证据的方式与顺序进行合理控制的权力，同时立法又缺乏明确的法官滥用自由裁量权的认定标准，因而，"审判法官在排除重复证据领域保有非常广泛的自由裁量余地"。[2]

此外，不论是主询问阶段还是交叉询问阶段，律师都可以对已经提出过的重复性询问和回答提出异议。但需要明确的是，交叉询问可以提出主询问中提出过的问题，再主询问中也可以提出交叉询问中提出过的问题，这种重复性询问的目的在于反驳或澄清争议事实，而不属于没有必要性的重复性询问和回答。

3. 司法实践中的《联邦证据规则》第403条

《联邦证据规则》第403条是一个典型的价值平衡条款。天平一方是证据的证明价值，天平另一方是可能造成的不公正偏见、混淆案件争议焦点或者误导陪审团的危险，以及出示重复证据过分拖延诉讼、浪费时间的情况。法官的职责就是评估天平的两端，行使自由裁量权使天平保持平衡，维持和保护平等武装这一刑事诉讼基本要求。

---

[1]　U.S. v. Williams, 81 F.3d 1434, 7th Cir. 1996; U.S. v. Davis, 40 F.3d 1069, 10th Cir.1994.

[2]　U.S.v.KIZEART, 102 F.3d 320, 7th Cir. 1996; U.S. v. Holmes, 44 F.3d 1150, 2nd Cir.1995.

1997 年的 Old Chief v.U.S.案是美国刑事诉讼中法官行使自由裁量权判断证据相关性的经典案例。案件中，被告人 Johnny Lynn Old Chief 不仅被指控使用具有危险性的武器袭击他人、使用枪支实施暴力犯罪，还被指控违反了法律规定的曾被判处重罪的人不得持有枪支的明文规定。检控方为了证明违法持有枪支的指控，需要引用被告人 Old Chief 的先前定罪判决作为证据，而这份判决将公开被告人曾经因为重伤害罪而被判处过 5 年监禁刑的犯罪记录。根据《联邦证据规则》第 404 条，如果起诉书中不涉及重罪犯持枪的指控，则先前判决不得被引入庭审中作为证据。Old Chief 担心陪审团会因为他的先前有罪判决而对他当前在审的案件产生偏见，因而要求与检控方达成一项诉讼协议，即虽然他先前曾经被判重伤害罪，但本案中如果能够认定他持有枪支，他才能被认定为重罪犯违法持有枪支，因而检控方要先在法庭审理程序中证明被告人持有枪支之后再公开其先前定罪。本案中被告人 Old Chief 对于持枪的指控辩护称自己没有持有任何枪支。检控方拒绝了被告人提出的诉讼协议，并坚持认为其有权以自己希望的方式证明案件事实。第九巡回法院的法官支持了检控方的主张，认为根据第九巡回区的法律，诉讼协议不予适用，并且该诉讼协议也不存在任何依据《联邦证据规则》第 403 条进行平衡与评估程序的适用空间。此后，美国联邦最高法院批准了 Old Chief 案的调卷令，联邦最高法院认为：上诉人 Old Chief 认为其先前定罪与本案无关的主张是错误的。因为先前定罪表明 Old Chief 是被判处过重罪的人，而被判处重罪这一因素是本案中指控重罪犯持枪的一个构成要素，因而根据《联邦证据规则》第 401 条，先前定罪具有相关性，根据第 402 条，该证据具有可采性。在这种情况下，就要求法庭直接根据第 403 条考虑检控方提供的先前定罪证据的证明价值是否足够大，以至于其证明价值远远高于该证据会造成的不公正的偏见的危险性。本案中，先前定罪记录可能会诱使陪审团认为 Old Chief 具有犯罪的不良品格，他既然会因重伤害而获罪就很有可能会在本案中也是个罪犯，而陪审团的这种想法就属于实质性的不公正偏见。因而，在这种情况下，上诉法院认为当 Old Chief 对先前重罪判决的承认可以达到与在法庭上出示该重罪判决相同的证明力时，法官还允许先前重罪判决的记录出现在事实裁判者面前，这属于滥用自由裁量权，因而判定撤销原判，发回第九巡回区法院重新审理。[①]

司法实践中，各法院通常将 Old Chief 案排除证据的这一司法判例严格限

---

① Old Chief v. United States, 519 U.S. 172, 117 S.Ct.649, 136 L. Ed.2d 574, 1997.

定在此案的案件事实范围内，仅仅适用于"证据能够完整地构成一个正式的法律事实，而这个正式的法律事实与构成诉讼双方争议事实相对立的证据事实没有任何联系的情况下"。① 也就是说，引用 Old Chief 判例排除的证据被严格限定于与此案类似的、不引起事实争议的、确定的法律事实范围内。然而，司法实践中还存在一些"Old Chief"们，他们反对的是检控方无限扩张地宣读法律文书，可是，至今为止，还不存在限制宣读法律文书内容的任何成文法规范。

不过随着时间的发展，司法实践也在 Old Chief 案的基础上逐渐发展出一些新的排除规则。根据《联邦证据规则》的规定，判断证据造成的不公正的偏见、混淆案件争议焦点或者误导陪审团的危险是否充分大于该证据的证明价值，这些都是法官在具体个案中行使自由裁量权的范围。这也为实践中法官排除证据提供了法律依据和机会空间。而实际上，在司法实践当中，也已经有一些法官在具体个案中运用自由裁量权排除鲜血淋漓的现场照片作为证明被害人死亡的证据展示在事实裁判者面前，但值得注意的是，这样的案件都有一个共同的特点，即案件的争议事实是被害人死亡而非被害人的死亡方式。

另外，司法实践中针对有精神病史的证人，也已经形成了具有普遍适用性的相关性规则判断依据和判断方式。具体而言，如果证人证言的可信度以证人的感知能力、记忆能力或证言的准确性为基础，则证人的精神病史就与证人的可信程度具有密切联系。在案件发生的特定时间内，"如果证人处于精神失常的状态下，则证人认识、理解、叙述案件事实的能力都会受到严重影响和削弱，证人有可能会非常容易错误地感知案件的发生、发展过程，错误地理解他人的语言和行为"。② 因而，质证律师可以针对证人的精神病史询问证人，以质疑证人证言的可信性。但，需要注意的是，现今的司法实践针对证人的精神病史的质证，发展出了一些质证规则的例外。③ 第一，不允许进行交叉询问的律师仅仅以责难证人为目的询问证人的精神病史。因为证人出庭作证的目的是证明案件争议事实，而不是自取其辱，单纯出于责难证人或侮辱证人的目的而对证人进行攻击是不具有正当性与合理性的。第二，如

① See United States v. Phillippi, 442 F.3d 1061, 1064, 7ᵗʰ Cir. 2006; United States v. Dorsey, 523 F. 3d 878, 880, 8ᵗʰ Cir. 2008.

② U.S.v.Lindstrom, 698 F. 2d 1154, 11ᵗʰ Cir. 1983; U.S. v. Moore, 923 F.2d 910 1ˢᵗ Cir. 1991.

③ U.S.v.Jones, 213 F.3d 1253, 10ᵗʰ Cir. 2000; U.S. v. Lopez, 611 F.2d 44, 4ᵗʰ Cir. 1979; U.S. ex rel. Kline v. Lane, 707 F. Supp. 368, N.D.I11.1989.

果证人的精神病史对于证明案件争议事实的证明价值非常微小，也同样不允许交叉询问问及证人的精神病史。因为证人是以其亲身感知和由此形成的记忆出庭接受控、辩双方律师的询问，以证明案件争议事实的，所以，只有当证人本身的精神病史对于这一出庭本质价值产生影响时，才应被纳入质证范围之内。法官对于交叉询问中是否能够询问证人的精神病史享有自由裁量权，在1994年的Jackson案中，联邦法官详述了行使自由裁量权时应当考虑的四个因素："第一，证人的精神状况必须是与其试图提供证言证明的案件事实发生的期间相关、相符的精神状况；第二，证人的精神状况必须是有能力观察、感知案件争议事实，并且能够提供确定和真实的证言证明争议事实或者能够保有对于案件争议事实的清晰记忆；第三，如果证人的精神状况作为附属问题引入讼争案件会令陪审团对案件争议焦点产生混乱或困惑，则证人的精神状况不得作为附属问题引入诉争案件中；第四，如果证人的精神状况作为附属问题引入讼争案件会引起证人提供冗长的外部事实或争议问题，则证人的精神状况不得作为附属问题引入讼争案件。"[1]

此外，从司法实践中，法官行使自由裁量权判断证据相关性的判例可知，一般情况下，类似事件可以用来构建诸如具有辨识能力、具有洞察能力、能够承担的注意和保护义务的程度、危险的程度、能够修正已知错误的能力等因素的相关性。而证明某被告人非常贫穷的证据与其实施侵吞钱财的案件事实不具有相关性；[2] 同性恋证据在一般情况下是具有偏见性危险的证据；[3] 被告人的母亲十分富有与被告人实施电报诈骗的案件事实不具有相关性；[4] 特定投资者的满意与被告人实施"庞氏骗局"的指控不具有相关性；[5] 证人持有毒品的先前定罪本身与证人的诚实性并不具有十分强大的相关性；[6] 仅仅出示被告人遵守法律的证据与被告人跨州实施性侵未成年的案件事实不具有相关性。[7]

总而言之，证据相关性的分析和排除实质上是建立在法官运用自由裁量权衡量证据的证明价值与其可能带来的偏见等危险性基础上的。在某些经常

---

① U.S.v.Jackson, 155 F.R.D. 664, D.Kan. 1994.

② U.S.v.Mitchell, 172 F.3d 1104, 9th Cir. 1999.

③ People of Territory of Guam. v. Shymanovitzl, 157 F.3d 1154, 9th Cir. 1998.

④ U. S. v. Catalfo, 64 F. 3d 1070, 7th Cir. 1995.

⑤ U.S. v. Elliott, 62 F.3d 1304, 11th Cir. 1995.

⑥ Wilson v. Union Pacific R. Co., 56 F.3d 1231, 10th Cir. 1995.

⑦ U.S. v. Hanl, 66 F.Supp.2d 362 N.D.N.Y. 1999.

进行比较的领域内，正如上文所述一些具体情况和案例，由于类似证据重复出现的比例较高，因而司法实践中已经形成了一些相对具体的规则引导法官行使自由裁量权；在一些其他的领域内，法官自由裁量权受到的引导和规制较少，因而法官对证据相关性的判断依赖于其自身的知识、经验、认知等，但万变不离其宗的是成本利益评估体制。

（三）特殊的相关性规则之品格证据规则

1. 品格证据规则的概念

品格证据（Character Evidence），是"用来证明被告人、被害人或者证人平时品格好坏的证据。虽然 Character 常与 Reputation 作为同义词互用，但是 Character 指一人所固有的属性，而 Reputation 指人们认为其具有的属性，前者是存在的事实，而后者仅是目前接受为事实的东西"。[①] 我们可以从生活经验得知，品格可以影响一个人的具体行为倾向性，因而品格证据与人的行为是具有一定的相关性的，如一个粗心大意的人比一个谨慎小心的人更容易发生意外；一个有暴力倾向的人比一个性情平和的人更容易袭击他人等。然而，在证据规则中品格证据一般会被排除，是不具有可采性的证据。其原因在于在刑事案件庭审过程中，一个人的品格可能会被过分高估或无限滥用，从而影响司法公正。在一般情况下，品格证据对刑事诉讼案件本身的证明价值并非巨大，而其造成司法不公的潜在危险却是巨大无疑的；品格证据还可能会分散事实裁判者的注意力，令其将注意力从判断争议案件的事实转移到判断一个人的品格好坏与否。为此，为了减小错误定罪的风险，刑事司法创建了品格证据规则，明确"品格证据不能被采纳来证明行为"，因为在刑事诉讼中审判的是被告人的行为，并非被告人的为人。因而，通常情况下，大多数法院都不会接受单独以品格证据证明某人在特定场合的行为与其品格特征相一致的做法。不过，在一些品格证据作为控、辩重要因素，影响案件结果的特殊案件中，存在品格证据排除规则的例外，不过品格证据要成为具有可采性的证据还需要通过《联邦证据规则》第 403 条规定的价值平衡考察才行。

根据提出品格证据的目的不同，品格证据可以分为内部必要性品格证据和外部环境性品格证据两个类别。具体而言，如果某人的品格本身就是案件中的一个争议问题，那么品格证据就属于内部必要性品格证据；如果某人的品格仅仅是用来证明其在某种特定场合的行为或者思想时，这样的品格证据就属于外部环境性品格证据。区分这两类品格证据的原因在于内部必要性品

---

① 薛波主编：《元照英美法词典》，法律出版社 2003 年版，第 215 页。

格证据对于发现案件事实具有重要性作用，当品格自身处于争议之中的情况下，法院通常认为，品格证据是具有可采性的证据；而外部环境性品格证据在一般情况下则不具有可采性，不过，这个一般性排除规则也存在一些重要的例外情况，① 下文将作详述。

2. 品格证据规则的内容

品格证据规则是一个非常具有技巧性的规则，在刑事诉讼程序中，一般情况下，品格证据不具有可采性；然而，在一般排除规则之下，还存在一些例外情况。如上文所述，品格证据可以分为内部必要性品格证据和外部环境性品格证据两类，相应地，品格证据排除的例外规则，也可以分为内部必要性品格证据规则和外部环境性品格证据规则两类。具体而言：

第一，品格证据排除规则的例外——内部必要性品格证据规则。虽然不常出现，但也不能否认的是，现实中存在某种情况，即某人的品格特征是刑事诉讼起诉、指控或者辩护的要件，直接关系到案件争议事实的认定。在这种情形下，在恰当的时间由恰当的一方当事人提出的品格证据是具有可采性的，能够作为直接证据用来证明争议案件中某人的品格特征。通常在这类案件中，品格证据相当重要，对案件的结果具有决定作用。根据《联邦证据规则》第405条的规定，一个人的品格特征可以通过声望（Reputation）、意见（Opinion）、具体行为实例（Specific Instances of Conduct）来证明。其中，声望（Reputation）是众人关于某个是一个怎样的人所达成的一种共识。这里的众人可以是来自某人的家庭、工作环境、学校或教堂中的人，因为这个人在这些环境中花的时间最多、其声望也最能够被这些环境中的人所了解。因此，来自以上这些环境中，熟悉和知晓某个人的声望的任何一个人都有能力作为证人出席法庭，提供证言证明这个人的声望。在此基础上，还需要明确的是，证人作证证明某人的声望，是对某人在一段时间内的声望作证，而这段时间应当是包括诉讼在内的一段时间，而不单单是审判时期的声望。② 意见（Opinion），不同于声望，指的是一个人关于某人是一个什么样的人所形成的个人意见。任何一个熟悉这个人的人都可以作为证人出席法庭，阐述其关于这个人品格特点的个人意见。意见证据与声望证据一样，都是非常容易建立的证据。例如：

---

① 参见［美］约翰·W.斯特龙主编：《麦考米克论证据》，汤维建等译，中国政法大学出版社2004年版，第365~367页。

② 声望证据虽然是传闻证据，但却属于传闻证据规则的例外，具有可采性。具体见《联邦证据规则》第803条（21）款。

问："史密斯先生，你认识约翰吗？"

答："是的，我认识。"

问："在 2000 年 7 月 1 日的时候，你认识他吗？"

答："是的，我认识。"

问："在这个日期之前，你们认识多久了？"

答："我们认识差不多 10 年了，他和我是邻居。"

问："你对约翰是否是一个平和的人有没有自己的个人意见？"

答："是的，我有个人意见。"

问："你的意见是什么？"

答："我认为他是一个极端暴力、富于攻击性的人。"

具体行为实例（Specific Instances of Conduct）是证明某人品格特征的第三种方法。任何见到某人实施某个具体行为的人都可以出庭，以其所见之具体行为实例证明实施该行为的人的品格特征。在刑事案件法庭审理程序中，如果利用声望、意见、具体行为实例证明某人的品格特征，就需要选择恰当的时机。当品格是控诉方主诉案件的争议焦点或重要因素时，控诉方就在控诉证据中出示品格证据；当品格证据是辩护方辩护案件的重要因素时，品格证据就会作为辩方证据呈现在法庭上。然而，内部必要性品格证据规则不应该被滥用。实际上，那些直接利用品格证据证明案件的情况，在司法实践中都是发生概率很小的事件，因而，法庭审理中的大多数案件都禁止直接提供品格证据。例如，在一起致人伤害的刑事案件中，被告人以正当防卫作为辩护理由，但是被害人具有暴力的品格并不能成为被告人进行正当防卫辩护的重要因素，在这样的案件中，被告人只能根据证据规则的规定，通过一般的声望证据或意见证据来证明被害人的相关品格。

第二，品格证据排除规则的例外——外部环境性品格证据规则。品格证据通常不是起诉、指控或辩护的要件，不过根据《联邦证据规则》第 404 条（a）款的规定，在特定情况下、特定案件中，品格证据可以作为外部环境性证据证明争议案件中的某人的行为与其固有品格相一致。例如，被指控严重伤人的被告人一方，在案件庭审过程中，就可以策略性地提出被告人是一个品性平和的人，以这一品格性特征证明被告人不大可能伤害被害人。由于在这种情况下，事实裁判者要根据被告人的品格来推断被告人在案发时是否实施了严重伤人这一行为，因而，在这起严重伤人的案件中，被告人品性平和这一证据就属于外部环境性品格证据。据此可知，外部环境性品格证据是指事实裁判者据以推断被告人的品格是否与案发时行为相一致的证据。外部环境性品格证据规则也是品格证据排除规则的一个例外，但这一例外被《联邦证据规则》施以了严格限制。其一，刑事案件中的主询问能否采用外部环境性品格证据首先取决于某人的品格特征与控诉案件中该人的特定行为之间是否具有逻辑关系，与案件争议的特定行为没有逻辑关系的外部环境性品格证据不得引入庭审中。例如，品性平和与故意杀人行为之间；诚实守信与欺诈行为之间；坦率真诚与作伪证行为之间等类似的品格特征与特定行为之间具有逻辑相关性，因而其品格特征对证明此人是否实施了案件中的特定行为具有证明价值。其二，区别于内部必要性品格证据，在主询问中使用外部环境性品格证据时，证明品格特征的证据形式只有声望和意见证据两种。具体行为实例不能作为证明外部环境性品格证据予以采纳。原因在于证据法则对于品格证据的使用趋向于严格谨慎，只有某人的品格特征成为案件争议，作为一项指控、起诉或辩护的要件时，证据法则才会放宽品格特征的证明方式而允许使用具体行为实例来证明某人的品格特征。其三，刑事诉讼庭审过程中，除了被告人做正当防卫辩护之外，只有被告人一方有权在主询问中首先引入外部环境性品格证据。如果被告人没有引用自身的品格作为外部证据来证明其在争议案件中的行为，那么也就禁止检控方使用被告人的品格证据攻击被告人，即检控方既不得将被告人的品格证据作为主诉证据使用，也不得在交叉询问中向证人问及有关被告人品格的问题。不过如果被告人首先使用了品格证据，那么就开启了检控方使用品格证据的大门，检控方就可以使用相反的品格证据反驳被告人。例如，在一起故意伤害案件中，如果被告人首先提出其品性平和的证据作为外部证据证明其不可能实施故意伤害行为，那么检控方就有权提出被告人具有暴力倾向性的证据反驳被告人。杀人、伤害案件中存在被告人首先引用品格证据的例外情况，在此类案件中，如果被告人声称被害人是首先挑起事端者，而杀死或伤害被害人是出于正当防卫的需要时，检控方可以提供被害人具有平和品格特征的证据，以反驳被告人的正当防卫主张。证据规则作此规定的原因在于杀人、伤害案件中的被害人可能已经死亡或者因重伤而不能出庭作证，以至于检控方没有任何直接证据能够反驳被告人的正当防卫主张，为了查明案件事实，允许检控方提出被害人性格平和的品格证据作为外部证据反驳被告人的正当防卫主张是具有合理性和必要性的。其四，外部环境性品格证据通常是指被告人的品格特征和被害人的品格特征两种。当品格特征与具体案件争议具有逻辑相关性时，被告人可以首先引用其品格特征作为外部证据使用；当被告人做正当防卫辩护时，检控方可以首先使用被害人的品格特征作为外部证据反驳被告人，当然，这类案件中的被告人也可以首先引用自己性格平和而被害人性格暴力的品格证据作为外部证据支持自己的正当防卫主张。其五，用作反驳的品格证据必须是恰当的。用作反驳的品格证据是与先前对方提出的品格证据相反、相矛盾的品格证据，如被告人提出自己品性平和的证据，控方提出被告人具有暴力倾向的证据予以反驳。反驳证据是否恰当最终由法庭判定。司法实践中一些法庭对反驳证据进行严格限制，要求控方只能出示与被告人提供的品格证据具有相同形式的品格证据，也就是说只能用声望证据反驳声望证据；只能用意见证据反驳意见证据。不过，大多数法庭对此持开放态度，认为声望证据和意见证据的相似性足以令二者互相反驳，也即是说声望证据既可以反驳声望证据也可以反驳意见证据，反之亦然。此外还有一种特殊情况，即被告人的品格证据与被害人的品格证据具有相关性的情况。这种情况出现在被告人主张正当防卫的案件中，如果被告人提出被害人具有暴力倾向性的证据，检控方可以提出被告人具有暴力倾向性的证据予以反驳。咨询委员会指出："这样设计的目的在于价值平衡，当被告人提出被害人的品格特征时，应允许检控方提出被告人的品格特征进行反驳，不过反驳证据的范围限于与被告人提供的被害人的品格特征相同或相似的品格特征。"[1]然而，立法没有规定，当被告人提出自己品性平和的证据，检控方是否能够提出被害人品性平和的证据予以反驳。司法实践中，大多数法院都倾向于不允许检控方这样做，因为被害人品性平和在逻辑上不能构成对被告人品性平和的反驳，而是在事实上引入了一个新的外部证据。其六，在交叉询问中，调查品格证据时，允许询问与该品格特征相关的具体行为实例。一般情况下，如果被告人一方的证人在主询问中提供了与被告人品格相关的证言，检控方就有权在交叉询问中就与证人提出的被告人品格特征相关的具体行为实例询问证人。例如，在故意杀人案件中，如果被告人一方的证人在主询问中作证证明被告人品性平和，不可能杀害被害人，检控方在交叉询问中就可以问证人，是否知道被告人在因本案被逮捕以前的三个星期里，曾经因为被一名身着夹克的年轻人踩了脚，而对其大打出手。不过，不论证人做何回答，知道与否，询问人都要接受证人的回答，而不能再做深入询问，因为不论证人如何回答，询问的目的都已经达到了：如果证人回答不知情，则其对被告人的了解程度会受到事实裁判者的质疑；如果证人回答知情，则该证人的可信性就会受到事实裁判者的质疑。需要特别注意的是，询问人以具体行为实例询问证人时，必须具有善意基础，即询

---

① Federal Rule Evidence 404(a)(1) advisory committee's note.

问人根据相关证据、合理地相信该具体行为存在并且真实可靠。此外，与证人提供的品格特征不具有相关性的具体行为实例不得询问，如证人证明被告人性情平和时，交叉询问不得询问被告人说谎的具体行为。不过，即便是通过了相关性考察，询问人能否就被告人的具体行为实例询问被告人还要通过《联邦证据规则》第403条的价值平衡条款考察才行。

　　第三，性侵犯案件的特殊规定。《联邦证据规则》中关于性侵犯案件中品格证据的规定存在于规则第412-415条中，其中，涉及刑事案件的规则是规则第412-414条。规则第412条通常被称为"性侵害被害人保护条款"，一般性地禁止提出被害人性行为历史或性癖性的证据，以保护受到性侵害的被害人的隐私，鼓励被害人提出性侵害控告。在刑事诉讼案件中，对于该一般性禁止规定有三种例外情况："一是为证明被告人之外的他人才是精液、伤害或者其他物证的来源；二是同意抗辩，即用被告人与被害人发生性行为的历史证明被告人并没有实施性侵害而是取得了被害人的同意；三是排除被害人的性行为历史或性癖性将导致被告人的宪法权利受到侵害时"。①　在程序上，"提出性行为证据的一方通常需要在法庭审理前发出书面通知，法院必须提前对是否采纳该证据召开一次秘密的听证会"。②　此外，针对刑事犯罪案件，《联邦证据规则》第413条规定被告人实施过其他性侵害行为的证据与被告人此次被指控性侵害的行为具有相关性；第414条规定第413条同样适用于儿童性侵扰的案件。这两条规定与《联邦证据规则》第404条（b）款相悖，允许以被告人实施过性侵犯的具体行为实例来证明被告人具有实施性侵犯行为的品性或者倾向性，以证明特定场合下被告人的特定行为。由于性侵害案件具有隐蔽性，常常缺乏物证，裁判者通常在被告人与被害人的诚实度之间进行比较而作出裁决，因而规则专门针对性侵害这类特殊案件而作了特殊规定，允许被告人的先前性侵害行为作为指控证据使用。为了顺利将此规定施行于司法实践当中，美国国会避开了常规的审议程序而迅速通过了《联邦证据规则》第413-415条，然而，这样的规定和做法也引起了不少争议，使得这几个规定在现实中遭到了绝大多数法官、律师、法学教授以及法律组织的反对，他们普遍认为"过于广泛的允许使用被告人先前性侵犯行为作为性侵犯案件的证据，对于被告人被不公正定罪具有潜在的危险性，事实

---

　　①　U.S.v.Bear Stops, 997 F.2d 451, 8th Cir. 1993. 本案中被害人曾遭受其他人性侵害的时间与被告人被指控的时间十分相近，这一证据可以为被告人被指控性侵害提供另外一种可能性，如该证据被排除将侵犯《宪法修正案六》赋予被告人的强制获得对其有利之证据的权利。

　　②　Federal Rules of Evidence 412（c）.

裁判者会认为他以前做过这样的事情，他在本案中又这样做了，他就是这样的人，如此一来事实裁判者审判的并不是被告人的行为而是被告人这个行为人了，而这正是品格证据规则极力要避免的事情"。① 据此，司法实践中，法官在刑事庭审过程中，普遍都会在检控方根据《联邦证据规则》第 413-414 条提出被告人先前类似性侵害行为作为证据时，应被告人一方提出的反驳动议，而对该证据进行习惯价值平衡测试，根据《联邦证据规则》第 403 条的规定，"该证据只有在其证明价值超过其造成的不公正偏见影响时才具有可采性"。②法庭为了判断证据的证明价值与其造成不公正偏见之间的比重，进而判断是否允许向事实裁判者提供这一类证据，首先需要考虑以下几点："一是被告人的先前性侵犯行为是否已经被证明得非常清楚了；二是被告人的先前性侵犯行为，对于案件争议事实而言，具有多大的证明价值；三是控、辩双方对于案件争议事实的分歧是否严重；四是检控方是否还能提供除此之外的、不具有造成不公正偏见性影响的其他证据。"③其次，对证据的证明价值与造成不公正偏见影响进行进一步价值衡量与分析时，法庭还要考虑如下几个方面："一、被告人的先前性侵害行为作为证据使用，会对事实裁判者作出错误判决的影响程度；二、引入被告人的先前性侵害行为后必将分散事实裁判者的注意力，令其将注意力从案件的争议事实本身转移到被告人的品格上，要考虑这种分散注意力的程度范围是否广泛；三、在庭审过程中证明被告人的先前性侵害行为需要的时间成本是否巨大。"④综合考虑了以上几个方面之后，法官就需要行使自由裁量权判断是否允许在庭审中提供被告人的先前性侵害行为作为证据证明争议案件事实。综上可知，在性侵犯这一类特殊案件中，涉及被害人性行为的证据使用是以一般性禁止为原则，以特殊的三种情形为例外的；而涉及被告人先前性侵害的具体行为在通过价值平衡后，是可以出现在法庭审理程序中的。

（四）特殊的相关性规则之习惯与例行做法规则

1. 习惯与例行做法的概念

习惯（Habit），是指"关于一个人习惯性地、几乎是自动地、对于重复

---

① Report of the Judicial Conference on the Admission of Character Evidence in Certain Sexual Misconduct Cases, 159 F.R.D. 51, 52 (1995).

② U.S.v.Withorn, 204 F.3d 790, 8th Cir, 2000. U.S v. Sumner, 204 F.3d 1182 8th Cir, 2000. U.S. v. Guardia, 135 F.3d 1326, 1331, 10th Cir, 1998.

③ U.S.v.Enjady, 134 F.3d 1427, 10th Cir. 1998.

④ U.S.v.McHorse, 179 F.3d 889, 10th Cir. 1999.

性的具体情况作出的常规反应"。① 例如，下楼时总是一次迈两个台阶、左转弯时总是打个手势、总是在轨道车没有停稳的时候就跳下车来等。只有充分构建了重复性反应模式以至于行为人的行为会不自觉地受到既有习惯的影响而做出相应行为时，习惯证据才具有可采性。而"证明某人在特定情况下发生过一个或一个以上的特定行为反应的证据不能够单独地充分构建出重复性反应模式"。②

例行做法（Routine Practice），是指"商业或者产业组织所具有的习惯"。③ 要使用例行做法证据，相关组织必须充分展示出该组织在特定条件下会实施特定行为，这种特定的反应具有反复性、一致性，属于该组织在特定环境和条件下的例行做法。仅仅只有几次的特定行为因不具有充分性而不能构建出该组织的重复性反应模式。不过，与个人的习惯证据相比，法庭在认定公司等经济组织的例行做法时，标准更为宽松一些。其原因在于"公司的商业例行做法通常与其他公司密切相关，而且公司的商业例行做法是以经济效益为考虑因素的，必然比个人的习惯做法更为严谨"。④

尽管立法没有明确的标准来认定一个行为如何上升为一项具有惯常性的习惯或例行做法，但是通常认为"某人或者某个组织的大量同一做法和一致反应是衡量一个行为是否属于习惯或例行做法的重要因素"，⑤ "要判断这种同一的、具有反复性的、一致反应，是否在特定条件下，具有重复发生的、充分的可能性，"⑥ 如果答案是肯定的，则该证据属于习惯证据或例行做法证据。这一判断标准也使得"习惯与例行做法证据与品格证据被区分开来"。⑦

2. 习惯与例行做法规则的内容

习惯与例行做法规则独立于相关性规则，规定在《联邦证据规则》第406条："关于某人的习惯或者某组织的例行做法的证据，与证明该人或该组织在具体场合下的行为与该习惯或者例行做法一致具有相关性。而该证据是否得到了补强或者有无目击证人在所不论。"⑧ 据此可知：

---

① Black's Law Dictionary. Thomason Reuters, 2009.

② United States Football League v. National Football League, 842 F.2d 1335, 2nd Cir. 1988.

③ Federal Rule Evidence 406 advisory committee's note.

④ Pries v.Honda Motor Co., Ltd., 31 F.3d 543, 7th Cir. 1994.

⑤ G.M. Brod & Co. v. U.S. Home Corp., 759 F.2d 1526,1533, 11th Cir. 1985.

⑥ Weil v. Seltzer, 873 F.2d 1453, 1460, D.C. Cir. 1989.

⑦ U.S. v. Santos, 65 F.Supp.2d 802, 821, N.D.I11.1999.

⑧ Federal Rules of Evidence.

首先，习惯与例行做法规则受到《联邦证据规则》第 403 条价值衡量标准的规制。从《联邦证据规则》第四部分关于相关性规则的规定来看，第 402 条和第 403 条是针对相关性的排除规则。其中，第 402 条明确规定"具有相关性的证据都具有可采性，除非《美国宪法》、《联邦制定法》、《联邦证据规则》、最高法院制定的其他规则明确规定某个具有相关性的证据不具有可采性"。[①] 也就是说第 402 条赋予了相关性证据的一般可采性。另外，《联邦证据规则》第 403 条则以价值衡量为基础限制相关性证据的可采性，规定"如果具有相关性的证据造成的危险严重超过其证明价值，则该具有相关性的证据不具有可采性"。[②]《联邦证据规则》第 406 条将习惯与例行做法规则表述为："习惯与例行做法在证明该人或该组织在具体场合下的行为与该习惯或者例行做法一致具有相关性。"[③] 由此，则根据《联邦证据规则》第 402 条的规定，习惯与例行做法证据可采，除非该证据被其他规则所排除。而这里的其他规则中，首当其冲的便是《联邦证据规则》第 403 条的价值衡量规则。如果习惯与例行做法证据造成了不公正偏见、混淆案件争议焦点、误导陪审团、不当拖延、浪费时间或者不必要的重复，使其危险性严重超过了证明价值，则该习惯与例行做法证据就会被排除，而不可采。也就是说，除非根据规则第 403 条做价值衡量后被排除，否则一般情况下，习惯与例行做法对于证明特定场合下的特定行为是具有可采性的证据。

其次，习惯与例行做法规则排除了普通法上的"目击证人"规则。所谓目击证人规则是指"习惯证据通常需要予以补强，并且通常只在没有目击证人的情况下才具有可采性"。[④] 实际上，顽固地认为单独的目击证人证言对案件争议事实的证明力远远强于单独的习惯证据，是一种有失偏颇的认识。因为证人的感知能力和记忆力受到诸如时间、视力、环境等因素的影响有可能失真或扭曲，这也使得证人证言在还原案件事实的时候，有可能不如经年累月形成的习惯那样确切。此外，有些时候目击证人数量可能不多或者仅有一人，也许这名证人对被告人存在偏见，如果采用目击证人规则，那么目击证人的证言将排除被告人的习惯证据。例如，在一起两车相撞致人死亡的交通事故中，唯一的目击证人是存活下来的开车司机，该证人作证证明事故是由于死者没有在停车线处停车而径行高速驶入造成的，但是死者的邻居作证表

---

① Federal Rules of Evidence.

② Federal Rules of Evidence.

③ Federal Rules of Evidence.

④ 王进喜著：《美国联邦证据规则条解》，中国法制出版社 2012 年版，第 93 页。

明，死者在通过路口时总是会停下来，四顾左右，然后通行。此时就发生了目击证人证言与习惯证据的冲突，如果采用目击证人规则，死者的习惯证据将被排除适用，而本案中，两车相撞致一人死亡，唯一的目击证人是相撞而存活下来的另一方当事人，显然，死者的习惯证据要比存活下来的一方作为目击证人提供的证言更有说服力，因而，此案表明一味地适用目击证人规则是有失偏颇的。

再次，习惯与例行做法证据区别于品格证据。习惯与例行做法证据与品格证据不同。习惯具有反复性，是特定情况下的特定行为；而品格则是一个人的人品性格的总体。例如，证明一个人的个性小心谨慎的证据是品格证据；而证明某人总是锁上办公室的门才离开的证据则属于习惯证据。麦考密克认为在此定义范围内的"习惯证据比一般的品格证据证明价值更大，导致偏见的潜在可能性较小。因为特定情形下的习惯行为，基本上不会激起诸如同情、反感等情感反应，也就不会扭曲事实裁判者对证据的评估"。① 区分品格证据与习惯证据非常重要，对于"习惯"的解释是不能被无限扩大的，如果法庭出现了所谓的"小心谨慎的习惯"、"抢劫的习惯"、"说谎的习惯"等，习惯规则就应当是无效的，因为根据《联邦证据规则》第404条的规定，品格证据在证明某人在特定条件下的行为与其品格相一致时，通常基于该证据的证明价值微小且具有偏见性而认为该证据不具有可采性；而《联邦证据规则》第406条则确认习惯证据与例行做法证据可以用于证明某人或某个组织在特定情况下会实施与习惯或例行做法相一致的行为。

最后，习惯证据存在其自身固有的不足。由于不能保证习惯总是会影响特定环境下的特定行为，所以，即便小心地区分习惯证据与品格证据，构建十分完善的习惯证据标准，也不能避免习惯证据本身的固有缺陷。例如，某人习惯于变换车道时开启指示灯，但是在紧急情况下也许就不会再这样做。然而现实中的意外情况（案件）多发生在与上例情况相类似的紧急情况下，行为人的行为也会有可能与其惯常习惯有所不同。此外，犯罪嫌疑人也可能会蓄意利用其为人熟知的习惯制造不在犯罪现场的证明。例如，某人总是乘坐下午5点的公车下班回家，然而他选择下午5点20分在公司将同事杀死，那么他就可以利用其总是在下午5点回家这一为众人所熟知的习惯来制造不在犯罪现场的证明了。据此可知，习惯证据存在掩盖案件事实的潜在危险性。

---

① ［美］约翰·W. 斯特龙主编：《麦考米克论证据》，汤维建等译，中国政法大学出版社2004年版，第379页。

因而，美国将判断习惯证据是否能够被采纳来证明案件事实的权力交给了事实裁判者——陪审团，是具有合理性的做法。首先，陪审员知道习惯不能完全保证案件中的特定行为与该习惯具有一致性。其次，案件中的特定行为属于事实性问题，故而理应由陪审员来判断具体案件中的特定行为是与习惯一致的行为，还是在用习惯掩盖案件事实。最后，陪审员可以通过观察证人回答询问时的表情、神态、语调、姿势等情况得到自己对于待证案件事实的判断。

三、传闻证据规则

"传闻证据规则形成于17世纪末，是普通法发展的产物。"① 在美国证据法中占有重要地位，威格摩尔说："传闻证据规则是英美证据法最具特色的证据规则，是杰出的司法体系对人类诉讼程序的重大贡献，是仅次于陪审制的伟大发明。"②传闻证据规则已经被《联邦证据规则》第八章以书面形式固定下来。传闻证据（庭外陈述）具有特殊的危险性：陈述人有可能撒谎、有可能对观察到的情况产生误解、陈述人的原话可能会在被转述后发生变化。但是，"陈述人亲自出席法庭并经宣誓程序提供证言，就会大大降低这些危险发生的可能性"③。此外，"传闻证据一方面会令事实裁判者无法亲自观察陈述者的表情、动作、神态，以形成心证，另一方面也剥夺了相对方的交叉询问权"④。因而，一般情况下，除非有制定法或者其他规则的特殊规定，传闻证据不具有可采性。

（一）传闻证据

1. 传闻证据与非传闻证据

明确何为传闻证据是正确适用传闻证据规则的前提。而关于传闻证据的构成已经明文规定于《联邦证据规则》第801条中："其一，陈述。陈述是指一个人的口头主张、书面主张或者此人意欲作为一项主张的非语言行为。其二，陈述人。陈述人是指作出口头主张、书面主张或者以非语言行为表达其主张的人。其三，传闻。传闻是一种陈述，但这种陈述是在法庭审判程序

---

① 参考［美］约翰·W. 斯特龙主编：《麦考米克论证据》，汤维建等译，中国政法大学出版社2004年版，第481页。

② John H. Wigmore, The Principles of Judicial Proof as Given by Logic, Psychology, and General Experience, and Illustrated in Judicial Trials, Facsimile Originally Published, 1913. §1364.

③ Williamson v. United States, 512 U.S. 594, 598, 114 S.Ct. 2431, 2434, 129 L.Ed.2d 476,1994.

④ U.S. v. Evans, 216 F.3d 80, 85, D.C.Cir.2000.

或者听审程序外作出的，而当事人却将其作为证据提出，以证明该陈述主张事项的真实性。"① 简而言之，传闻证据是在庭审或听审程序中提出的，意在证明一方对争议案件事实所提出的主张具有真实性的一项庭外陈述。

非传闻。传闻证据的本质是以庭外陈述证明所宣称事实的真实性，"如果庭外陈述不是为了证明其所宣称事实的真实性，那么这项庭外陈述就不是传闻，也就是非传闻"。② 非传闻大体可以分为具有独立法律意义的庭外陈述、用以弹劾证人的先前不一致陈述和用以反驳的先前一致陈述、影响聆听者思想状态的庭外陈述三个大的类别。具体而言：

第一，具有独立法律意义的陈述。实体法中规定了一些具有法律意义的词汇，这些词汇的意思与日常用语不同，而因法律的规定具有特定法律意义，也就是所谓的"法律词汇"。这些法律词汇因为被说出而具有法律效力，真假在所不论，亦不属于传闻证据。常见的法律词汇有诽谤、虚假代理、欺诈、赠与、合意、要约、承诺等。以上这些"法律词汇"即便是庭外陈述，也不属于传闻证据，因为这些词汇的证明价值不取决于这些词汇本身的真实性，而是取决于陈述人是否真的作出过这样的陈述。当法律关注的是陈述是否得以表达而非该陈述是否为真时，这种庭外陈述就不是传闻。然而需要注意的是即便法律词汇构成的庭外陈述通常不属于传闻，但是也存在构成传闻的可能性。举例而言，如果张三对李四说："这个手机送给你了。"这是一个具有独立法律意义的赠与性陈述，因而不属于传闻；如果张三又对王五说："我送了李四一部手机。"如果王五要在法庭上提供证言证明张三送了李四一部手机，那么王五的证言就属于传闻。

第二，用以弹劾证人的先前不一致陈述和用以反驳的先前一致陈述。指出证人的先前陈述与其在法庭上的陈述不一致，是弹劾证人的常用技巧。正如本章第一节关于证人可信性的问题中所论述的，引用证人的先前不一致陈述来弹劾证人的目的不是为了证明所主张之事实真相，而是为了以这种不一致，说明证人的出尔反尔，以质疑证人的可信性。与此相对应，如果证人证言遭到弹劾，也可以用先前一致的陈述来修复证人的可信性。在以上这两种情况下，引用证人的先前证言并不是为了证明主张事实的真实性，而是为了质疑或支持证人的可信性，因而，在这样的情况下使用的庭外陈述就不属于

---

① Federal Rules of Evidence.

② 刘玫著：《传闻证据规则及其在中国刑事诉讼中的运用》，中国人民公安大学出版社 2007 年版，第 14 页。

传闻证据。

第三，影响聆听者思想状态的庭外陈述[①]。如果引用一项庭外陈述是为了证明该陈述对聆听者的思想状态产生了影响，那么这项庭外陈述就不是传闻证据。因为引用该陈述的目的在于证明诉说者向倾听者作出了这项陈述，并对倾听者的思想状态产生了影响，而不在于证明这项陈述是否真实。这样的庭外陈述主要包括使聆听者产生恐惧、目的、动机或行动理由等在内的庭外陈述。例如，在一起被告人主张正当防卫的杀人案件中，提供被害人对被告人说："下次见到你，我一定杀了你。"的庭外陈述不是传闻证据。因为不论被害人是否真的要这样做（即不论这项陈述是否真实），它都使得被告人产生了恐惧心理，被告人出于惧怕被害人，有可能不敢故意杀死被害人，有可能是正当防卫下才杀死了被害人，因而这项陈述与案件事实具有相关性，属于非传闻证据。同理，还是这个杀人案件，如果是其他人向被告人转述，被害人说再见到被告人时会杀死他，这项证据也同样不是传闻。也就是说，只要被告人听到了这项造成自身恐惧心理的陈述，那么被告人的恐惧心理就与正当防卫的行为具有相关性。对聆听者思想状态造成影响的类似陈述还包括使其产生动机、目的、行为等的陈述。总之，当一项庭外陈述不是为了证明所主张事实的真实性，而仅是为了证明该陈述曾被作出，则这项庭外陈述就是非传闻。

传闻证据是为了证明所主张事实的真实性的庭外陈述，当庭外陈述不以证明其主张真实性而以其他诉讼目的出现时，这项庭外陈述就是非传闻。司法实践中，衡量庭外陈述是否为传闻证据时，一般需要从以下四个方面进行考察和判断：

第一，陈述人所作的庭外陈述是否构成一个主张。不论陈述人的庭外陈述是以口头形式、书面形式还是非语言表意行为作出的，这项陈述都必须形成一个针对案件争议事实的明确主张，不包含主张的陈述就不能称为一项具有法律意义的"陈述"。根据《联邦证据规则》第801条对传闻证据所作的定义，缺乏法律意义上的"陈述"这一构成要件，不属于传闻证据，是非传闻。

第二，引用庭外陈述的目的是否在于证明其主张的真实性。如果引用庭外陈述的目的并不是为了证明其主张的真实性，而是为了实现其他与诉讼相

---

① 参考［美］约翰·W.斯特龙主编：《麦考米克论证据》，汤维建等译，中国政法大学出版社2004年版，第487页。

关的目的，则该庭外陈述是不属于传闻证据，是非传闻。包括上文所述之具有独立法律意义的庭外陈述、用以弹劾证人的先前不一致陈述和用以反驳的先前一致陈述、影响聆听者思想状态的庭外陈述等庭外陈述。

第三，《联邦证据规则》第 801 条（d）款（1）规定了三种形式的非传闻。"其一，曾经宣誓后在审判、听证、证言存录或其他程序中作出的与陈述人当庭提供的证言不一致的先前陈述；其二，与陈述人当庭陈述相一致的，用来反驳针对陈述人近期对该陈述的捏造或者因近期不当影响或不良动机而作证的主张；其三，将某人辨认为先前感知到的某人的陈述。"① 在以上这三种情况下，陈述人都要在庭审或听审程序中接受交叉询问。

第四，《联邦证据规则》第 801 条（d）款（2）规定了五种形式的非传闻。这五种非传闻有一个共同的特点，即该陈述是对方当事人的陈述，陈述的目的在于反对对方当事人，而且不要求陈述人在法庭或听审中作出陈述，也不要求陈述人必须接受交叉询问。具体包括："其一，该当事人以个人或者代表身份作出的陈述；其二，当事人已经表明认可或者相信其真实性的陈述；其三，得到当事人授权就某主题作出陈述的人就该主题所作出的陈述；其四，当事人的代理人或者雇员在代理或者雇佣关系存续期间就该关系范围内的事项所作的陈述；其五，当事人的合谋犯罪人在合谋过程中为促进合谋所作的陈述。"②

2. 传闻证据的几个特殊问题

辨明传闻与非传闻之后，还要论及几个与传闻证据相关的特殊问题。主要包括针对缺乏个人认知的异议、多重传闻、非自然人庭外"陈述"等三个问题。

第一，传闻证据异议不同于缺乏个人认知的异议。实践中有时会出现传闻证据规则与证人提供第一手认知证言的限制性规定相混淆的情况。例如，一位没有亲眼看到案发事实的证人作证说："卡尔告诉我交通事故发生时被害人闯了红灯。"此时，这位证人提供的证言来自于其个人认知，他对于卡尔告诉他的事实具有第一手认知，但他提供的证言完全来自于卡尔向他陈述的事实。如果这位证人的证言是要证明被害人闯红灯，那么律师应当以传闻证据为由对此提出异议。然而，如果换一种情况，还是这位没有亲眼看到案发事实的证人，但是他作证说："交通肇事是由于被害人闯红灯造成的。"此

---

① Federal Rules of Evidence.

② Federal Rules of Evidence.

时，证人描述的是一个他并没有亲眼看到的事实，那么律师就应当以证人缺乏个人认知为由对其证言提出异议。实际上，以缺乏个人认知为由提起的异议是在不知道传闻主体来源时针对"传闻"提出的异议。此外，以缺乏个人认知为由的异议还包括针对梦境、水晶球幻境、推论等证人不真正具有个人认知的陈述。

第二，多重传闻证据。有些时候一个传闻可能会嵌入另一个传闻中。典型的例子发生在刑事诉讼中一方要求在庭审中提出一项根据某人的庭外陈述作出的书面报告的情况。其中，书面报告是第一重传闻，而某人的庭外陈述则构成第二重传闻，当传闻有两重时，就被称为双重传闻，当传闻有两重以上时，就被称为多重传闻。不论是双重传闻还是多重传闻，如果每一项传闻都符合传闻规则的例外，使得最终构成的传闻证据符合传闻规则的例外时，根据《联邦证据规则》第805条该双重或多重传闻证据就具有可采性。

第三，机器或者动物的"陈述"。传闻规则的设立是建立在一项传统的司法认知基础上的：即如果观察案件事实的是一个自然人，他就能够出现在事实裁判者面前，以交叉询问的方式提供证言，这样的诉讼程序能够让事实裁判者更好地评估证据，裁断案件事实。据此可知，传闻证据规则并不适用于非自然人提供的陈述，因为非自然人无法在作证前宣誓，更无法接受控、辩双方的交叉询问。但是将机器或动物的"陈述"进行转化后，就会转变成非传闻证据。举例来说，当车辆驶过测速器时，测速器的屏幕上会显示出该车的行驶速度，测速器的读数属于一种"庭外陈述"，但是根据测速器读数制作的报告不属于传闻证据。其原因在于，尽管报告中记录的测速器读数是否具有可采性取决于能否提供相关证据证明测速器的精准性，以及测速器记录车辆速度时处于正常使用状态当中，但是这些基础证言并不会激发传闻证据的潜在危险性，因而不属于传闻证据的范畴。还有些时候计算机会检索或编辑人们针对某一话题所作出的陈述。为这项证据奠定基础之后，就可以判别该证据的可采性了。奠定证据基础需要做到以下两点：其一，提出该项证据的人必须证明这台计算机检索出的信息是精准确切的；其二，如果提出该项证据的人意欲以此证据证明其主张事实的真实性，那么他还要证明这台计算机检索出来的信息不是传闻或者属于传闻规则的例外。动物"陈述"与机器"陈述"的原理具有相似性，要分析这一点，可以举一个非常简单的例子。如果一只受伤的狗对着列队中的一人狂吠不止，显然，这项报告就不能因为狗作出的是"庭外陈述"而提出关于传闻规则的异议。

（二）传闻证据排除规则的例外

Weinstein 法官曾经撰文言道："允许采纳传闻证据的规则如同大海汪洋一般浩瀚，而排除传闻证据的规则只是这大海上的一座小小的孤岛。"[1]虽然这样的说法有些夸张，司法实践中针对传闻的异议，以及因传闻而被排除的案例也普遍存在，[2]但是，传闻证据排除规则的例外也确实大量存在，并处于不断发展当中。一般来说，适用传闻证据排除规则的例外而采纳传闻证据需要满足如下两个条件：一是某人在特定的环境和情况下所作出的陈述，虽然属于庭外陈述，但是却固有地具有可信性；二是出现了要么允许提出传闻证据并承受其带来的风险，要么就会没有任何证据的情况。在同时满足了上述这两个条件的情况下，为了发现案件真实，实现诉讼公正，通常法院会接受传闻证据。因为当传闻证据的真实性和必要性相结合后，诸如事实裁判者直接听取庭外陈述、当前作证的证人没有亲自感知而作证、庭外陈述没有经过宣誓、无法接受交叉询问等问题都不再是关键性问题了。《联邦证据规则》第八章将传闻证据排除规则的例外大致分为三个类别。

1. 无论陈述人是否能够作为证人出庭作证，传闻证据都具有可采性[3]

制定法设定了几种法定情形，符合此类情形的，不论作出庭外陈述之人能否出席法庭，亲自作证，其所作之陈述都不会因为属于传闻证据而加以排除。

（1）即时感觉印象。指"陈述人感知有关事件或者情境的同时或者之后立即针对该事件或者情境作出了描述或解释性陈述"。[4]据此可知，"即时感觉印象要求庭外陈述的作出几乎与事件的发生同步，而不能是深思之后作出的，此外，陈述人必须对其陈述的内容拥有个人的认知能力"。[5]"由于缺乏深思熟虑和人脑对信息的重组，陈述人对即时感知到的事件即时作出的陈述具有较强的可信性。"[6]因而即时感觉印象便成为了传闻证据排除规则的

---

① Jack B. Weinstein, Probative Force of Hearsay, 46 Iowa L. Rev. 331, 346, 1961.

② Anderson v. United States, 417 U.S. 211. 94 S.Ct. 2253, 41 L.Ed.2d 20,1974；U.S. v. Linwood, 142 F.3d 418 7ᵗʰ Cir, 1998；Williamson v. United States, 512 U.S. 594, 598, 114 S.Ct. 2431, 2434, 129 L. Ed.2d 476,1994；U.S. v. Evans, 216 F.3d 80, 85, D.C.Cir.2000.

③ Federal Rule Evidence 803.

④ Federal Rules of Evidence.

⑤ U.S.v.Ruiz, 249 F.3d, 643, 7ᵗʰ Cir. 2001. 本案中认定警察在巡逻过程中发现准备贩毒的毒贩，他向一起巡逻的另一名警察描述毒贩及其行为时所说的话，属于即时感觉印象。其他类似案件还有 U. S. v. Mitchell, 145, F.3d, 572, 3ʳᵈ Cir. 1998. U.S. v. Hamilton, 948 F.Supp. 635,639 W.D.Ky.1996.

⑥ U.S.v.Ruiz, 249 F.3d 647, 7ᵗʰ Cir. 2001.

例外。

（2）激情表述。指"陈述人处于某种令人震惊的事件或者情境下，针对这个事件或者情境，作出的激情表述"。[1] 这种激情表述适用排除规则的例外，因为"激情表述是在特定环境下针对特定事件，出于激愤而作出的表述，这样的表述通常不会是编造出来的，也不会是经过训练后才作出的"。[2] 构成激情表述的要件主要有三个："一是发生了一个令人震惊的事件或者出现了令人震惊的情境；二是陈述者对该事件或情境要有亲身感知，并且由于受到该事件或情境的震惊而作出了陈述；三是陈述者作出的陈述要与该事件或者情境相关联。"[3] "激情表述并不需要一定与令人震惊的事件同步发生。"[4] 但是"激情表述必须与该事件触发的激情情绪同步发生"。[5] 一般法官会"通过表述与事件发生的时间间隔、表述者的年龄、事件的性质等方面具体考察判断陈述者作出的陈述是否为激情表述"。[6] 由于激情表述要求陈述人的表述与那个令他震惊的事件或者情境相关即可，而即时感觉印象则要求陈述人描述或者解释事件或者情境，因而"激情表述的范围比即时感觉印象的范围更广泛"。[7]

（3）对存在于当时情境下的思想、情感或身体状况的陈述。"陈述者对当时情境下存在的思想状况（如动机、意图、计划）、情感、感受或者身体状况（如精神感受、疼痛或身体健康）的陈述，（不包括为证明陈述人记得的或者相信的事实而作出的有关记忆或者信念的陈述），除非上述陈述是与陈述人遗嘱的有效性或者遗嘱条款有关，否则就可以适用传闻规则的例外。"[8] 需要注意的是存在于当时情境下的思想、情感或者身体状况的陈述，能够适用传闻证据排除规则的例外，但"这项陈述只能用来证明陈述人在当时情境下的思想、情感或身体状况，而不能证明造成这种状况的原因"。[9] 此

---

[1]　Federal Rules of Evidence.

[2]　U.S.v.Iron Shell, 633 F.2d 77, 8th Cir. 1980.

[3]　U. S. v. Wesela, 223 F. 3d 656, 7th Cir. 2000；U. S. v. Hall, 165 F.3d 1095, 7th Cir.1999. U.S. v. Mitchell, 145 F.3d 572, 3d Cir. 1998；U. S. v. Collins, 60 F.3d 4, 1st Cir. 1995.

[4]　U. S. v. Tocco, , 135 F. 3d 116, 2nd Cir. 1998.

[5]　Webb v. Lane, 922 F.2d 390 7th Cir.1991.

[6]　Reed v. Thalacker, 198 F.3d 1058, 8th Cir. 1999.

[7]　Federal Rule Evidence 803（2）Advisory Committee Note.

[8]　Federal Rules of Evidence.

[9]　U.S. v. Joe, 8 F.3d 1448, 10th Cir. 1993；U.S. v. Liu, 960 F.2d 449[th]Cir. 1992；U.S. v. Emmert, 829 F.2d 805, 810, 9th Cir. 1987.

外，这项陈述的作出必须与当时的情境激发出的思想、情感或身体状况同步，只有如此，才能"使得陈述人不能在深思熟虑下作出陈述，并且陈述人也不大可能会编造或错误表达自己的状况"，[①]也只有这样的陈述才具有可信性基础。通常情况下，关于记忆或者信念的陈述是被明确排除的。"用来描述陈述人过去经历过的事件的任何陈述都可以被认定为记忆，不具有可采性，因为假设允许将其认定为存在于当时情境下的思想状况而提交法庭，那么控、辩双方就有可能利用传闻在法庭上讲述任何发生在过去的事情，这样的结果无疑会对传闻规则造成致命性破坏。"[②]

（4）为医学诊断或者治疗目的而作出的陈述。"如果陈述人为了医学诊断或者治疗目的而作出了关于医疗史、过去或者现在的症状、感受或者病因、病源的陈述，并且该项陈述对于实现上述目的具有合理性时，这项庭外陈述就属于传闻证据排除规则的例外。"[③] 据此可知，为医学诊断或者治疗目的而作出的陈述还必须对实现这一目的具有合理性、相关性才能适用传闻规则的例外。允许这种例外的依据在于，"一个寻求医学帮助的人通常会对医生实言相告、不做保留，因为只有如此才能实现他寻医问药的根本目的"。[④]陈述者"不必非得是接受医疗的病人，也可以是为了该病人的利益而作出陈述的任何其他人"；[⑤] 与此相应地，"听取陈述的也并非必须是医生，也可以是护士、救护车的救护人员等其他相关人员"。[⑥] 不过，陈述人作出的关于是什么人对病人造成了伤害的陈述，属于传闻，不能适用传闻规则的例外。因为"这样的陈述与医学诊断或者治疗的目的并不相符"。[⑦]不过，在性虐待这类特殊案件中，由于施暴者与被害人发生过亲密的接触，而且针对性虐待病人的治疗并非仅仅是身体方面的治疗，还需要进行心理治疗，以便将病人从遭受性虐待的情境、记忆中解脱出来，因而，明确施暴者的身份对于受害人得到更好、更全面的治疗具有合理价值，也正是出于这样的原因，实践中有些法

---

① U.S. v. LeMaster, 54 F.3d 1224, 6th Cir. 1995; U.S. v. Neely, 980 F.2d 1074, 7th Cir. 1992.

② Federal Rule Evidence 803 (3) Advisory Committee Note.

③ Federal Rules of Evidence.

④ Federal Rule Evidence 803 (4) Advisory Committee Note.

⑤ U.S. v. Yazzie, 59 F.3d 807, 9th Cir. 1995.

⑥ U.S. v. Tome, 61 F.3d 1446, 10th Cir. 1995.

⑦ Rock v. Huffco Gas & Oil Co., 922 F.2d 272, 278, 5th Cir. 1991; U.S. v. Renville, 779 F.2d 430, 8th Cir. 1985.

院倾向于采纳陈述人作出的是什么人对病人进行了性虐待的陈述。①

（5）为了帮助回忆而宣读记录时所作的陈述。记录需要满足以下三个条件，对该记录的回忆性陈述才能适用传闻证据排除规则的例外。"其一，该项记录记载的事项是证人曾经知晓的，但是由于当前不能充分回忆起来，而导致该证人无法就此事项作出全面、准确的证言；其二，该项记录是在证人对记录事项记忆清晰时制作或者采用的；其三，该项记录记载的事项准确地反映了证人所知晓的事实。"② 这一例外并不要求证人对记录中的事项失去了全部的记忆或者描述能力，"只要证人不能充分回忆，而无法作出全面的证词即可"。③作此例外规定的原因在于如果证人不能充分回忆起案发时的事实就无法全面充分的作证，而当时制作的记录是在证人记忆鲜活时将证人知晓的事实加以固定的文件，能够避免证人记忆不准确带来的风险。不过针对一份根据证人先前证言制作的记录，还有一点需要注意，也就是尽管庭审过程中，为了帮助证人回忆可以在事实裁判者面前向证人宣读记录，但是，除非对方将这项记录作为证据提出，否则该记录不能作为展示物④使用，由此，避免事实裁判者将其带入评议室而赋予其过度的证明力。

（6）日常活动记录。日常活动记录的范围非常广泛，对于任何形式的活动、事件、情形、意见乃至诊断的记录都属于日常活动记录。日常活动记录要满足五个条件才能形成传闻证据排除规则的例外。"其一，记录的制作者是对记录的行为、事件、状况、意见或者诊断有认知能力和认知水平的人；或者记录的制作者另有其人，但是制作记录的内容源自于对记录的行为、事件、状况、意见或者诊断有认知能力和认知水平的人传递的信息。其二，记录是在商业、团体、职业或者行业日常活动中保存下来的，前述机构是否以营利为目的在所不论。其三，制作该项记录是前述机构的日常活动惯例。其四，以上三个条件都已经被该项记录的保管人员或者其他适格的证人提供的证言所证实，或者被《联邦证据规则》第902条（11）款、（12）款或其他制定法许可的证明文书所证实。其五，从制作该项记录的信息来源、制作方法或者制作环境来看，该项记录并不缺乏可靠性。"⑤ "刑事审判法庭没有理

---

① U.S. v. Joe, 8 F.3d, 1488, 10th Cir. 1993；U.S. v. Tome, 61 F.3d 1446, 10th Cir. 1995；People of Territory of Guam v. Ignacio, 10 F.3d 608 9th Cir. 1993.

② Federal Rules of Evidence.

③ U.S. v. Gans, 32 M.J. 412, CMA 1991.

④ 展示物的相关内容将在本章第二节中予以单独阐述。

⑤ Federal Rules of Evidence.

由排斥固有的、具有可信性的记录。"① 因而制定法将符合以上五个条件的、具有固有可信性的日常记录规定为传闻证据排除规则的例外。

（7）缺乏日常活动记录。"证明某个事项没有包含在上述第（6）项的日常活动记录中的证据，如果该证据是为了证明某个事项没有发生或者根本不存在而被采纳，并且将要证明的未发生或不存在的事项按照常规属于应当做记录保存的事项，同时从可能的信息来源或者其他相关情况来看，该项缺乏日常活动的证据并不缺乏可靠性，那么能够证明缺乏日常活动记录的证据将作为传闻证据排除规则的例外，予以采纳。"② 其中，未作记录的事项按照常规属于应当做记录保存的事项，并借此证明未作记录的事项没有发生或者不存在是这项例外规定的核心。

（8）公共记录。如果公共机构的记录或者陈述符合以下三个条件，就可以适用传闻证据排除规则的例外。"其一，这项记录或者陈述是该公共机构的行为。其二，该公共机构对观察到的事项有作出记录的法定责任，但刑事案件中执法人员观察到的事项不在此列。此外，如果该公共机构根据法律授权进行调查所认定的事实，可以在民事案件中提出，也可以为了反对检控方而在刑事案件提出。其三，从可能的信息来源或者其他相关情况来看，该项公共记录并不缺乏可靠性。"③ 作出此项例外规定是基于"公共机构能够恰当地履行其法律义务的假设，而且公共机构及其职员在通常情况下难以脱离公共记录而单独地记住具体事件发生的具体细节"。④将刑事案件中警察或者其他执法者观察到的事项从公共记录中排除，其原因在于刑事诉讼中的警察或者其他执法者因为侦查、起诉案件的需要而出现在犯罪现场所作出的记录以及他们观察被告人之后所作的记录并非天然具有可靠性，因为这种类型的观察记录与公共机构人员在其他案件中的观察记录本质不同，在刑事案件中参与案件并作出记录的警察或者其他执法人员与被告人处于对抗制诉讼的两造，对抗以及赢得诉讼的倾向威胁着刑事案件中警察或者其他执法人员观察记录的可靠性。而采纳公共记录的基础正是推定该项公共记录具有可靠性。另外，公共记录的可靠性推定是可以被推翻的，在刑事诉讼过程中，"反对采纳公共记录的一方可以提出相反的证据证明该项公共记录不可靠、不可信，以反

---

① U.S. v. Fuchs, 218 F.3d 957, 9ᵗʰ Cir.2000；U.S. v. Morrow, 177 F.3d 272, 5ᵗʰ Cir. 1999.

② Federal Rules of Evidence.

③ Federal Rules of Evidence.

④ U.S. v. Midwest Fireworks Mfg. Co., Inc., 248 F.3d 563, 6ᵗʰ Cir. 2001；U.S. v. Montero-Camargo, 177 F.3d 1113, 9ᵗʰ Cir. 1999.

驳其可靠性推定"。①

（9）人口统计公共记录。指"基于法律义务而向公共机构报告的有关出生、死亡或者婚姻的记录"。② 这类记录中记载的信息通常是人们在履行法律义务时由相关公共机构收集、记录下来的，通常情况下，记录这类事件的人员都会力求记录信息的准确性，并将该记录妥善保管，因而可以推定这类记录的可靠性和可信性。

（10）缺乏公共记录。"如果竭尽能力搜索却还是未能发现相关公共记录或者陈述，那么证人证言或者符合《联邦证据规则》第902条规定的文书证明都可以作为证据，证明该项记录或者陈述根本不存在；如果按照常规公共机构对于某类事项都会保留记录或者陈述，那么如果竭尽能力搜索却还是未能发现相关公共记录或者陈述时，证人证言或者符合《联邦证据规则》第902条规定的文书证明也可以作为证据证明某事项并未发生或者并不存在。"③这项例外的原理与缺乏日常活动记录相同，都是以常规做法的缺失证明某个记录或者事项不存在。

（11）宗教组织关于个人或者家族历史的记录。指"宗教组织日常保存的记录中所包含的关于出生、合法性、祖先、缔结婚姻、离婚、死亡、血亲或姻亲关系的记录，以及关于个人或者家族历史中的类似事件、事实的陈述"。④ 这类记录作为传闻规则的例外，具有可采性。

（12）结婚、洗礼或者类似仪式的证明文书。满足如下三个条件的仪式类证明文书可以作为传闻证据排除规则的例外。"其一，证明文书是由宗教组织或者法律授权主持该项仪式的人制作的；其二，证明文书证实了证明文书的制作人主持了该项仪式；其三，该证明文书声称是在该仪式行为发生时或者发生后的合理时间内签发的。"⑤

（13）家庭记录。指"诸如圣经、宗谱、图册、戒指铭刻、家庭肖像题字、骨灰盒、安葬标志等家庭记录中包含的有关个人或者家庭历史事实的陈述"。⑥ 家庭记录作为传闻证据排除规则的例外，其合理性在于家庭成员不会允许家庭记录的虚假，因而也就保证了家庭记录的可靠性。

---

① Federal Rule Evidence 803(8) Advisory Committee Note.

② Federal Rules of Evidence.

③ Federal Rules of Evidence.

④ Federal Rules of Evidence.

⑤ Federal Rules of Evidence.

⑥ Federal Rules of Evidence.

（14）影响财产利益的文件记录。"作为传闻证据排除规则例外而使用的影响财产利益的文件记录，需要满足如下四个要件：其一，该记录包含确立或者影响财产利益的内容；其二，该记录能够被采纳来证明记录所包含事项的原始文件内容，以及签发、交付该文件的情况；其三，该记录保存于公共机构；其四，保存记录的公共机构是得到法律授权对该类文件加以记录的机构。"① 由于财产利益的特殊性，使得影响财产利益的文件记录的形成都要遵循制定法上的特别程序，而这类特别程序的存在也保证了这类记录的可靠性。

（15）影响财产利益的文件中的陈述。指"包含在宣称确立或者影响财产利益的文件中的陈述，并且这项陈述的内容与该文件处置财产的目的相关联"。② 除非这份影响财产利益的文件制作完成后，关于所涉及财产的处置实际上已经与该陈述的主旨不相一致，否则该陈述就属于传闻证据排除规则的例外。此外，"必须证明这份影响财产利益的文件是具有真实性的证明文件"。③

（16）陈年文件中的陈述。指已存在至少20年、其真实性又得以确认的文件中的陈述。其中，检验陈年文件的真实性要符合《联邦证据规则》第901条（b）款（8）的要求，即"从文件本身的状况来看，该文件的真实性不容置疑；如果该文件是真实的，才会被放置在发现它的那个特定地点；这项文件已经被保存了20多年的时间"。④ 用陈年文件中的陈述证明事实有可能存在传闻证据的危险性，但是由于时间久远，证据稀缺，可能会难以找到其他替代性证据，况且陈年文件制作之时也不是为了解决当前的争议，因而能够保证其具有相对可靠性。实践中适用这一例外的文件种类繁多，包括备忘录、信件、报纸、工资单等。

（17）市场报告及类似的商业出版物。指"通常被公众或者特定行业的人作为依据的市场行情、表册、目录或者其他汇编资料"。⑤ 创立此项例外的依据在于"公众或特定行业的人对市场报告等商业出版物的依赖以及编纂和发行出版物者满足客户需要的目的性，保证了其制作的出版物内容具有可靠性"。⑥

---

① Federal Rules of Evidence.

② Federal Rules of Evidence.

③ U.S. v. Weinstock, 863 F. Supp. 1529, D. Utah, 1994.

④ Federal Rules of Evidence.

⑤ Federal Rules of Evidence.

⑥ Federal Rule Evidence 803 (17) Advisory Committee Note.

（18）学术论文、期刊或者小册子中的陈述。"这类陈述需满足如下条件方得适用传闻证据排除规则的例外：其一，在交叉询问中，为了引起专家证人的注意而提出的陈述；或者在直接询问中，由专家证人所提出的陈述。其二，根据专家的自认、其他专家证言、司法认知，已经证实该学术论文、期刊或小册子是具有可靠性根据的出版物。"① 将学术论文作为传闻规则的例外是因为论文的写作者是在案件争议之前撰写的专业论文，其论文内容是经过专业审查的，解释的是社会对于事物认识中的不准确部分，撰写者的声望与其学术论文的内容直接相关，这些因素都增加了学术论文的可靠性。不过，如果不能奠定学术论文的可靠性基础，则该论文就不能作为证据使用。当然，如果学术论文、期刊或者小册子中的陈述被采纳，这项陈述也只是可以在事实裁判者面前宣读，但也不能作为展示物使用。因为"没有专家对于该出版物的专业解释和帮助，出版物记载的内容有被事实裁判者滥用的风险，为避免这种风险，该出版物不能作为展示物被事实裁判者带到评议室中参与评议"。②

（19）有关个人或者家族历史的声望。指某人"因血缘、收养、婚姻等在家族中或者在其同事或者社会群体中形成的，关于此人的出生、收养、合法性、祖先、结婚、离婚、死亡、血缘关系、收养关系、姻亲关系、祖先等个人或者家族史中类似事实方面的声望"。③ 也就是说此款规定，授权使用声望证据证明个人或者家族史，提供证言的证人可以就本人、本家族的历史作证，也可以就其他人和其他人的家族历史作证。就其他人或者其他人家族的历史作证的证人首先必须要证明他了解此人并熟悉该人的家庭，亲历了声望的形成，这样他的证言才具有可信性的基础。"如果证人提供的声望证据仅仅来自于不知来源的谣言或者仅仅是'某人告诉我'，这样的证言不具有被采纳为证据的可信性基础。"④

（20）关于边界或者一般历史的声望。指"争议发生之前，社会群体中的土地边界的声望，或者有关土地的习俗在社会群体内的声望；或者对于社会群体、州或者国家很重要的一般历史事件的声望"。⑤ "土地的边界一般都会有契据或者其他文件加以证明，当土地边界存在争议，又没有相关文书时，

① Federal Rules of Evidence.

② Federal Rule Evidence 803（18）Advisory Committee Note.

③ Federal Rules of Evidence.

④ U.S.v.Jean-Baptiste, 166 F.3d 102, 2nd Cir. 1999.

⑤ Federal Rules of Evidence.

可以用提供声望证言的方式证明土地边界，但证言中所述之声望必须形成于争议之前。另外，争议事项必须是具有普遍性利益的，随着声望在社会群体中的形成，该声望已经经历了一般性审查，因而其真实性具有高度盖然性。"① 这也是关于辩解或一般历史的声望成为传闻证据排除规则例外的基础。

（21）关于品行的声望。即"某人在同事或者社会群体中具有的关于品行方面的声望"。② 有资格针对某人的品行声望作证的人仅存在于其品行声望最有了解的群体当中。

（22）先前定罪判决。"先前定罪判决适用传闻证据排除规则的例外，需要满足如下四个条件：其一，该判决是在审判后或者有罪答辩后作出的；其二，该判决判处的是死刑或者 1 年以上监禁刑；其三，以该定罪判决作为证据是为了证明对于当前判决至关重要的事实；其四，在刑事诉讼中，如果检控方提交先前定罪不是作为弹劾之用时，则该先前定罪须是为了反对被告人而提交的。"③ 对于上诉未决的判决，可以加以释明，但是这并不影响该份判决的可采性。刑事定罪以排除合理怀疑作为证明标准，刑事诉讼又具有严谨的程序性、实体性保障，这些都为先前定罪判决的可靠性奠定了坚实的基础，故而将先前定罪判决规定为传闻证据排除规则的一项例外。

（23）涉及个人、家族、一般历史或者边界的判决。"用以证明个人、家族、一般历史或者边界事项的判决中所涉及的事项对于当前判决至关重要，并且此事项可以用声望证据证明时，涉及个人、家族、一般历史或者边界的判决可以作为传闻证据排除规则的例外而被采纳。"④ 《联邦证据规则》作此规定的原因在于涉及个人、家族、一般历史或者边界的判决形成的过程为其可靠性提供了保障，这样的判决在一定意义上就成为了一项声望证据，如果所涉及的事项能够被声望证据所证明，那么涉及个人、家族、一般历史或者边界的这项判决就能够成为具有可采性的证据。

2. 陈述人不能作为证人出庭作证，但传闻证据具有可采性⑤

制定法明文规定了陈述人不能出庭的五类法定标准，以及陈述人的庭外

---

① 〔美〕约翰·W. 斯特龙主编：《麦考米克论证据》，汤维建等译，中国政法大学出版社 2004 年版，第 610 页。

② Federal Rules of Evidence.

③ Federal Rules of Evidence.

④ Federal Rules of Evidence.

⑤ Federal Rule Evidence 804.

陈述不受传闻证据排除规则限制的五类法定陈述形式，如果陈述人不能出庭作证的情况符合法定的五类不能出庭标准之一，其庭外陈述又符合法定的五种陈述形式之一，则其庭外陈述不受传闻证据排除规则的限制，具有可采性。

陈述人不能到庭作证的五类法定标准具体包括：陈述人因特免权规则而被豁免就其庭外陈述出庭作证；即便接到出庭作证通知，但陈述人仍然拒绝就其庭外陈述内容出庭作证；陈述人出庭作证说自己忘记了应当作证的事项；陈述人因死亡或者当前身体孱弱、患有精神疾病，不能在审判或者听审中出庭作证；陈述人缺席审判或者听证程序，并且提出该项陈述的人不能够通过传票或者其他合理手段令陈述人出庭并取得其证言，但提出该项陈述者积极促成或者故意犯错而导致陈述人不能出庭作证不在此列。据此可知，陈述人不能作为证人出庭作证本质上表现为证言的不可取得，而非证人实际上不出庭。

陈述人不能出庭作证时，其庭外陈述不受传闻证据排除规则限制的五类法定陈述形式分别是：

（1）先前证言。先前证言需要同时满足如下两个条件：其一，证言是在审判、听审或者依法进行的证言存录中作出的，作出证言的程序是当前案件中的程序抑或其他案件中的程序在所不论；其二，当前提供该项证言所要反对的当事人已经有机会或者类似的动机通过直接询问、交叉询问或者再直接询问的方式展开该证言。如果该证言是在民事案件的诉讼程序中做出的，则该民事案件中的前任利害关系人也应当已经有机会或者类似的动机通过直接询问、交叉询问或者再直接询问的方式展开该证言。作此例外规定的原因在于，"针对先前证言，曾经的直接询问、交叉询问或者再直接询问已经可以保障其可信性了，因而也就能够替代当场进行的反复询问"。[1] 需要注意的是，"如果在刑事诉讼中提供的用以反对被告人的先前证言是在民事案件中作出的证言，那么本案中的刑事被告人必须是先前民事诉讼案件中的一方当事人，并且已经有机会对该证言进行交叉询问，只有这样该先前陈述才有可采性基础"。[2]先前证言要具有可采性要求先前证言所反对的一方已经有机会或者类似的动机对该证言进行交叉询问，"如果事实上这一方当事人出于策略性考虑或者因为更换律师而没有对该先前证言进行交叉询问同样视为已经

---

① Federal Rule Evidence 804(b)(1) Advisory Committee Note.

② U.S. v. Deeb, 13 F.3d 1532, 11th Cir. 1994.

有机会或者类似的动机对该证言进行交叉询问"。①此外，即便先前证言完全满足了法定的两个条件，但是该陈述是否具有可采性，还需要接受《联邦证据规则》第403条的价值衡量考察，②只有该证据的证明价值大于其造成不公正偏见的潜在危险性时，该证据才能出现在事实裁判者面前。

（2）在濒临死亡心态下作出的陈述。在杀人案件或者民事案件中，如果陈述人是在相信其即将死亡的时刻，就其死亡原因或者情况作出陈述，这种陈述就是在濒临死亡心态下作出的陈述，而这类陈述通常具有可靠性。"濒临死亡心态下的陈述不以无意识、自然表露为必要条件，这类陈述既可以是根据提问而作出的回答，也可以是意见性表述。"③"既可以口头形式或书面形式表达，也可以口头和书面的混合形式表达，还可以眨眼、击掌等非语言表意行为表达。"④制定法规定此项例外的根据在于，"通常情况下，一个明知自己濒临死亡，且死亡迫在眉睫的人，没有合理的动机谎报事实真相"。⑤司法实践中，由法官根据《联邦证据规则》第105条判断陈述人是否处在濒临死亡的心态下，由事实裁判者判断陈述者在濒临死亡的心态下作出的陈述的可信性程度。

（3）对己不利的陈述。对己不利的陈述需要满足如下几个要件："其一，陈述人是一个正常理智人，他作出陈述时相信自己陈述的是真实情况；其二，作出该陈述时，这项陈述与陈述人的财产或者利益相悖、或者非常可能会导致陈述人反对他人主张的无效、或者非常可能会导致陈述人承担民事或刑事责任；其三，在刑事案件中提出该陈述会导致陈述人承担刑事责任，并且该项陈述又得到了补强支持，清晰地说明其具有可靠性。"⑥通常情况下，"一个人不大可能会编造出与自己利益相悖的陈述，因而也就保障了对己不利的陈述即便未经历交叉询问也仍具有可靠性保障"。⑦也正因如此，制定法才将不能出庭的陈述人作出的对己不利陈述规定为传闻证据排除规则的例外。但是，"如果作出对己不利陈述的陈述者对其陈述的内容和意义缺乏明确的个

---

① Battle ex rel. Battle v. Memorial Hosp. at Gulfport, 228 F.3d 544, 5th Cir. 2000; U.S. v. Mann, 161 F.3d 840, 861, 5th Cir. 1998.

② Li v. Canarozzi, 142 F.3d 83, 2nd Cir. 1998.

③ U.S. v. Etheridge, 424 F.2d 951, 6th Cir. 1970.

④ Webb v. Lane, 922 F.2d 395, 7th Cir. 1991.

⑤ Vazquez v. National Car Rental System, Inc., 24 F.Supp.2d 197, D. Puerto Rico, 1998; U.S. v. Thevis, 84 F.R.D. 57, N.D.Ga., 1979.

⑥ Federal Rules of Evidence.

⑦ Williamson v. United States, 512 U.S. 594,599, 114 S.Ct. 2431, 2434, 129 L.Ed.2d 476, 1994.

人认知，该项陈述即便是对其不利的陈述，仍然不能适用排除规则的例外"。[①] 此外，陈述人不能到庭时，对己不利陈述才能适用传闻证据排除规则的例外。而"陈述人不能到庭的证明责任要由将该陈述提交法庭的一方承担"。[②]

（4）关于个人或家族历史的陈述。关于个人或者家族历史的陈述包括两种情况："其一，该陈述是关于陈述人自己的出生、收养、嫡亲、祖先、结婚、离婚、血缘、收养或者姻亲关系以及其他类似的有关其个人或者家族历史事实的陈述，陈述人是否对此类事实具有亲身知识在所不论；其二，陈述人与他人有血缘、收养或者姻亲关系，或者陈述人与该'他人'的家族有紧密联系，使其有可能获得关于他人或者他人家族历史的准确信息的情况下，该陈述人作出的关于他人或他人家族历史事实的陈述。"[③] 1999 年的 Pluta 案件[④]法院就适用了上述第一种例外情况而对个人历史陈述予以采纳。此案中涉及的是在加拿大和美国边境上发现的两名妇女，她们对边境官说自己是波兰人，边境官员出庭作证并提出了这两名妇女关于其自身身份的陈述，上诉法院便依法采纳了此项证据。

（5）因不法行为而失权。对方当事人的明示或默示的不法行为是为了阻止反对他的陈述人出庭作证，并且导致了该证人不能出庭的结果，则该陈述人的庭外陈述适用传闻证据排除规则的例外。"这项规则适用于包括检控方在内的刑事诉讼各方，且不法行为并不以达到犯罪标准为必要。"[⑤] 其目的在于防止刑事诉讼中的一方故意阻止证人出庭陈述。作此例外规定的理论基础是"不得因自己的不法行为而获利"的古老法谚。"如果被告人'消灭了'对其不利的对方证人，又抱怨宪法赋予自己的对质权遭到侵犯，那么这种抱怨是非常无力的；法院采纳不能出庭的陈述人的先前陈述至少能在一定程度上抵消被告人因其不法行为获得的利益。"[⑥]使用不法行为失权条款的一方要对相对一方意图阻止证人出庭作证承担证明责任，相对一方是否有此意图、是否实施了相应的不法行为需要由法院根据《联邦证据规则》第 104 条（a）

---

① U.S. v. Lang, 589 F.2d 92, 2nd Cir. 1978; U.S. v. Lanci, 669 F.2d 391, 6th Cir. 1982.

② U.S. v. Ochoa, 229 F.3d 631, 7th Cir. 2000; U.S. v. Reed, 227 F.3d 763, 767, 7th Cir. 2000; U.S. v. Thomas, 63 F.3d 1332, 11th Cir. 1995.

③ Federal Rules of Evidence.

④ U.S. v. Pluta, 176 F.3d 43, 2nd Cir. 1999.

⑤ U.S. v. Ochoa, 229 F.3d 631, 639 n.3, 7th Cir. 2000.

⑥ Federal Rule Evidence 804(b)(1) Advisory Committee Note.

款规定的优势证据标准认定。

3. 其他具有可靠性的传闻证据，符合特定条件时，具有可采性[①]

在《联邦证据规则》第803-804条之外还存在一些其他具有可靠性的传闻证据，当这类证据满足法定条件时，如果在审判或者听审之前，意欲提出这类传闻证据的人向对方当事人就提供该传闻证据的意图、该传闻证据的细节、陈述人的姓名和住址等事项进行了合理通知，使得对方当事人有公平的机会对此进行回应，那么该传闻证据就具有可采性。

这类"其他具有可靠性的传闻证据"的可采性，要重点从以下四个方面进行把握：其一，该项陈述的可靠性保障在性质上要等同于《联邦证据规则》第803条和第804条条款中规定的情况；其二，该项陈述是用以证明案件中重要事实的证据；其三，与证据提出者通过合理努力所能获得的任何其他证据相比较而言，该项陈述对其所要证明的问题更具证明力度；其四，采纳该项陈述将会最大化地满足《联邦证据规则》的总体目标和正义利益。据此，制定法在明确规定的传闻证据排除规则例外之外，又赋予大量具有可靠性保障的传闻证据以可采性。

不过这个兜底性条款也并非绝不能适用于《联邦证据规则》第803条和第804条条款中规定的证据种类。[②] 当提出证据的一方提出的证据属于《联邦证据规则》第803条和第804条条款中规定的证据类型，但又未达到《联邦证据规则》第803条和第804条条款中规定的法定标准时，这一兜底性条款就可以根据具体情况酌情予以适用。

作为传闻证据的一项庭外陈述具有可靠性保障是该陈述适用传闻证据排除规则例外的基础性前提条件。然而现实中并不存在一个能够适用于所有案件的可靠性测试标准，具体案件中一般从"陈述作出的环境以及提出该项陈述之人自身的可信性两个方面综合判断该陈述的可靠性"。[③] 在1999年 U. S. v. Hall 一案中，法院就对此作出过阐述："本案中与庭外陈述可采性相关的问题包括五个方面：（1）提出该项陈述之人的诚实性和可信性以及该庭外陈述对于争议事项的证明价值；（2）作出该庭外陈述的人是否在自愿的情况下，经过宣誓并受到过交叉询问；（3）陈述人的陈述能够在多大程度上呈现出他的个人认知；（4）陈述人是否曾经撤回过该项陈述；（5）提出该项庭外

---

① Federal Rule Evidence 807.

② U. S. v. Wilson, 249 F.3d 366, 375 n.5 5th Cir. 2001；U. S. v. Earles, 113 F. 3d 796, 799,800, 8th Cir. 1997.

③ Idaho v. Wright, 497 U.S. 805, 819, 110 S.C.t. 3139, 3148, 111, L.Ed.2d 638, 1990.

陈述的人所作之陈述是否不足以证实案件争议。"①

意欲提出这类具有可靠性保障的传闻证据的一方要向对方当事人发出合理通知，通知的形式没有明确的法律要求，只要相对方能够知晓此项传闻证据的存在，并且知道本方将使用该证据，令其有机会为此作出准备就认为是达到了通知行为所要求的目的，② 第三巡回法院将此通知解释为一方不仅仅要告知相对方其意欲提出的传闻证据内容，还要明确告知对方其将以《联邦证据规则》第807条为依据在法庭上提出此项证据。③实践中不同的法院对通知行为的要求宽严不一，有些法院将此通知要求做严格规定，如果一方没有在庭前合理、适当地通知对方当事人，则该传闻证据不可采；④ 也有一些法院对庭前通知行为是否影响传闻证据的可采性持较为灵活的态度，视具体案件中相对方是否有平等的机会接触到该项传闻证据而定。⑤具体而言，如果使用具有可靠性保障的传闻证据的一方当事人在庭审前没有预料到在庭审中要提出该项证据，并且这种未预见并不是由于故意或者过错造成的，那么没有在庭前通知对方当事人并不影响该传闻证据的可采性。此外，如果对方当事人有充分的机会针对将要提出的传闻证据作出准备和应对，那么没有进行庭前通知也不会影响该传闻证据的可采性。

四、特权排除规则

特权排除规则，是指一个对于争议案件事实拥有可靠信息的人，有时候会被赋予特权而使其能够对其所了解的信息予以保密。特权排除规则并非以发现事实真相为目的而设立。因为存在一些比发现案件事实更为重要的价值，而保护和保全这些价值的重要性如此之重大，以至于足以成为限制发现案件事实的合理根据。这使得特权排除规则的排除理由不同于任何其他的证据排除规则。美国刑事案件诉讼程序中，一个案件中的证人是否属于受到特权排除规则保护的证人，其证言是否能够出现在庭审中，通常控、辩双方都会在庭审前提出动议，法官也相应地会在庭前对此问题加以解决，即便某位证人的证言中只有部分证言受到特权排除规则的保护，法官也会基于特权排除规则，事先为控、辩双方的询问划定范围。如果庭审中出现了一方没有预料到

① U.S. v. Hall, 165 F.3d 1095, 1110,1111, 7th Cir. 1999.

② U.S. v. Munoz, 16 F.3d 1116, 11th Cir.1994.

③ Kirk v. Raymark Industries, Inc., 61 F.3d 147, 3rd Cir., 1994.

④ U.S. v. Ruffin, 575 F.3d 346,357,358, 2nd Cir. 1978.

⑤ U.S. v. Bailey, 581 F.2d 341, 3rd Cri. 1978.

或失去控制的情况，即证人意欲说出为特权排除规则所保护的内容，对此，相对一方可以特权排除规则为依据提出异议。

按照设立特权排除规则的目的划分，特权排除规则大致可以分为两类：第一类为了促使相关主体就专业问题进行讨论时能够自由、充分地谈论而设立的特权，这类特权一般是由专业意见提供者和咨询者两个主体构成的特权关系，典型的例子包括"律师与委托人特权关系"和"医生与病人特权关系"；第二类是为了构建私人活动和私人交流空间而设立的特权，典型的例子是夫妻特权、宪法修正案五规定的反对自证其罪特权以及政府、新闻记者、商人等为了保护信息来源而拥有的特殊特权等。

特权排除规则的内容出现在《联邦证据规则》第五章中，《规则》第501条对特权排除规则作出了一般性的规定，除了《合众国宪法》、联邦制定法或者最高法院制定的规则另有规定之外，授权联邦法院根据理性和经验对普通法调整的特权排除规则自行理解、适用，因而，在美国刑事司法中，不同的司法辖区关于特权的形式和内容的规定与适用也不尽相同，以下将选取一些普遍的、具有代表性的特权进行阐释。

（一）律师与委托人特权

律师与委托人特权来自于罗马法中古老的秘密交流特权。到 18 世纪末，秘密交流特权发展成为律师不得泄露委托人秘密的新特权理论。"其理论基础有三：一是法律是一门专业性极强的繁杂事务，为了便于社会成员在社会生活和纠纷解决中更好地使用法律，人们需要专业律师为其提供帮助；二是如果律师不能全面了解委托事项，则难以全面履行律师职责；三是如果不能保障律师在法庭上不被强迫说出违背委托人意愿的秘密，那么就无法奢望委托人将全部事实坦诚地告诉律师。"① 衡量对抗制诉讼中委托人与律师坦诚交流与发现案件事实二者之间的价值，委托人与律师能够坦诚交流的价值更为突出，因而律师与委托人特权得到了普遍认同。

1. 律师与委托人特权的构成

律师与委托人之间的交流并非全都受到律师与委托人特权的保护，一般来说，得到普遍认同的观点是律师与委托人之间关于法律事项的交流才能适用特权规则。律师与委托人特权中的律师是指根据法律授权或者委托人有合理理由相信其根据法律授权，从事法律工作的人；委托人，是指向专业律师

---

① ［美］约翰·W. 斯特龙主编：《麦考米克论证据》，汤维建等译，中国政法大学出版社 2004 年版，第 175 页。

寻求法律服务或者进行法律咨询的自然人、法人或者其他组织；秘密交流，是指委托人不愿向为其提供法律咨询或法律服务的律师以外的其他人透露的信息。具体而言：

第一，成为委托人。自然人、法人或者其他组织都具有成为委托人的能力。但是要真正成为委托人首要前提是向律师寻求专业法律服务，最终是否雇佣该律师并与其形成雇佣关系并非律师与委托人特权的必要条件，只要律师与委托人之间就相关法律事项进行了交流即可。同时《联邦证据规则》也表明并非任何人与律师交流都会使其成为法律意义上的委托人，要真正成为法律意义上的委托人，需要此人（包括自然人、法人或者其他组织）就"专业性法律问题"向律师寻求法律服务或者获得律师的法律专业性意见。此外，律师委托人关系的两方主体形成并不取决于"是否支付费用"[1] 或者"支付费用的人是谁"[2]，只要律师与委托人之间就法律专业性问题达成服务关系即可。

第二，形成特权交流。"律师与委托人特权保护的是在委托人向律师寻求法律服务时形成的特权交流。"[3] 这种交流是双向的，"既包括委托人向律师提供的信息，也包括律师向委托人提供的法律意见"。[4] 并非委托人与律师作出的任何交流都必然成为特权交流，如尽管已经成立了律师委托人关系，"如果委托人向律师询问应当聘请哪位医生、应当做哪些方面的投资等类型的问题，这样的交流就不属于特权交流"。[5] 所谓特权交流是指包含专业法律服务事项的交流。不过，在现实生活中，律师与委托人之间的交流有可能包含多重目的，如"委托人就一份商业中心的投资合同咨询律师时，除了需要获得律师提供的法律专业知识，也同样需要获得律师关于该商业中心投资价值的分析，这两方面的交流信息相辅相成、密不可分，而且综合考虑这两方面是极具合理性和必要性的。在这样的情况下，如果商业建议是交流的主要方面，则这次交流不属于特权交流；如果法律建议是交流的主要方面，那么这次交流中涉及法律意见的交流才能被认定为特权交流"。[6]

---

① Allman v. Winkelman, 106 F.2d 663, 9th Cir. 1939.

② West-inghouse Elec. Corp. v. Kerr-McGee Corp., 580 F.2d 1311, 7th Cir. 1978.

③ U.S. v. Edwards, 39 F.Supp.2d 716, M.D.La. 1999.

④ U.S. v. Defazio, 889 F.2d 626, 7th Cir., 1990; Upjohn Co. v. United States, 449 U.S. 390,391, S. Ct.667,66 L.Ed.2d 584, 1981; U.S. v. Rowe, 96 F.3d 1294, 9th Cir. 1996.

⑤ U.S. v. Rowe, 96 F.3d 1294, 9th Cir. 1996.

⑥ Neuder v. Battelle Pacific Northwest Nat. Lab., 194 F.R.D. 289, D.D.C.2000.

第三，交流必须具有保密意图和秘密性特征。如果仅仅证明律师与委托人之间就专业法律事项进行了交流是不足以构成交流的秘密性特征的，还需要证明律师与委托人之间的交流具有保密意图。保密意图是构成秘密性交流的前提，如果委托人没有保密意图，其交流的内容是将要公开的或者将会告知其他人的，则这样的交流就没有秘密性特征。"交流的秘密性特征要求委托人明确表明其交流是具有秘密性特征的，或者委托人能够合理地推断律师也会认为进行交流的环境是秘密的、进行的交流具有秘密性特征。"①

第四，委托人是特权的享有者。律师委托人特权的权利持有者只有委托人一人，因而也"只有委托人一人能够主张或者放弃该项特权"。② 作为律师委托人关系的律师出于职业伦理可以在委托人不在场的情况下主张该项特权，但是，当律师与委托人就是否放弃该项特权出现分歧时，以委托人的意志为准，即便律师强烈反对也不具有法律效力。

第五，律师与委托人特权保护的范围。律师与委托人的秘密交流是律师委托人特权的主要内容，但并不是唯一内容，"律师与委托人特权保护的范围还有可能延伸到在律师与委托人秘密交流时起到辅助作用的第三人，这个第三人既可以受雇于律师一方，也可以受雇于委托人一方"。③最为简单的例子就是当律师与委托人之间语言不通时，在律师与委托人交流时提供翻译的翻译人员。显然，如果没有翻译人员的协助，律师与委托人之间就难以交流，而在这种情况下，为律师与委托人提供翻译协助的翻译就成为了知晓律师与委托人秘密交流的第三人，该第三人所知晓的秘密交流信息也属于受到特权规则保护的信息范畴。

2. 律师与委托人特权所涉及的特殊问题

律师与委托人特权是律师与委托人就专业法律问题进行秘密交流产生的特权，特权的享有者是委托人，特权的内容是秘密交流的信息。但是律师与委托人关系中还存在律师这一方主体，秘密交流的信息除了言语，有时候还包括实物证据，这也就形成了律师与委托人特权规则所涉及的两个相关的特殊问题。

第一，保护律师的工作成果。律师为委托人保密受到两条证据规则的保

---

① ［美］约翰·W. 斯特龙主编：《麦考米克论证据》，汤维建等译，中国政法大学出版社2004年版，第182页。

② U.S. v. Juarez, 573 F/2d 267, 5th Cir. 1978.

③ U.S. v. Schwimmer, 892 F.2d 237, 2nd Cir. 1989; U.S. v. Alvarez, 519 F.2d 1036, 3rd Cir. 1975; U.S. v. Cote, 456 F.2d 142, 8th Cir. 1972.

护，一是上文中的律师与委托人特权规则，二是保护律师工作成果的规则。保护律师的工作成果是对抗制诉讼的本质要求。尽管这一保护性条款明文规定在《联邦民事诉讼规则》（Federal Rules of Civil Procedure）中，但是刑事诉讼实践中也同样主张保护律师的工作成果。保护律师工作成果规则和律师与委托人特权规则的首要区别就在于二者保护的信息范围不同：前者是保护律师从各种途径知晓的信息，保密与否所不论；后者保护的仅仅是律师从委托人的秘密交流中得知的信息。据此可知对律师工作成果的保护范围比律师与委托人特权的保护范围更为广泛。此外，保护律师工作成果规则和律师与委托人特权规则的另一个区别在于二者的权利持有主体不同：律师是律师工作成果的权利享有者；而律师与委托人特权的权利享有者是委托人。但是，如果委托人表明不希望律师公开其工作成果，则律师基于职业道德和保守委托人的秘密的职业责任，便不能擅自放弃保护律师工作成果的权利而公开该成果。与此相反，如果公开律师工作成果有利于委托人，则律师有义务进行公开。

第二，关于实物证据。实物证据包括枪支、刀、假币、盗窃的财产等形式多样、种类各异的实物，这些类型多样的实物证据是律师与委托人特权中的特殊问题。只有委托人进行秘密交流时为了获得律师专业法律意见所涉及的实物证据才有可能进入律师委托人特权的范围。具体案件中还要以实物证据的属性、律师获取实物证据的方式以及检控方利用该实物证据的方式为依据进行判断。举例而言，如果委托人交给律师的实物证据是照片或者信件等第三方很容易看到的信息，则法院通常会推定委托人对此实物证据没有保密意图，因而不适用律师与委托人特权规则。如果委托人交给律师的是一把杀人的凶刀，则足以推定委托人具有保密意图，这把凶刀是否能够适用律师与委托人特权规则还要具体看律师是如何得到它的：若律师未经委托人告知而独立获取了凶刀，则不得适用该特权规则，在法庭上律师可以被检控方强制出庭就凶刀和取得凶刀的过程作证；若律师是根据委托人的指示而获得凶刀或者委托人直接将凶刀交给律师，则这把凶刀是否能够适用律师与委托人特权规则就要进一步分析检控方意欲如何使用该凶刀而决定了。若检控方只是简单的要在法庭上作为物证提出该凶刀，那么不论律师是以何种方式取得该凶刀的，都不得适用律师与委托人特权规则，检控方可以向被告人发出传票要求其提交拥有的全部刀具，此时这个传票的效力也及于被告人交给律师的凶刀。

3. 律师与委托人特权的例外

在一些特定情况下或者特定事项中存在一些律师与委托人特权规则的例外，主要有五个类别，以下将分而述之。

（1）律师的法律专业意见有可能促成犯罪或者过错行为

律师与委托人之间的交流如果有可能促成犯罪或者过错，则这种律师与委托人之间的交流不受特权规则的保护。①因为寻求律师的建议以完成一项犯罪或者过错行为有悖于特权规则促使委托人对律师坦诚相告以最大限度发挥对抗制诉讼优势的初衷。要适用这一特权规则的例外，需要律师提供初步证据证明："第一，委托人向律师寻求专业法律服务时，正在实施或者计划将要实施一项犯罪或者过错行为；第二，律师的法律服务对委托人的犯罪或者过错行为将产生促进作用；第三，委托人已经启动了实施犯罪或者过错行为的事项"。②如果律师提供的法律服务仅是为了揭露委托人过去的错误行为，则不能适用该项特权规则的例外。③但是，如果律师提供的法律服务将会掩盖或者维持委托人过去的罪行或错误行为，则该条特权例外就得以适用了。④

（2）律师与委托人成为诉讼中对立的双方

在司法实践中还可能出现委托人与自己的委托律师发生争议以致对簿公堂，成为诉讼中对立的双方当事人的情况。"引发律师与委托人对簿公堂的原因通常有两种：其一，因律师要求委托人支付费用，而被迫将其告上法庭；其二，委托人质疑律师的行为，认为律师失职而求偿，将律师告上法庭。如果发生了以上两种情况之一，法院并不禁止委托人在诉讼中提出律师与委托人特权主张，但是，法院认为在律师与委托人甚至在与第三人的诉讼中，当相对方对律师职业服务的忠诚度进行诋毁时，不适用特权从而使得律师能够为自己的行为进行辩护是非常必要的。"⑤因而当律师与委托人对簿公堂、成为诉讼中对立的双方当事人时，涉及争议事项的秘密交流不属于律师与委托人特权规则保护的范围。

（3）联合委托人

对某一事项或争议享有共同利益的人共同委托或者咨询同一名律师时，这些委托人就成为联合委托人。"联合委托人因共同的利益相结合，他们与

---

①　U.S.v.Reeder, 170 F.3d, 93, 1st Cir. 1999.

②　In re Sealed Case, 107 F.3d 46 D.C. Cir. 1997; In re Grand Jury Subpoenas, 144 F.3d 653, 10th Cir. 1998.

③　U. S. v. Zolin, 491 U. S. 554, 109 S. Ct. 2619, 105 L. Ed. 2d 469, 1989.

④　In re Grand Jury Proceedings, 102 F.3d 748, 4th Cir. 1996.

⑤　［美］约翰·W. 斯特龙主编：《麦考米克论证据》，汤维建等译，中国政法大学出版社 2004 年版，第 184 页。

律师的秘密交流受到律师与委托人特权规则的保护。"①联合委托人或者联合委托人中的任何委托人在主张这项特权时，需要从以下三个方面入手："第一，交流发生在具有共同利益的法律工作过程中；第二，交流的目的在于促进具有共同利益的法律工作的进行；第三，基于该交流的特权没有被放弃"。②但是，如果具有共同利益的原始委托人之间发生了争议，并成为诉讼对立双方时，他们曾就"共同利益与律师进行的秘密交流并不在律师委托人特权保护范围内"，③因为当初联合委托人与律师进行秘密交流时并没有对彼此保密的意图和必要性。不过，"如果当初联合委托人是分别、单独与他们联合委托的律师就涉及共同利益之外的个人利益事项进行了秘密交流，关于此项涉及共同利益之外的秘密交流，秘密交流的委托人可以主张律师与委托人特权，以对抗其他共同委托人，来保障其交流的保密性"。④

4. 特权的放弃

委托人独立享有律师与委托人特权，因而，放弃该特权的权利也就只属于该委托人。放弃特权的最简单方式就是委托人明确表示放弃这一特权，或者当相对方要求披露涉及律师与委托人特权交流的信息时，委托人并未主张该特权。《联邦证据规则》第 502 条对此进行了较为详尽的规定。

第一，委托人放弃特权的范围。⑤ 如果委托人放弃特权保护，在联邦程序中或者向联邦机构或联邦官员披露了律师与委托人特权所涉及的信息或者相关的律师工作成果，那么委托人放弃特权的范围只限于其披露的信息部分，未被披露的、受到特权规则保护的那部分信息依然受到律师与委托人特权规则的保护。若要将委托人弃权的范围延伸至那部分受到特权保护的、未被披露的信息，则必须同时满足以下三个条件：其一，委托人是故意放弃特权保护的；其二，委托人明示或以非语言行为暗示放弃特权保护的信息或交流与未放弃特权保护的信息或交流涉及的事项相同；其三，对放弃特权保护的信息或交流与未放弃特权保护的信息或交流一并考虑方能彰显公正。

---

① U.S.v.Schwimmer, 892 F.2d 237, 2ⁿᵈ Cir.1989；U.S. v. Bay State Ambulance and Hospital Rental Service, Inc., 874 F. 2d 20, 1ˢᵗ Cir. 1989.

② U.S. v. Weissman, 195 F.3d 96, 2ⁿᵈ Cir. 1999；Ageloff v. Noranda, Inc,, 936 F.Supp. 72 D.R.I. 1996.

③ Federal Deposit Ins. Corp. v. Ogden Corp., 202 F. 3d 454, 1ˢᵗ Cir. 2000.

④ Eureka Inv. Corp., N.V. v. Chicago Title Ins, Co., 743 F.2d 932, D.C.Cir. 1984.

⑤ Federal Rule Evidence 502（a）.

第二，疏忽披露。① 特权的享有者在联邦程序中或者向联邦机构或联邦官员披露了特权保护的秘密交流，但是该披露是因为疏忽导致的，而且该特权享有者也曾经为避免泄露特权信息采取过合理的措施，并且在疏忽披露后迅速采取了合理的措施来纠正错误，那么该特权享有者披露秘密交流的行为就属于疏忽披露，而疏忽披露并不能构成对律师与委托人特权的放弃。作此规定的原因在于当出现疏忽披露时，特权的享有者实际上没有放弃特权的主观意图，而仅是由于疏忽客观上造成了秘密信息的泄露，因而只要及时采取补救措施，疏忽披露就不应当构成对特权的放弃。

第三，在州程序中进行的披露。如果特权的享有者在州程序中放弃律师与委托人特权，披露了律师与委托人秘密交流的信息或者律师的工作成果，并且这种弃权行为并非出于法庭命令，那么该弃权并不适用于联邦程序，在联邦程序中权利人仍然享有特权保护。此外，如果发生该弃权行为的州法律也将其视为未弃权的行为，则亦从其规定。作此规定是为了给律师与委托人特权和律师的工作成果提供最大程度的保护。

第四，法院命令的控制效力。联邦法院有权发布保密令，命令律师与委托人特权不因在与该法院系属相关联的披露行为而弃权。也就是说，如果委托人在联邦法院审理的案件中披露了与此案件相关联的受到律师与委托人特权保护的信息或者律师工作成果，联邦法院可以发布保密令，命令这种披露行为并不意味着、也不导致委托人放弃律师与委托人特权的保护。同样的，这样的披露也不会导致在任何其他的联邦程序或者州程序中发生放弃特权的效力。

第五，当事人协议的控制效力。在联邦程序中，诉讼双方可以就委托人披露律师与委托人特权内容的效力自行达成协议，限制披露行为或披露内容所产生的弃权效力，不过这项关于披露效力的协议仅仅约束协议的双方当事人。但是，如果这项协议被法院的保密令所吸收，那么披露的效力就等同于法院命令的效力，其效力范围就不再仅仅是约束双方当事人而已了。

（二）医生与病人特权

医生病人特权是为了保证病人与医生之间的坦诚交流而设立的，其主要内容是医生不得被强迫就医患之间因诊疗所需而进行的秘密交流作证。普通法并没有医生与病人特权规则，"1982 年纽约制定法颁布了美国历史上第一个医生与病人特权规则，即所有经过合法许可从事医业或者外科医业的人，

---

① Federal Rule Evidence 502（b）.

不能披露其在诊疗病人过程中获得的具有职业特征的信息，也不能披露内科医生开处方或者外科医生做手术所必需的信息"。① 1996 年美国联邦最高法院以判例的形式确认了一类新的医生与病人特权规则——心理医生与病人特权规则，对病人在检查或者治疗过程中与持有医生执照的精神医生或者心理医生进行秘密交流时产生的信息予以保护。② 时至今日，医生与病人特权规则已经几乎遍布全美各州。《联邦证据规则》第五章是关于特权的规定，只有两个条款，其中第 501 条属于开放性条款，授权法官根据理性和经验解释医生与病人特权的内容和范围，这就为法官在审理具体案件中行使自由裁量权提供了法律依据。具体到各州来看，州法律几乎都规定了本州关于医生与病人特权的规则。下文将以《加利福尼亚州证据法典》中有关医患关系特权条款为例进行阐释。

1. 医生与病人特权的构成

首先，医生与病人特权形成的基础条件是医患关系。医患关系形成于病人为了治疗或者治疗所必需的诊断而向医生问诊，至于聘用医生的是病人本人抑或其他人在所不论。这里的"医生"是指"经过法律授权或者病人有合理根据相信其经过法律授权而有资格从事医疗服务的专业人士"。③ 这里的"病人"是指"向医生咨询病情或者为了向医生咨询病情而对身体、精神、情绪的状况进行诊断检查、疾病预防、疾病缓解或者疾病治疗的人"。④ 当病人出于诊疗目的向医生问诊时就形成了医患关系，但是病人就诊的目的必须是合法的，以非法目的就诊而形成的医患关系，不受特权保护。⑤

其次，医生与病人之间的秘密交流信息。"医生与病人之间的秘密交流信息是在诊疗过程中，医生和病人之间以诊疗为目的进行交流所涉及的信息，包括但不限于以检查结果、诊疗方案等信息。而所谓交流的秘密性则是指在诊疗过程中病人意识到有其他人在场，并且默示同意其与医生之间的交流，不可以被在场者之外的任何第三人所知晓。"⑥ 据此，医生在诊疗过程中，除了病人与医生之外的任何经过病人默许而在场的人所知悉的医生与病人之间

① ［美］约翰·W. 斯特龙主编：《麦考米克论证据》，汤维建等译，中国政法大学出版社 2004 年版，第 200 页。

② Jaffee v. Redmond, 518 U.S. 1, 116 S.Ct. 1923, 135 L.Ed.2d 337, 1996.

③ California Evidence Code 990.

④ California Evidence Code 991.

⑤ 如果病人以非法目的而进行诊疗，如为了逃避刑事追诉或审判而进行整容手术，那么这种医患关系是不受医生与病人特权规则保护的。

⑥ California Evidence Code 992.

进行的秘密交流信息，同样是受到医生与病人特权规则保护的信息。

再次，医生与病人特权的享有者。"确定医生与病人特权的享有者要区分如下三种情况：第一，如果病人是没有监护人（guardian）或者管理人（conservator）的完全民事行为能力人，则病人本人是医生与病人特权的享有者；第二，如果病人有监护人或者管理人，那么该病人的监护人或者管理人就是医生与病人特权的享有者；第三，如果病人已经死亡，那么病人的个人代表（personal representative）是医生与病人特权的享有者。只有特权的享有者才有权利主张或者放弃该项特权。如果特权的享有者不在场、不知情，则病人的个人代表、提供医疗服务的人员或者组织有不可推卸的责任来代替病人主张此项特权。"①

最后，特权的实现。医生与病人特权得以实现，以特权的享有者提出特权主张为基本前提。病人、病人的监护人、管理人、代表人是医生与病人特权的享有者，也是有权主张医生与病人特权的权利主体，可以提出不得公开医生与病人之间的秘密交流信息的主张，而该病人是否为诉讼中的一方在所不论。在实现方式上，权利人可以自己亲自主张医生与病人特权，也可以授权包括律师在内的第三人代其主张该特权。

2. 医生与病人特权的例外

设立医生与病人特权是为了保障病人能够坦率地和医生进行交流，促进诊疗目的的实现，不过当医患之间的交流涉及其他为社会所保护的更重要的利益时，法院就会进行利益平衡分析，如果证明价值超过医患关系所保护的价值，那么就可能适用医生与病人特权规则的例外。

所谓医生与病人特权规则的例外是指医患交流信息不受特权规则保护，而予以披露的情况。具体来说，司法实践中医生与病人特权的例外主要有如下几种情况：其一，病人出于不法目的而进行诊疗。也就是说，如果病人寻求医疗服务的目的在于实施犯罪或侵权行为，或者在实施了犯罪或侵权行为之后逃避法律责任，那么不得适用医生与病人特权规则。其二，病人或者病人的监护人、管理人、已逝病人的代表人已经将受到特权保护的信息引发为案件争议。其三，病患双方成为诉讼对立双方时。如果病人或者病人的监护人、管理人、代表人与提供医疗服务的医生或者医疗机构发生纠纷，成为诉讼两方当事人时，为了给医疗服务者提供为自己辩护的平等机会，医生与病人特权规则不再适用。其四，病人临死前关于财产处分的信息交流。如果病

① California Evidence Code 994.

人临死前与医生的交流涉及对其自有财产的处分，这项交流属于特权的例外。其五，公共报告的例外。如果医生与病人交流的信息包含应当被公众所知晓的情况，如涉及病人的职业能力程度和职业资格是否应当被中止、取消等方面的信息，公共机构提出知情要求的，则相关信息属于医生与病人特权规则的例外。

3. 医生与病人特权的放弃

医生与病人之间以诊疗为目的的秘密交流受到医生与病人特权规则的保护，既然是特权保护，自然有权利主体，而权利主体当然地对自身享有的权利有处分的自由。这种自由既包括主张该项特权，以避免秘密交流信息的泄露，也包括放弃该项特权，而披露秘密交流的信息内容。医生与病人特权的放弃，是指权利人以明示、默示或者非语言表意行为披露病人与医生之间进行的秘密交流信息，从而放弃特权保护的做法。具体而言，

首先，从放弃权利的主体来看，只有权利的享有者才有权利放弃该项特权。在医生与病人特权中，只有病人、病人的监护人、管理人、代理人才是该项特权的享有者，与此相适应，病人、病人的监护人、管理人、代理人这些权利的享有者也有权利放弃这项特权，进而允许披露医生与病人在诊疗过程中的秘密交流信息。[1]

其次，从放弃权利的方式来看，放弃医生与病人特权一般有两种方式。权利人既可以协议的方式放弃权利，如在诊疗时与医疗机构签订弃权同意书；也可以在具体的诉讼案件中通过披露秘密交流信息的方式放弃特权保护。在刑事诉讼中，当事人通常会在限制行为能力或者精神错乱的抗辩中放弃特权保护，而披露医生与病人的秘密交流。具体而言，权利人可以出庭作证，在主询问中就病人的身体状况提供证言，或者提出关于医生与病人秘密交流信息的其他证据。

最后，从放弃权利的效力范围来看，以不同方式进行的弃权行为，弃权的效力范围有所不同。如果权利人以签署弃权协议的方式放弃医生与病人特权，则弃权协议的效力范围仅约束协议的双方当事人；而在具体的诉讼中弃权所涉及的范围则因不同州的规定和做法不同而不尽相同。大多数法院的观点认为，在具体的刑事诉讼案件中，权利人披露秘密交流的部分信息会导致放弃特权保护的效果，但是其放弃特权保护的效力范围只限于权利人披露的秘密交流的部分信息，而不能延伸到权利人没有披露的秘密交流信息。

---

[1]　Jaffee v. Redmond, 518 U.S. 1, 116 S.Ct. 1923, 135 L.Ed.2d 15, 1996.

（三）夫妻特权

夫妻特权是为保护夫妻之间的信任关系，维护家庭和谐稳定而创设的特权规则。早期规则与现代规则有明显的区别。早期规则规定夫妻之间无作证能力，完全禁止夫妻一方出庭为配偶作证，其证言是有利于配偶抑或不利于配偶在所不论。1853 年英国《证据修正法案》废除了夫妻之间无作证能力的规则，而规定不能强迫丈夫泄露在婚姻存续期间从妻子处获知的任何信息，也不能强迫妻子泄露在婚姻存续期间从丈夫处获知的任何信息。至今为止，美国几乎所有州都在赋予配偶相互作证能力的同时，规定了不得强迫夫妻一方就婚姻关系存续期间从另一方处获知的信息作证。

1. 夫妻特权的构成

总体来说，夫妻特权是指以夫妻特权保护夫妻关系中的一方不会因为与另一方的倾心交流而在诉讼程序中遭受配偶证言的攻击。夫妻关系中成为被告人的一方配偶是夫妻特权的权利主体，可以提出夫妻特权保护的主张。主张夫妻特权需要考虑以下四个方面的情况[1]：

首先，夫妻之间的交流应当是在合法有效的夫妻关系存续期间进行的[2]。法院对于适用夫妻特权的合法有效的婚姻关系一般都会作严格解释：如果一个人只是为了获得居留权而与本国公民结婚，许多法院将此类婚姻称为"虚假婚姻"，因而不受夫妻特权规则的保护。但是，如果夫妻关系是真实、合法的，即便夫妻感情出现破裂倾向，甚至夫妻分居，许多法院也仍然坚持保留这一"夫妻关系存续期间"的夫妻特权。这样做的目的在于促进夫妻关系，使夫妻关系不会因为一方被强迫作证反对另一方而进一步恶化。

其次，夫妻之间的交流必须是秘密的。[3] 夫妻之间的交流要有不被他人知晓的明示、暗示或者推测可能性。夫妻特权设立的基础是保护夫妻之间的信任关系，因而大多数法院都会将夫妻之间的私下交流认定为具有秘密性的交流。如果夫妻在第三人在场的时候进行了交流，除非该第三人是他们二人的孩子，且孩子年幼听不懂父母在说什么，否则夫妻在第三人面前的交流就意味着他们把交流的范围延伸到夫妻关系之外，那么他们交流的信息就不再受到夫妻特权的保护了。

---

① Caplan v. Fellheimer Eichen Braverman & Kaskey, 162 F.R.D. 490, E.D. Pa. 1995；U.S. v. Byrd, 750 F.2d 585, 7th Cir. 1984；U.S. v. Neal, 532 F.Supp. 942, 946, D. Colo. 1982.

② U.S. v. Evans, 966 F.2d 398, 401, 8th Cir. 1992.

③ U.S. v. Marashi, 913 F.2d 724, 9th Cir. 1990.

再次，受到刑事追诉的一方配偶是夫妻特权的权利主体。[1] 早期夫妻之间没有作证能力的规定被废除，代之以夫妻特权，该特权的特点在于只有特权的权利主体才有资格主张该项特权，其他人任何人不得独立主张此项特权。因而，现代夫妻特权的权利主体是受到刑事追诉的夫妻关系中的一方配偶。夫妻特权产生于夫妻关系开始之时，结束于夫妻关系终结之日。一旦夫妻中的一方死亡，则一方死亡产生的法律效果与夫妻关系终结的法律效果相同，夫妻之间的交流将不再受到夫妻特权规则的保护。

最后，配偶之外的第三人不受夫妻特权约束。[2] 大多数法院都认为只有配偶之间的交流才会受到夫妻特权规则的保护，如果第三人听到夫妻之间的谈话，或者看到夫妻之间交流的信件，不论该第三人是有意为之，还是无意所得，夫妻特权规则不能约束该第三人，特权的享有者无法以特权为据，要求第三人不泄露其知晓的夫妻之间的交流信息。此种做法的合理性取决于夫妻特权的设定原理，由于夫妻特权是以保障夫妻之间的信任关系而设定的，那么这种特权就应当被严格限定于保护夫妻间交流的合理范围内，如果夫妻之间没有采取合理的预防措施避免他们之间的交流信息外泄，那么他们就应当承担由此带来的风险。不过，随着科学技术的发展，监听越来越普遍地出现在社会生活之中，由于期待夫妻对如此具有高科技含量的监听行为做出合理预防是不恰当的，因而，法院也开始限制通过这些科技手段获得的证据的可采性。

2. 夫妻特权的例外

夫妻特权的例外，是指不得援引夫妻特权的情况。司法实践中具有普遍适用性的情况主要有以下三种：

第一，夫妻一方起诉另一方在婚姻关系存续期间对自己或者子女的人身、财产实施犯罪的，夫妻之间的交流不受夫妻特权规则的保护，属于特权的例外。这种情况多涉及家庭暴力案件，实施家庭暴力的一方不应从保护家庭和谐的夫妻特权规则中受益，因而在此类情况下，适用夫妻特权的例外，允许遭受犯罪侵害的配偶一方提供对另一方不利的证言。

第二，夫妻一方起诉另一方在婚前对自己或者子女的人身、财产实施的犯罪行为，不受夫妻特权规则的保护。作此规定是为了防止刑事诉讼中的被

---

[1]　Trammerl v. United States, 445, U.S. 40, 1980.

[2]　参见［美］约翰·W. 斯特龙主编：《麦考米克论证据》，汤维建等译，中国政法大学出版社2004年版，第168页。

告人以结婚为手段封住证人的嘴巴。这类例外是普通法上的规定，尽管《联邦证据规则》没有对此项例外作出明文规定，但是司法实践中的许多法院，特别是联邦法院，在审理案件时都会考虑被告人结婚是否涉及封住证人嘴巴的意图，如果确实如此，便不受夫妻特权规则的保护。

第三，夫妻一方被起诉以"拉皮条"等类似不道德行为为目的从国外偷渡妇女入境，买卖交易。国会和联邦证据规则咨询委员会共同决定，只要夫妻一方被指控以不道德的目的将外国妇女偷渡进境，那么夫妻特权规则绝不能使用。

3. 夫妻特权的放弃

夫妻特权的放弃，是指特权的享有者未能及时提出异议以主张特权或者特权的享有者自愿披露特权保护的内容。只有特权的享有者能够放弃特权，特权的放弃可以明示、默示或者非语言表意行为作出。披露部分特权保护的内容所产生的放弃特权的效力仅及于已经披露的信息本身，而不能延伸至未披露的内容。

（四）政府秘密特权

政府秘密特权是针对一旦披露将有损于公共利益的事实所赋予的特权，普通法上主要有两类政府秘密特权，一是军事秘密，二是外交秘密。这两类特权"允许美国政府不向外界披露威胁美国国家或社会安全的军事或者外交秘密"。① 由于这两类特权所涉及的信息关系到国家和社会的安全，因而具有充分的合理性对其进行保密处理，政府作为特权的享有者必须要主张这种保密特权，即便在有些诉讼中，政府不是当事人，但是在必要的情况下，政府也可以主张该项特权。

政府秘密特权所保护的是"披露后会损害国家的军事防御能力或者情报收集能力、破坏与他国政府的外交关系、有害国家安全的信息"。②司法实践中，"政府主张政府秘密特权需要满足以下三个方面的要求：（1）所涉及特权信息的政府部门主管官员必须经过慎重考虑后，亲自以宣誓书的形式以政府秘密特权为由提出正式申请。（2）申请书中要明确解释主张政府秘密特权是为了避免披露信息对国家或社会公共利益造成的何种伤害。（3）申请书中要解释为什么这些伤害是由于披露政府秘密信息所导致的或者解释为什么披

---

① United States v. Reynolds, 345 U.S. 1, 73 S.Ct. 528, 97 L.Ed.727, 1953.

② Black v. U.S., 62 F.3d 1115, 8th Cir. 1995; In re United States, 872 F.2d 472 D.C.Cir. 1989; Virtual Defense and Dev. v. Republic of Moldova, 133 F.Supp.2d 9 D.D.C.2001.

露所涉及的这项政府秘密信息会给国家或者社会安全造成伤害"。①当政府秘密特权被正式提出之后，法院就将在"政府行政官员评估军事或者外交特权的专业意见与法院并不是不加思考地滥用独立司法权批准政府行政官员的特权申请之间做平衡。"②广为接受的观点是："虽然法官并不完全顺从行政官员的任性，但是司法人员的能力非常有限，因而会将注意力主要放在主张特权的程序上，而不放在援用特权的实质益处上。"③ 也就是说一旦政府提出了形式适当的特权申请书主张特权，那么一般情况下该项特权就会得到法院的支持。

（五）不得强迫自证其罪特权

不得强迫自证其罪的法律依据是美国《宪法修正案五》，条文中明确规定"任何人都不得在任何刑事案件中被强迫自证其罪。"④ 这项特权"不仅可以在刑事审判程序中提出，也可以在答辩程序、调查程序中提出"；⑤ "既可以在刑事程序中提出，也可以在民事程序，甚至可以在侦查程序中提出，只要证人有合理理由相信上述程序中所涉及的信息或者证据将在其后进行的刑事诉讼程序中构成对自己不利的证据即可。"⑥此外，不得强迫自证其罪特权所包含的证据内容"不仅仅包括会导致自己定罪的定罪证据，还包括可能导致起诉自己实施了犯罪的起诉证据"。⑦

不得强迫自证其罪特权的权利主体包括刑事诉讼中的被告人和证人两类。⑧引用第五修正案特权保护的人必须是"在实质上真正面临刑事指控或刑事定罪危险的人，这种危险必须具有实质性而不能是微小、臆想出来的危

---

① United States v. Reynolds, 345 U.S. 7,8,,1953; Monarch Assurance P.L.C. v. U.S., 224 F.3d 1356 Fed. Cir. 2001; In re United States, 872 F.2d 472 D.C.Cir. 1989; Linder v. Calero-Portocarrero, 183 F.R.D. 314 D.D.C. 1998; Halkin v. Helms, 690 F.2d 977 D.C.Cir.1982.

② In re United States, 872 F.2d 472 D.C.Cir.1989.

③ ［美］约翰·W. 斯特龙主编：《麦考米克论证据》，汤维建等译，中国政法大学出版社 2004 年版，第218页。

④ Bill of Rights.

⑤ Nutramax Laboratiories, Inc. v. Twin Laboratories, Inc., 32 F.Supp.2d 331 D. Md. 1999.

⑥ Lefkowitz v. Turley, 414 U.S. 70, 94 S.Ct. 316, 38 L.Ed.2d 274, 1973; U.S. v. Penrod, 609 F.2d 1092, 4th Cir.1979.

⑦ Doe v. United States, 487 U.S. 201, 108 S.Ct. 2341, 101 L.Ed.2d 184, 1988; Blau v. United States, 340 U.S. 159, 71 S.Ct. 223, 95 L.Ed. 179, 1950.

⑧ National Life Ins. Co. v. Harford Acc. & Indem. Co., 615 F.2d 595, 3rd Cir. 1980.

险"。①在刑事诉讼审理程序中，当某人经宣誓后站在证人席上时，"证人不能主张回答询问将导致自证其罪而拒绝回答问题，只有法院才能决定证人对此询问保持沉默是否是正当、合理的"。②法院只有认为证人被强迫回答这一询问会产生"导致该证人受到刑事指控或者刑事定罪的合理根据时"③，才会支持反对强迫自证其罪的异议。通常情况下，法院不能判断是否全部相关性询问都会导致强迫自证其罪，因而一般总是鼓励提出异议的人针对单个询问提出此类异议，以便于法院分析判断。有的时候，当存在合理根据认为如果证人回答任何一个有关联的询问都会发生导致强迫自证其罪的危险时，法院也会支持以不得强迫自证其罪为由提出的"一揽子"异议。④"法院驳回不得强迫自证其罪特权的主张，必须已经过慎重的、全面的考虑，能够清晰地确定证人错误地认为回答询问会导致自我归罪，而实际上回答这一询问既不会引发针对该证人的刑事指控，更不会引发针对他的刑事定罪。"⑤

　　第五修正案只适用于被告人被强迫提供自我归罪的证言的情况，司法实践中还存在许多不以语言形式存在的证言形式，如应传票要求而提供某种文字材料的行为、⑥ 实物证据等，但是第五修正案的不得强迫自证其罪特权并不适用于自我归罪的证言以外的证据形式。此外，"该项特权只适用于自然人，而不适用于除自然人之外的法人或者其他组织"。⑦一个主张了第五修正案反对强迫自证其罪特权的证人也有可能被强迫就此提供证言，但是证人会同时获得法定的豁免权。例如，加州法律就规定"禁止政府使用任何以法庭命令而强迫证人提供可能导致强迫自证其罪的证言来对该证人提起刑事指控"。⑧但是，司法实践中，制定法规定的豁免权未必能够完全地将证人从事后被提起刑事指控的枷锁中解脱出来。其原因在于"政府可能会以起诉证据是独立于该证人在法庭提供的强迫自证其罪的证言之外的其他合法证据为由，对该证人提起刑事指控"。⑨

----

① U.S. v. Apfelbaum, 445 U.S. 115, 100 S.Ct.948, 63 L.Ed.2d 250, 1980; U.S. v. Bowling, 239 F. 3d 973, 8ᵗʰ Cir. 2001; U.S. v. Gecas, 120 F.3d 1419, 11ᵗʰ Cir. 1997.

② U.S. v. Gaitan-Acevedo, 148 F.3d 577, 6ᵗʰ Cir. 1998.

③ Hoffman v. United States, 341 U.S. 479, 71 S.Ct. 814, 95 223, 95 L.E.d.486, 1950.

④ U.S. v. Thornton, 733 F.2d 121 D.C.Cir. 1984; U.S. v. Tsui, 646 F.2d 365, 367,368, 9ᵗʰ Cir.1981.

⑤ Hoffman v. United States, 341 U.S. 487,488, 71 S.Ct. 814, 95 223, 95 L.E.d.486, 1950.

⑥ U.S. v. Hubbell, 530 U.S. 27, 120 S.Ct. 2037, 147 L.Ed.2d 24,2000.

⑦ Bellis v. United States, 417 U.S. 85, 94 S.Ct.2179, 40 L.Ed.2d 678,1974.

⑧ 18 U.S.C.A. 6002.

⑨ Kastigar v. United States, 406 U.S. 441,460,92 S.Ct. 16653,1644,32 L.Ed.2d 212,1972.

在刑事诉讼程序中，"不允许事实裁判者从证人主张不得强迫自证其罪特权这一事实作出任何相关性的推断"。[①]"控、辩双方也不得故意询问证人会引发其主张不得强迫自证其罪特权的问题，以便故意诱使事实裁判者据此作出任何相关性的推断。"[②] 此外，司法实践中不得强迫自证其罪特权得到了扩展，"不仅仅适用于被告人，也适用于证人；不仅仅适用于一审案件，也适用于上诉审案件；不仅仅适用于庭审定罪阶段，也适用于定罪后的量刑阶段"。[③]

反对强迫自证其罪特权与其他特权规则一样，也是可以被放弃的。在刑事诉讼程序中，如果被告人选择站在证人席上就其在本案中的行为出庭作证，那么这一行为就表示他放弃了第五修正案反对强迫自证其罪特权的保护。当被告人经过宣誓站到证人席那一刻开始，他就成为了一名证人，通常情况下，证人只能对其亲身感知的事项如实作证，否则将有受到藐视法庭罪或者伪证罪追究的危险。

五、诱导性询问规则

（一）诱导性询问规则的界定

美国《联邦证据规则》中有关于诱导性询问的规定，却没有对诱导性询问进行界定。《布莱克法律词典》将诱导性询问（Leading Question）解释为："向证人提出的、意在引导证人作出提问方想要得到的回答的问题，这类问题大多都只需要证人回答是与不是即可。"英国法学家将诱导性询问解释为："诱导性询问实质上暗示了提问者希望得到的回答，或者暗示了未经证人证明的争议事实确实存在。"[④]我国台湾学者陈朴生撰文将诱导性询问划分为三个类别："一是虚伪诱导，指暗示证人使其故意为异其记忆之陈述；二是错误诱导，指因暗示足以使证人发生错觉，以致其为异其记忆之陈述；三是记忆诱导，指因暗示而引起证人之记忆。"[⑤]美国属于判例法国家，法律研究不同于大陆法系的概念研究，而多从司法操作的实际出发进行研究，立足于司

---

① Rhode v. Olk-Long, 84 F.3d 284, 8th Cir.1996; U.S. v. Duran, 884 F.Supp. 573 D.D.C.1995.

② U.S. v. Doddington, 822 F.2d 818, 8th Cir.1987; U.S. v. Reese, 561 F.2d 894 D.C. Cir. 1977; U.S. v. Quinn, 543 F.2d 640, 8th Cir. 1976.

③ Mitchell v. United States, 526 U.S. 314, 119 S.Ct.1307,143 L.Ed.2d 434,1999; U.S. v. Lumpkin, 192 F.3d 280 2nd Cir. 1999; U.S. v. Bahadar, 954 F.2d 821 2nd Cir. 1992.

④ James Fitzjames Stephen, A Digest of the Law of Evidence(Classic Reprint), Forgotten Book Publisher, 2012.

⑤ 陈朴生著：《刑事证据法》，三民书局 1979 年版，第 226 页。

法实践，从美国法院的大量判例中可知，法官判断一个问题是否具有诱导性，是否属于诱导性问题，其关键在于"该问题是否已经暗示了提问者希望证人如何回答的要旨，从而使得对该问题的回答很可能实际上与证人的记忆无关"。[①]诱导性询问存在的问题在于，当提问者暗示证人回答其希望得到的回答时，在法庭上作证进行陈述的就不再是证人本人了，因为证人只是在用"是"或"不是"确定律师向法庭讲述的"故事"，此时，在法庭上"作证"的实际上就转变成向证人提出问题的律师了。此外，"诱导性询问中涉及的信息还有可能会影响证人，令其提供的证言并非基于真实的记忆"。[②]因此，美国刑事诉讼中以暗示作为判断诱导性询问的标尺，当提问暗示了证人回答提问者希望得到的答案时，该提问属于诱导性询问。

　　辨别诱导性询问可以从两个大的方面来考虑：其一可以从提出问题的方式或形式来辨别诱导性询问。例如，将询问证人"路口附近的街道是什么样子的？请描述一下你看到的那名男子的外貌？那名男子宣称抢劫之后，发生了什么？"与询问证人"路口的街道是双车道吗？那名男子是否大约 25 岁、6 英尺高？那名男子是否在宣称抢劫之后从你的包里夺走了你的钱包？"[③]这两种询问方式进行对比，第一种询问方式只是提出问题请证人回答，没有暗示证人回答什么样的答案，因而，第一种显然不属于诱导性询问，而与第一种询问方式相比，第二种询问方式明显地暗示或告知了证人询问者希望得到的回答，因而这样的询问对证人具有诱导性，属于典型的诱导性询问。此外，在提问中加入"如果可以"这类假定表述并不能否定诱导性询问的性质。例如，"如果可以，你会开几枪来救自己的性命呢？"这就是一个不适当的提问，即便加入了假定性前提，仍旧是一个具有暗示性的诱导性询问。不过，如果提问是为了引出或寻求否定性的回答时，就不属于诱导性询问。例如，询问证人"在碰撞发生前的任何时间里，你是否听到了鸣笛声？"当证人回答"没有"的时候，这个询问就不属于诱导性询问，因为询问没有包含或暗示询问者期望得到的答案。同样的，在法庭审理程序中被告人应当有权直接否认控方对其提出的指控，对此如果已经有其他证人对同样的事实作证后，询问证人"当警察停车检查时，你是否持有可卡因"就是一个适当的询问，不应定性为诱导性询问而加以制止。其二可以通过询问时的语音、语调以及

---

① 易延友：《英美证据法上的证人作证规则》，载《比较法研究》2008 年第 6 期。

② See U.S.v.McGovern, 499 F.2d 1140, 1142, 1ˢᵗ Cir. 1974.

③ See Thomas A. Mauet, Trial Techniques and Trial（Eight Edition），Wolters Kluwer Law Bussiness in New York，2010，p.111.

询问时的态度辨别诱导性询问。询问者不仅仅可以通过提出问题的形式和方式来诱导证人，询问者还可以通过询问时使用的语音、语调以及态度让证人明确地感知到询问者希望得到的答案是什么。同样的一句话，用不同的语音、语调、态度或者不同的断句形式表达出的意思就可以千变万化，这也是人类语言的魅力之一，而询问者便可以利用这一语言千变万化的魅力，以不同的表达方式来诱导证人回答询问。例如："光线很暗吗?"这一句如果以高扬声调结尾，附加质疑眼神，则暗示证人光线并非暗淡；如果以低沉声调结尾，附加肯定性眼神，则暗示证人光线确实很暗。诸如此类利用语调附加肢体语言的询问形式便可起到诱导性作用，也自然构成了判断诱导性询问的一种方式。

（二）诱导性询问的一般规则

正是由于诱导性询问存在暗示证人，使证人证言脱离证人记忆的危险性，故而，一般在主询问中禁止询问方进行诱导性询问，而在相对方对证人进行交叉询问时，诱导性询问则为美国《联邦证据规则》所允许。对此，我国台湾学者陈朴生曾明确解释说："英美法采彻底的当事人主义，证人由提出之当事人自行发问，每存有好意。如许直接发问者为诱导发问，难免使证人因其暗示而为有利于该当事人之陈述之危险，乃有禁止直接发问者为诱导发问之法则。但他造当事人对于该证人为反对发问时，不特无受其暗示，而为有利于当事人陈述之危险，且适足以发见其证言之凭信性，自无禁止诱导发问之必要。"①

具体而言：

1. 禁止诱导性询问的情况

首先，刑事诉讼审理程序中进行主询问时，一般禁止进行诱导性询问。这一关于诱导性询问的规定是为了确保事实裁判者可以凭借可靠的证据来发现案件事实。作此规定的依据在于对抗制审理中存在一种假设，即被传唤出庭作证的证人非常可能与传唤他出庭的一方保持合作，而这种合作造成了对方当事人的潜在危险，不利于对方当事人。同样的，这种证人与传唤其出庭一方当事人具有合作性的假设，有可能会使主询问方通过诱导性询问暗示其传唤出庭的证人作出主询问方期待得到的回答，当主询问提出的问题包含其想要得到的答案时，在法庭上作证的就不再是证人而是进行主询问的律师了。因而一般性地禁止主询问中使用诱导性询问对于降低合作性假设带来的潜在

---

① 陈朴生著：《刑事证据法》，三民书局1979年版，第399页。

危险、发现案件事实具有积极作用。司法实践中，主询问方"为了使其出示的证人证言获得陪审团的信任，在陪审团面前更有效，也会主动避免在主询问中出现诱导性询问"。①

其次，当交叉询问"仅仅涉及形式问题而不涉及任何事实问题时，法庭可以禁止交叉询问的律师进行诱导性询问"。②联邦上诉法院在 Wood v. Lecureux 案中指出："交叉询问中若仅仅涉及形式性问题法院不应当轻率地授权律师进行诱导性询问。"③ 这一判例明确地阐释了交叉询问仅涉形式问题时不得进行诱导性询问。然而，如果一方当事人没有在收集书面证词的听审程序中，对于只涉及形式问题的诱导性询问提出异议，那么这一方当事人将失去在庭审中针对此诱导性询问提出异议的权利。但是"当一方当事人在收集书面证词的听审程序中及时针对仅涉及形式的诱导性询问提出异议的，该书面证言将迅速失去其价值，如果在之后的庭审中适时引用并针对这一问题提出异议将会在庭审中起到排除证据的效果"。④

最后，交叉询问时，如果证人表现出倾向于交叉询问方的态度时，法官可以行使自由裁量权，禁止交叉询问方进行诱导性询问。当交叉询问时，证人表现出倾向于交叉询问一方的态度时，如果允许交叉询问一方进行诱导性询问，便会产生一种潜在的危险性。证人会根据交叉询问方的诱导或暗示给出有利于交叉询问方的回答，而这种回答有脱离证人记忆而迎合交叉询问方需要的危险。如果这种危险转化为现实，则证人就不是在根据其亲身感知和体验的事实作证，这样的证人证言本身背离了证人证言应当具有的揭露案件事实的本质属性，相反，这样的证人证言不但无助于事实裁判者发现案件事实，反而还会阻碍案件事实真实、完整、全面地呈现在法庭上。有鉴于此，当证人明显表现出了倾向于交叉询问方的态度时，法官应当以《联邦证据规则》第611条（a）款的控制条款为依据行使自由裁量权，避免潜在危险的发生，阻止交叉询问方进行诱导性询问。

2. 允许诱导性询问的情况

在一般禁止诱导性询问规则中还存在一些例外情况。具体而言：

---

① See Thomas A. Mauet, Trial Techniques and Trial (Eight Edition), Wolters Kluwer Law Bussiness in New York, 2010, p.112.

② Federal Rule Evidence 611 advisory committee's note.

③ Woods v. Lecureux, 110.F. 3d 1220, 6th Cir. 1997.

④ Roy v. Austin Co., 194 F 3d 840, 7th Cir. 1999. Oberlin v. Marlin American Corp., 596 F. 2d 1322, 7th Cir. 1979.

第一，在刑事诉讼审理程序中进行交叉询问时，得为诱导性询问。刑事诉讼审理程序中允许交叉询问时提出诱导性问题，其合理性依据在于美国的律师预先会见其准备传唤出庭的证人是具有普遍性的做法，这使得被传唤出庭作证的证人与传唤他出庭的一方保持合作的可能性大大提高，因而，在交叉询问中使用诱导性询问能够有效地降低这种合作对交叉询问一方带来的潜在不利危险性，使事实裁判者能够有效地发现案件事实。不过，允许在交叉询问中进行诱导性询问的规定也并不是绝对的，法官对律师能否在交叉询问中提出诱导性问题具有自由裁量权。例如，面对一名友好的证人，交叉询问方却称其为对方证人，并请求对该证人进行诱导性询问，通常不会得到法官的支持，法官会阻止交叉询问的律师提出诱导性问题。

第二，为了展开证人证言所必需时主询问可以进行诱导性询问。主询问中对于诱导性询问以一般禁止为原则，然而也存在例外情况。根据《联邦证据规则》第 611 条（c）款的规定："在主询问中不应当对证人使用诱导性询问，但进行诱导性询问是为了展开证人证言所必需的情况除外。"[1] 据此"但书"规定，法官便可以行使自由裁量权判断诱导性询问是否为展开证人证言所必需的手段，以决定是否允许主询问时进行诱导性询问。通常，当证人是儿童时；[2]当证人有身体或精神上的疾病，使其回答问题困难时；[3] 当证人缺乏理解能力时[4]法官一般会允许主询问方进行诱导性询问。也就是说，对于那些由于年龄、智力、语言障碍、受到惊吓或者有精神障碍等原因而对理解问题和回答问题有困难的证人，可以允许主询问采用诱导性询问。当主询问中出现上述得为诱导性询问的情况时，一般主询问的律师应当首先向法庭提出申请，在获得法庭的允许后，再进行诱导性询问。申请应在该证人作证之前或者在向法庭展示了对该证人进行不具有诱导性的询问无效之后提出。例如，当起诉方传唤一名 6 岁女童针对其在家中被性侵犯一事作证时，询问证人的情景如下：

控方问："你几岁了？"

证人答："6 岁。"

---

① Federal Rules of Evidence.

② U.S. v. Boyles, 57 F.3d 535, 7th Cir. 1995；U.S. v. Wright, 119 F.3d 630, 8th Cir. 1997；U.S. v. Archdale, 229 F.3d 861, 9th Cir. 2000.

③ U.S. v. Goodlow, 105 F.3d1203, 8th Cir. 1997.

④ U.S. v. Hernandez-Albino, 177 F.3d 33, 1st Cir. 1999；U.S. v. Mulinelli-Navas, 111 F.3d983, 1st Cir. 1997；U.S. v. Rodriguez-Garcia, 983 F.2d 1563, 10th Cir. 1993.

控方问："当这一切发生的时候，你在哪里？"

证人答："在我家。"

控方问："告诉我们发生了什么事情？"

此时证人沉默，没有任何回答。

控方问："那天你经历了什么样的事情？"

此时证人依然沉默，没有任何回答。

控方问法官："法官大人，我可以使用诱导性询问吗？"

法官回答："可以。"①

这就是法官根据《联邦证据规则》第 611 条（c）款行使自由裁量权允许主询问使用诱导性询问以展开证人证言的典型案例。同样这个例子也表明了，除非使用诱导性询问的必要性显而易见，否则主询问方在申请使用诱导性询问前，通常需要向法庭展示出非诱导性询问没有作用，而诱导性询问才是展开证人证言的必要手段。

第三，主询问中，对于前提性事实（preliminary matters）和无争议的事实（undisputed matters）可以进行诱导性询问。这样的做法旨在提高诉讼效率，让前提性事实和没有争议的事实迅速建立起来，以便庭审迅速进入争议点。例如，

主询问方："先生，请问您是否是一名整形外科的医生，是否毕业于哈佛医学院？"

对方律师："反对。这是诱导性问题。"

法官："反对无效。"②

这里专家证人的医学资格就是一个前提性事实，而且不属于争议性事实，因而一般情况下，法官都会允许使用诱导性询问，令主询问方以极具效率的方式在法庭上展示证人的特定职业资格。

第四，当律师为展示物奠定基础性事实时，或者提出证人先前不一致陈述时，也可以进行诱导性询问。例如，

主询问方（辩护律师）："先生，请问辩护方提交的 2 号展示物，是否为你的公司记录？"

证人回答："是的。"

主询问方（辩护律师）："请问这份公司记录是由对于记录内容有充分了

---

① See Thomas A. Mauet & Warren D. Wolfson, Trail Evidence 4th edition. Aspen Publisher, 2009.

② See Thomas A. Mauet & Warren D. Wolfson, Trail Evidence 4th edition. Aspen Publisher, 2009.

解和认识的人记录的吗?"

对方律师:"反对。辩护方律师在诱导证人。"

法官:"反对无效。这属于为展示物奠定基础性事实的询问。"①

这个例子中,辩护方律师是在用证人为其公司记录奠定基础性事实,此时,虽然辩护方进行的是主询问,但是诱导性询问是被允许使用的询问方式。因为展示物是否能够作为定案证据使用,其核心在于展示物的真实性,即证明为真。故而,在为展示物奠定基础时(表明展示物具有关联性和可靠性),以诱导性询问进行可以节约司法效率,而不损及司法公正。以诱导性询问质疑先前不一致陈述的道理与奠定展示物基础性事实进行诱导性询问的道理趋同,都是在不损及司法公平的情况下,节约司法效率的做法。

第五,为弹劾证人可进行诱导性询问。诱导性询问是一种弹劾技巧,《联邦证据规则》第607条废除了传统上不得弹劾己方证人的观点和做法,赋予刑事诉讼控、辩双方弹劾权,规定诉讼中任何一方都有权利对证人进行弹劾。也就是说刑事诉讼法庭审理程序中,"传唤证人出庭的一方也可以用诱导性询问的方式弹劾己方证人而无需作出提前的通知"。②在 U. S. v. Ienco 一案中,联邦上诉法院在判决书中写道:"伊利诺伊州北部地区法院判决被告人 Joseph Ienco 蓄谋敲诈勒索、以诈骗为目的进行跨州旅行、持枪械实施暴力犯罪。被告人对此判决提出上诉。上诉法院认为:第一,地区法院不允许被告人使用诱导性问题弹劾己方证人,并且裁定排除该证人的全部陈述,这属于有害错误;第二,撤销先前允许对证人 Pinkerton 进行解释说明的决定构成另一个有害错误;第三,对枪械的不适当说明构成本案的第三个有害错误。据此,本案撤销原判,发回重审。"③ 据此可知,为了弹劾证人,无论是控诉方还是辩护方,无论是在主询问还是在交叉询问中,都可以用诱导性询问弹劾证人。

第六,《联邦证据规则》第611条(c)款(2)明文规定了三种可以进行诱导性询问的情况,即对敌意证人(Hostile Witnes)、对方当事人(Adverse Party)或者对方当事人认可的证人(Witness Identified with an Adverse Party),可以进行诱导性询问。敌意证人,是指"证人被传唤到证人席时被假定为友好证人,但是在接受询问过程中,证人对询问人表现出了一——

---

① See Thomas A. Mauet & Warren D. Wolfson, Trail Evidence 4th edition. Aspen Publisher, 2009.

② U.S. v. Ienco, 92 F. 3d 564, 7th Cir. 1996.

③ U.S. v. Ienco, 92 F. 3d 564, 7th Cir. 1996.

种敌意态度，导致对询问方的当事人产生不利的推论，或者该证人与对方产生了认同"。[①]此外，对方当事人和对方当事人认可的证人自动被视为敌意证人，此类证人可以是对方当事人的雇员、配偶、子女、父母或任何与之关系亲近而足以有合理根据怀疑其会作出有利于对方而损及本方的证言的证人。《联邦证据规则》对此作出明文规定是具有合理性依据的。因为禁止诱导性询问是建立在被传唤出庭作证的证人与传唤他出庭的一方保持合作这一假设基础之上的，但是，当这种合作性假设已经明显不存在时，由于此种假设而导致危及相对方利益的潜在危险就没有存在的基础了，因为敌意证人几乎不会引发诱导性询问所带来的潜在危险，因而，对敌意证人也就不必再适用禁止诱导性询问这一危险控制规则了。相反，在法庭审理程序中，如果主询问方进行询问时，证人已经明显地表现出了对于询问方的敌意，那么就为主询问方进行诱导性询问提供了合理依据，因为此时诱导性询问有可能是获知证人所掌握的案件信息的最为有效的方法。

3. 再主询问中的诱导性询问规则

《联邦证据规则》没有规定再主询问时是否可以进行诱导性询问，于是关于再主询问是否能够使用诱导性询问这一方法，便就此进入了法官根据《联邦证据规则》第611条（a）款进行自由裁量的范围。司法实践中的惯常做法是允许再主询问中运用诱导性问题将证人的注意力集中在争议问题上，但更进一步的诱导询问则为法官所禁止。例如，在主询问时，主询问方问证人："现在请你将注意力转移到我指出的这个街区，这是碰撞发生的前一个街区，请问在这个街区你的车速是多少？"这就是一个典型的包含了诱导性询问的、恰当的再主询问。因为这一再主询问首先是将证人的注意力转移到案件争点上，这是采用了诱导性方式。但是，接下来的询问内容就没有再以诱导方式进行了，而只是以开放式的提问方式进行询问，如上例中询问证人车速是多少，而并没有询问证人是否以低于50迈的车速行驶。

作此规定，一方面是出于诉讼效率的考虑。因为再主询问是在证人经历一轮主询问和交叉询问之后进行的，此前证人已经就一系列问题作出了陈述和回答，再主询问的目的是就交叉询问中不清楚、有争议的地方进行解释，故而，允许再主询问方以诱导性询问的方式将证人的注意力迅速集中在案件的争点上，不仅便于事实裁判者集中案件焦点，也有利于提高诉讼效率。另

---

① Ronald J. Allen, Richard B. Kuhns and Eleanor Swift, Evidence : Text, Problems, and Cases, Aspen Publishers, 1997. p.111.

一方面是出于诉讼公正的考虑。因为当再主询问将证人的注意力集中于案件的争点之后，再主询问的目的和作用从本质上与主询问趋同，都是为了建立和完善主询问一方所支持的"案件事实"，让事实裁判者接受本方的诉讼主张。因而，再主询问以诱导性询问将证人的注意力集中于案件争点之后，不得再以诱导方式进行询问，以降低或消除证人证言因受到询问方诱导或暗示而脱离记忆力作证的危险。

六、其他规则[①]

刑事诉讼法庭质证规则中除了以上五大类几十种规则之外，还包含着政策性排除规则，以及以庭审质证中询问方与证人关于询问或作答方式不当为内容而设计的法庭质证规则。下文将选取司法实践中具有普遍性的，且经常被控、辩双方援引的相关质证规则为例，对以上两类法庭质证规则进行介绍。

（一）一般禁止使用辩诉交易或答辩讨论中的陈述作为证据反对作出陈述的人

这一规则属于政策性排除规则，规定于《联邦证据规则》第四章第410条款。政策性排除规定一般都是以实现一定的社会目标或者鼓励一定的社会行为为根本目的而设定的。一般而言，控、辩双方都能够在庭审前预测争议案件中的政策性排除问题，通常情况下，诉讼双方都会在庭审前针对涉及政策性排除问题的证据提出审前动议，法官也会在庭审前对此作出裁决。

根据制定法的规定，被告人在辩诉交易或答辩协商中作出的以下四类答辩不得用以反对作出过该答辩或者参与了答辩讨论的被告人：其一，在辩诉交易或答辩协商后撤回的有罪答辩；其二，被告人作出的不抗争答辩；其三，根据《联邦刑事诉讼规则》第11条或者其他类似的州程序性规定进行的程序中作出的涉及以上两种答辩中任何一种答辩的陈述；其四，被告人一方与检控方进行答辩讨论中作出的陈述，但该项陈述是没有导致有罪答辩后果的陈述，或者是虽然导致了有罪答辩的后果但其后又被撤回的陈述。

答辩协商和答辩协议在美国的刑事司法领域占据着重要的地位，超过90%以上的刑事案件都是通过辩诉交易解决的，也正因如此，美国的刑事法院才没有被浩如烟海的案件和繁杂的诉讼程序所淹没，为了鼓励这样类型的协商和协议，制定法规定答辩协商以及答辩协议不能作为证据用以证明被告

---

① See Thomas. A. Mauet, Trails: Strategy, Skills, and the New Powers of Persuasion(Second Edition), Wolters Kluwer Law&business. Aspen Publishers, 2009, pp.547-557.

人具有过错。另外，"如果答辩协商最终没能达成一致的协议，则答辩协商中的任何谈论内容都不得作为证据用于后续的庭审程序之中。不过，被告人有权在明知、明智的情况下自愿放弃这一政策性保护"。① 此外，如果在诉讼程序中，已经提出了在同一答辩书或答辩讨论中的另一个陈述，使得被告人作出的陈述与此陈述一同被考虑才能彰显公平公正时，允许法院采纳被告人在答辩协商或答辩协议中所作的陈述。在刑事案件中有一类特殊案件——作伪证或者作虚假陈述，针对此类案件，如果被告人的庭前答辩协商有律师陪同，其陈述是经过宣誓后作出的，并且被记录在案，那么该陈述可以在后续的庭审中作为证据使用证明其作伪证或者作虚假陈述。这一排除规则的例外旨在敦促被告人在法官面前做有罪答辩时要实话实说，否则将会面临被提起公诉的危险。

（二）禁止不当弹劾规则

禁止不当弹劾规则属于政策性排除规则。弹劾是一项复杂的、具有技巧性的质证方式。第一，要确定弹劾的方式是适当的，弹劾要遵循制定法或者判例法的规则；第二，弹劾要以善意为基础，弹劾一方要出于善意而提出弹劾事项；第三，弹劾要在交叉询问中进行，被弹劾的证人要有合理的机会去承认、否认或者解释弹劾事项；第四，弹劾之后的程序要适当，如果被弹劾人承认了弹劾事项就不必再纠缠于此；第五，如果被弹劾人否认或者作出模棱两可的回答，则该弹劾事项就要通过非间接的外部证据予以证明。根据判例法的规定，偏见、利益、动机以及先前定罪都是具有重要性的信息，如果被弹劾人对此予以否认就需要弹劾人加以证明；先前不一致陈述和矛盾事实是否属于具有重要性的信息需要根据具体案件而判定，在一些案件中这些是重要的信息，在另一些案件中则不是，只有被弹劾人否定了重要信息的情况下，法官才会允许弹劾人对此信息加以证明；不允许使用外部证据证明被弹劾人先前未被定罪的不良行为。违反以上任何一条弹劾规则的做法都是可以引起不当弹劾异议的。

（三）禁止超出范围询问的规则

禁止超出范围询问的规则属于政策性排除规则。根据《联邦证据规则》第611条（b）款的规定："交叉询问应当限于直接询问中涉及的主要事项以及影响证人可信性的事项。不过法院可以行使自由裁量权允许交叉询问方像

---

① U.S.v.Mezzanatto, 513 U.S. 196, 1995.

在直接询问中那样对额外事项进行查问。"① 当交叉询问或者再直接询问超出之前询问所涉及的范围而引发了一个新的话题时，相对方就可以提出异议。设立此项质证规则的目的在于控制庭审效率和庭审秩序。制定法中没有对再直接询问的范围做明文规定，但是法官通常会依据《联邦证据规则》第611条（a）款要求再直接询问的内容限于交叉询问中涉及的主要事项。如果再主询问超过交叉询问的范围时，相对方亦可提出异议。

（四）禁止错误陈述或者错误描述证言规则

禁止错误陈述或者错误描述证言规则是针对询问人的询问方式不当而设计的质证规则，这一规则通常被理解为在刑事诉讼庭审程序中，禁止询问人以提出问题的方式错误陈述或者错误描述证人已经作出陈述的证言。例如：

律师问："被告人之后做了什么事情？"

证人答："他用手推了被害人的后背。"

律师问："被告人攻击了被害人之后发生了什么？"

对方律师："反对。对方律师在错误陈述证人的证言。"

法官："反对有效。请律师重新表述问题。"

上例中询问问题的律师将证人回答的"推后背"在提问中表述成了"攻击"，这样的错误陈述可能会对事实裁判者造成不公正的影响，因而相对方可以禁止错误陈述或者错误描述为由对此提出异议。

（五）禁止假设没有证据支持的事实规则

禁止假设没有证据支持的事实规则属于一项针对询问人询问方式不当而提出异议的质证规则，主要是指在刑事诉讼庭审程序中，禁止询问人在提问内容中包含没有证据支持的事实。例如：

律师问："案发时那个拿着枪的男人正在做什么？"

对方律师："反对。没有证据证明案发时那个男人是持枪的。"

法官："反对有效。"

禁止假设没有证据支持的事实规则的设立目的在于避免律师使用提问技巧以不正当的方式影响事实裁判者的判断。

（六）禁止提出引起叙述性回答的问题规则

禁止提出引起叙述性回答的问题规则属于一项针对询问人询问方式不当而提出异议的质证规则，主要是指禁止律师提出一个广义的、概括性的、能够引发证人作出较长的广泛性叙述的问题。因为这样的回答中有可能会夹杂

---

① Federal Rules of Evidence.

着许多不可采的证据，而对方律师却没有合适的机会对这些不可采证据提出及时的异议，与平等武装、对抗的诉讼原理不符。例如，律师向证人提问说："请将案发时的所见所闻全部说出。"这就是典型的可以引起较长叙述性回答的问题，对方律师是可以对此提出异议的。

不过一个有经验的律师在质证询问时是不会提出引起叙述性回答的问题的，因为证人自由叙述时并不能给事实裁判者一个清晰的、有助于理解的故事。一个有经验的律师通常也不会对这样的提问提出异议，从而帮助主询问方将问题问得更具体清晰，因为证人对这类问题的回答通常脉络杂乱，经验丰富的律师通常会等待时机，当证人有将不具有可采性的证据掺杂在证言中的可能性时，才会适时提出异议。

（七）禁止提出会引起证人臆测的问题规则

禁止提出会引起证人臆测的问题规则属于一项针对询问人询问方式不当而提出异议的质证规则。要求证人对某一情况进行臆测或猜测是不适当的，询问证人时禁止提出会引起证人臆测的问题。因为证人是以亲身感知作证，证人推测、猜测的事项不具有证明价值，其内容对事实裁判者发现案件事实也没有实质性帮助。通常这类提问会以"为什么……""有没有一种……的可能性"为标志。

（八）禁止复合性提问规则

禁止复合性提问规则属于一项针对询问人询问方式不当而提出异议的质证规则。复合性提问，是指在一个问题里面包含了两个以上单独事项的提问，这种提问通常出现在交叉询问中，也是一种可以被提出异议的提问方式。因为证人对复合性提问的任何一个简单的"是"或"不是"的回答都是不明确的。例如：

律师问："当你听见枪响后立即从犯罪现场跑开了，躲在你自己的车里，是吗？"

对方律师："反对。这是一个复合性提问。"

法官："反对有效。"

证人对复合性提问的简单回答并不能使事实裁判者对案件事实产生清晰明确的认识，因而这种提问形式为质证规则所不许。

（九）禁止辩论性提问规则

禁止辩论性提问规则属于一项针对询问人询问方式不当而提出异议的质证规则。在刑事诉讼庭审质证中提出带有辩论性色彩的问题是不适当的，这样的辩论性提问通常出现在交叉询问过程中，而因为从本质上看，这类提问并不能引出新的案件信息，而仅仅是在事实裁判者面前做争论，而这样的争论完全可以在后面的最终辩论环节中进行，而不应当在质证中扰乱事实裁判者接收证据信息。例如：

律师问："当时天色黑有没有任何光线，抢劫案的发生只有短短的十几秒钟，你距离案发现场有100多米远，你是不可能看到抢劫者的样子的，不是吗？"

对方律师："反对，对方律师在与证人辩论。"

法官："反对有效。"

（十）禁止答非所问或者不问自答规则

禁止答非所问或者不问自答规则是一项针对证人回答询问方式不当而提出异议的质证规则。在刑事诉讼庭审质证过程中，有可能会出现律师提问是适当的，但是证人的回答却并不适当，证人有可能回答的不是律师提出的问题或者其回答超出律师提出问题的范围，造成答非所问或不问自答的情况。这是一种可以被提起异议的回答，在许多司法管辖区中，这类异议只能由提问的律师提出，如果异议得到法官的支持，那么证人的回答将被移除，法官也会指示陪审团忽视证人所作出的相关回答。不过如果证人答非所问或者不问自答的证言也违反了其他质证规则，那么相对方的律师也可以对此回答提出异议。通常，这种答非所问或者不问自答的情况大多出现在询问敌意证人或者对方证人之时。

第二节　展示物的质证规则

美国刑事法庭上的证据形式是证人证言，证人经过宣誓后，站在证人席上，在事实裁判者面前，以回答双方律师询问的方式提供自己的口头证言，由事实裁判者评断其证明力。然而，另外还出现了大量的以物体形式呈现的、被标记为展示物（Exhibition）的证据形式。最为常见的展示物是文件，包括信件、合同、工资单、身体检查报告等。随着科学技术的发展，电脑资料、数字成像等也加入了展示物的行列中。近些年，几乎任何形式的、具有合理尺寸的物体都能以展示物的身份进入法庭，从枪支、毛毯、药片到城市地图、心脏模型、交通录像等物体，其范围之广令证人证言黯然失色。

尽管展示物的形式各异，但是大多数展示物都可以归为以下四个类别：其一，实物证据（Real Evidence）。实物证据是有形的物品，如果其与提出证据者所宣称的证据相一致，就具有可采性。其二，展示证据（Demonstrative

Evidence）。展示证据并非实际证据本身，而是能够代表或者解释实际物品，以至于被采信为实质证据（Substantive Evidence）的证据形式。其三，文书证据（Writing Evidence）。文书是一种具有法律意义的文件形式，如果文书以法定程序生成，并有权利人的签字，那么这些证据并不是传闻证据，而是具有可采性的证据。其四，记录证据（Record Evidence）。记录是一种传闻证据，只有记录符合《联邦证据规则》第803条（6）款、第803条（8）款、第902条等有关记录证据传闻规则的例外时，才具有可采性。①

在刑事诉讼庭审过程中，针对展示物也可以提出异议，这种质证方式是针对展示物的质证，也同样有章可循。针对展示物的异议可以从以下几个方面进行。

一、没能为展示物奠定适当的基础②

《联邦证据规则》明文规定了七种展示物形式，并为每一种展示物设定了特定的证明该展示物与待证事实具有相关性，并具有可信性的基础。如果提出展示物的一方未能遵循法律的规定为展示物奠定基础，那么相对方就可以此针对该展示物提出异议。

（一）实物证据③

作为展示物的实物证据是一种有形的实体，包括枪支、凶刀、毒品、血液等。根据《联邦证据规则》第901条规定："提交实物证据作为展示物的一方必须传唤一名适格的证人出庭作证，这名证人需要对实物证据所要证明的待证事实具有一手信息，并能够作证证明该实物证据就是案发现场的那个物体。"④ 在为实物证据奠定基础时，可以将其分为能够单独通过感官辨别的实物证据与不能单独通过感官辨别的实物证据两种。以下将分而述之。

1. 能够单独通过感官辨别的实物证据

许多实物证据都可以单独通过感官予以辨识，最常用的感官是视觉，有的时候也会用到听觉、嗅觉、味觉等其他感官。举例而言，在一起持枪抢劫案件中，控诉方传唤警察出庭作证，警察必须在法庭上提供证言证明法庭上

---

① See Thomas A. Mauet, Trial Techniques and Trial (Eight Edition), Wolters Kluwer Law Bussiness in New York, 2010, p.179.

② See Thomas A. Mauet & Warren D. Wolfson, Trail Evidence 4th edition. X, Aspen Publisher, 2009.

③ 参见［美］约翰·W. 斯特龙主编：《麦考米克论证据》，汤维建等译，中国政法大学出版社2004年版，第438–439页。

④ Federal Rules of Evidence.

的这把手枪就是案发当时被告人使用的那把手枪，是这个警察在逮捕被告人时，从被告人手中起获的。证人能够如此肯定是因为这把手枪具有与众不同的外表、特殊的序列号或者其他标记，这些足以使证人确定法庭上出示的这把手枪就是案发当时从被告人手中起获的那把用于抢劫的手枪。当然，也会有许多时候，证人不能完全肯定法庭上的实物证据就是案发时他看到的那个，证人可能会说"它看起来很像是那天我看到的东西"或者"它看上去似乎就是那天我看到的东西"。在这种情况下，大多数司法管辖区的法院都会认为，证人的证言已经达到了《联邦证据规则》第901条（a）款所载事项的初步证明责任，因而该实物证据是具有可采性的，至于其可信性的程度，那就是陪审团的裁量范围了。

2. 不能单独通过感官辨别的实物证据

司法实践中还存在一些不能单独依靠感官辨别的实物证据，如毒品、血液等。没有证人能够仅仅通过观察血液而作证证明法庭上出示的血液就是某某人的血液；也没有证人能仅仅通过观察子弹就能作证证明子弹是从被害人身上取下来的。在这样一类不能仅仅通过感官辨别实物证据的情况下，就要求举证的一方在法庭上为该实物证据建立证据的保管链条，以此来证明法庭上的实物证据就是提出实物证据的一方所声称的与案件有关联的实物证据。

通常情况下，建立实物证据的证据保管链条有两种方式。其一，提出实物证据的一方可以证明自从该实物证据被取得直到出现在法庭上为止，该实物证据都是由专人保管的。这样做的目的在于保证实物证据保存的完整性，使其不会被其他人篡改或者替换。其二，提出实物证据的一方可以证明该证据是以特定方式保存的，这种方式使得该证据不可能被篡改或者替换。

建立证据的保管链条的关键在于提出实物证据的一方要证明在法庭上提出的这项实物证据是经过特定方式保管的，既不会被篡改，也不会被调换，而且法庭上的这项实物证据就是案发时提取的实物证据。如果提出实物证据的一方能够建立这样的证据保管链条，该实物证据才是具有可采性的证据。

（二）展示性证据①

展示性证据并不是具体案件的证据，而是代表、展示具体案件的证据。常见的展示性证据包括地图、模型、复制品、照片、影视记录、音频记录等。要令展示性证据具有可采性，需要提出展示性证据的一方提供一名对案发事

---

① 参见［美］约翰·W. 斯特龙主编：《麦考米克论证据》，汤维建等译，中国政法大学出版社2004年版，第439-443页。

实具有一手信息的证人，这名证人必须能够证实该展示性证据真实地、公平地、客观地记录了或者反映了案件发生之时的实际情况。

法律并没有规定展示性证据的展示程度，展示性证据是否达到应然的展示性程度，这是陪审团考虑的问题，而不涉及可采性问题。但是，如果展示性证据没有真实、公平、客观地展示或者记录案件事实，那么法庭就要将其排除。司法实践中，有些法院基于展示性证据没有达到《联邦证据规则》第901条①的要求而将展示性证据排除；也有些法院是以《联邦证据规则》第403条作为判断依据。

展示性证据中的照片作为证据的可采性规则与示意图、地图、图表等展示性证据的可采性规则是一致的。因而以照片为例进行介绍。照片仅仅被看作是对口头证言的生动描绘，只有证人证明照片对自己所证明之事项进行了恰如其分的描绘时，该照片才是可采的。据此，为照片奠定可采性基础的证人既不需要是照片的拍摄者，也不需要知道照片拍摄的时间、条件、技术等拍摄事项，只需要知晓有关照片所表现的事实、场景或者物体，并且该证人所知悉的这些信息要能够证明该照片恰如其分地描述了这些事实。如果证人能够证明以上事实，那么该照片就具有了可采性。

（三）文书②

法定形式的书面文书是具有独特法律意义的。常见的法定文书包括：遗

---

① 《联邦证据规则》第901条规定："（a）为满足对证据进行验真或者辨认的要求，证据提出者必须提出足以支持该证据是证据提出者所主张的证据认定的证据。（b）示例。以下仅是能够满足该要求的证据的示例，这些示例并非全部清单：（1）知情人的证言是关于某一证据就是所主张之证据的证言。（2）关于笔迹的非专家意见。关于笔迹真实性与否的非专家意见，该意见所立足的熟悉程度，并非因当前诉讼而获得。（3）专家证人或者事实审判者应当同已经验证为真实的样本进行比对。（4）证据与环境相联系的外观、内容、实质、内部结构或者其他与众不同的特征。（5）根据在任何时候将某声音与所称说话者联系到一起的环境中听过该声音的意见而进行声音辨认，无论是直接听到的，还是通过机械、电子传输或者录音听到的。（6）对电话交谈而言，证明电话是打给当时分配给下列人员或者单位的号码的证据：（A）就特定自然人来说，包括自我辨认在内，表明受话者是电话所打给的人；或者（B）就特定单位来说，电话是打给该单位的，且交谈与合理地通过电话处理的业务有关。（7）关于公共记录的证据。证明下列情况的证据：（A）某文件是公共机构依法记录或者存档的；或者（B）所称的公共记录或者陈述来自于保管该文件的公共机构。（8）关于陈年文件或者数据汇编的证据。证明文件或者数据汇编符合以下情况的证据：（A）其真实性处于不容置疑的状态下；（B）处于如果真实则可能所在之处，并且（C）在提出时已经保存了至少20年以上。（9）关于过程或者系统证据。描述过程或者系统，并表明该过程或者系统产生了准确结果的证据。（10）制定法或者规则规定的方法。联邦制定法或者最高法院指定的规则所允许的任何验真或者辨认方法。"

② 参见［美］约翰·W. 斯特龙主编：《麦考米克论证据》，汤维建等译，中国政法大学出版社2004年版，第451—459页。

嘱、合同、支票等。这类特定的书面文书一旦作出就具有独立的法律意义，而且它们不属于传闻证据。要令这类文书具有可采性，提出文书的一方必须证明文书上的签名或者文书上的字迹出自其所主张的人之手。也就是说文书上的亲笔字或者亲笔签名必须被证真。

根据《联邦证据规则》第 901 条的规定："文书字迹的证真需要传唤一名适格的证人，这名证人必须亲眼看到签字人在文件上署名或者熟悉签字人的笔迹，因而这名证人能够辨认文书上的笔迹是否为所主张之人所书写。"①根据《联邦证据规则》第 901 条（b）款（2）该证人辨别笔迹真实性时，所依赖的对笔迹的熟悉程度不能是因当前诉讼而获得的。如果不存在符合要求的适格证人，则根据《联邦证据规则》第 901 条（b）款（3）由专家证人或者事实裁判者利用已经验真的样本自行比对。司法实践中，许多法院还要求提出文书的一方确保法庭上出示的文书与庭前取得的文书是处于相同条件下的，具有一致性，并没有被篡改或者调换的可能性。为达到法庭的这一要求，最为常见的做法是由适格的证人提供证言证明法庭上出示的文本就是提出文本方所主张的文本。

（四）商业记录

商业记录是一种庭外陈述，用其内容证明争议案件事实，通常都属于传闻证据的范畴。只有符合《联邦证据规则》第 803 条（6）款规定的商业记录才能适用传闻证据规则的例外，而具有可采性。具体内容参见本章第一节第三个问题关于"传闻证据规则"的阐释。

（五）公共记录

公共记录适用传闻规则例外的合理性基础与商业记录相同，都是基于可信性。而公共记录可信性的基础规定于《联邦证据规则》第 803 条（8）款，具体内容参见本章第一节第三个问题"关于传闻证据规则"的阐释。

（六）为了帮助回忆所作的记录

当证人忘记了先前作证的事项或者忘记了某些具体细节时，根据证人在记忆鲜活时所作证言制作的记录，虽然属于传闻证据，但却具有可靠性，在符合《联邦证据规则》第 803 条（5）款的规定时，该记录具有可采性。具体内容参见本章第一节第三个问题"关于传闻证据规则"的阐释。

（七）概要

根据《联邦证据规则》第 1006 条的规定："证据提出者可以使用概要、

---

① Federal Rules of Evidence.

图表或者计算，证明不便于在法庭加以审查的书写品、录制品或者影像的内容。证据提出者必须将原件或者副本准备就绪，以供其他当事人在合理的时间和地点加以审查或者复制。法院可以命令证据提出者将它们出示在法庭上。"① 由于概要证据的可采性属于法官自由裁量权的范围，许多法官都会在提出概要证据的一方为概要奠定了合理基础后采纳该证据，以便为事实裁判者发现案件事实提供帮助。据此，如果有一名适格的证人为概要证据奠定基础，那么该项概要证据就非常有可能会被法官采纳。

以上七种展示物形式都有相关的奠定展示物基础的成文法规定。在刑事诉讼庭审过程中，如果提出展示物的一方没有能为展示物奠定法律规定的基础，那么相对方就可以此为据提出异议，阻止该展示物出现在事实裁判者面前或者成为证据。

二、奠定展示物基础的程序不适当②

在刑事诉讼程序中，向法庭提交展示物的一方必须遵循法定的程序，并为展示物奠定恰当的基础才能使展示物成为证据。在刑事诉讼法庭质证过程中，一方不当使用展示物的，相对方可以提出异议，《联邦证据规则》第104条赋予法官广泛的自由裁量权，因而对于展示物的异议，由法官根据具体案件判断该展示物是否恰当、是否能够作为证据使用。

尽管美国各个司法管辖区的做法不尽一致，但是大多数司法管辖区都要求为展示物奠定基础要遵循一定的刑事诉讼程序。综合各个司法管辖区的要求，以下十个步骤是将展示物提交为证据的最完整的程序，当然，司法实践中大多数司法管辖区都放宽了其中的一些要求。不过熟悉完整的程序对于展示物的法庭质证是具有重要意义的。

第一步：标记展示物。要为展示物奠定基础，首要的就是先要标记展示物，以使其区别于其他的展示物。标记展示物大多是以连续的字母或者数字标记。在大多数司法管辖区，展示物通常将按照提交的主体不同分别标记。例如，控方提交的展示物被标记为"控方展示物1号"、"控方展示物2号"等；被告人一方提交的展示物被标记为"被告方展示物1号"、"被告方展示物2号"等。

---

① Federal Rules of Evidence.

② See Thomas A. Mauet, Trial Techniques and Trial (Eight Edition), Wolters Kluwer Law Bussiness in New York, 2010, pp.171-177.

第二步：向对方律师出示展示物。根据平等武装原则，对方律师必须能看到展示物，有机会了解展示物的类型、分析其合理性基础，以便能够有针对性地、及时地对这份展示物提出异议。大多数司法管辖区都要求一方在奠定展示物基础之前，向对方出示该展示物，常见的做法是明确地告诉法庭你在做什么，以便法庭能够清楚地对此进行记录。在某些司法管辖区，只有将展示物提交为证据时才会向对方律师出示该展示物，由于这种做法并没有给对方律师检查展示物的恰当时机，对方律师没有时间思考奠定该项展示物的基础是否合理，无法对奠定展示物基础不恰当的做法提出异议，因而，这并不是一种普遍的、受到推崇的做法。

第三步：请求法庭允许走到证人身边。向法庭提出正式请求，申请能够走近证人，以便将展示物出示给证人，这属于一种正式请求。不过，在大多数司法管辖区，这一正式请求都已经被取消了，通常法警会将展示物递交给证人。

第四步：向证人出示展示物。将展示物交给证人，而不应该让陪审团看到展示物，因为这时的展示物还没有被采纳为证据，也就属于不应该被陪审团看到的东西。通常，照片、文件等可以非常容易地在陪审团看不到内容的情况下递交给证人，但是，如果展示物是大型的图解、图版等容易被看到内容的展示物，这就很难在不被陪审团看到的情况下递交给证人。一般来说，如果对方律师对展示物持有强烈异议，他就会向法官提出请求，要求在陪审团不在场的情况下，为展示物奠定基础、对证人进行交叉询问。

第五步：为展示物奠定基础。为展示物奠定基础，需要同时满足以下三个条件：其一，有奠定基础的适格证人。即证人是对展示物拥有第一手信息的人，对展示物所要展示的事实拥有亲身感知。其二，展示物与待证案件事实必须具有关联性，并且展示物本身要具有可靠性。其三，展示物必须被证明为真。即证明展示物与其所宣称的证据具有一致性。

第六步：将展示物提交为证据。在为展示物奠定了基础之后，就可以把它提交为证据了。当然，对方律师可能在此时提出异议。如果律师提出的异议理由很长，并且需要双方进行法律辩论，那么这种辩论应该避免被事实裁判者听到而应该在"庭边"进行。有时候为了破坏展示物的基础，律师可以请求针对展示物的基础询问证人，因为证人是奠定展示物基础的必备条件和基础，对证人的交叉询问通常可以对展示物提交为证据的资格起到釜底抽薪的作用。

第七步：将展示物标记为证据。如果展示物被采信为证据，就必须要做好相关的记录。大多数司法管辖区的做法是由法庭的书记员将展示物标记为"予以采纳",同时注明采纳的日期和时间。当展示物有了被采信的正式名称后,律师在庭审中就要以该证据的正式名称来称呼它。

第八步:如果适当,让证人使用或者标记展示物。展示物被采纳为证据之后,如何最大化地发挥展示物的作用是每一个提交展示物的律师应当考虑的问题。如果展示物是有形物品,律师就可以亲手演示;如果展示物是图解或者照片,律师就可以通过标记来向事实裁判者作出解释说明;如果展示物是文书材料,律师就可以将着重部分突出显示。不过,在司法实践中有一些法庭不允许律师对展示物做标记,他们认为这样做会改变展示物。然而,大多数法院允许证人对展示物进行标记,因为他们认为证人对展示物做标记只是在解释自己的证言,并不会改变展示物被采信的客观合理性。不过有些法庭要求在证人对展示物作出标记之后,提出展示物的一方重新提交未标记的展示物作为证据;还有一些法庭禁止在展示物被采纳为证据之后,在展示物上做标记。据此,如果得到法庭允许,让证人在展示物上做标记以更好地解释证人证言不失为一种发挥展示物最大证明作用的办法。

第九步:申请法庭允许向陪审团展示或者宣读展示物。是否允许提交展示物的一方向陪审团展示或者宣读展示物属于法官自由裁量权的范围。一般来说,如果向陪审团展示或者宣读展示物是一项可行的做法,法官都不会拒绝律师的请求。但是,如果展示物是一份长达几页乃至几十页的文件,法官就可能会告诉律师,请他继续自己的询问,陪审团将会在休息时间或者更为方便的时间里看到展示物的内容。

第十步:向陪审团展示或者宣读展示物。在获得法官准许后,律师可以向陪审团展示或者宣读展示物。如果展示物是有形物体就需要向陪审团展示该有形物体,即将展示物递交给第一名陪审团成员,由其看完后传递给第二名陪审团成员,以此类推,最终所有陪审团成员都看完展示物后,将其取回,递交给法庭书记员。如果展示物属于文书类物品,则律师既可以如有形物体一般将其展示给陪审团,也可以以宣读文书内容的方式,让陪审团知悉展示物的内容。不过,如果文件复杂冗长,向陪审团宣读文件并非明智之举,更好的做法是向陪审团宣读文件中的重要部分,而令其在休息时自行阅读整个文件。

以上是为展示物奠定基础的最为完整的程序,在司法实践当中,各个司法管辖区的要求和做法不一,大多数司法管辖区并未要求为展示物奠定基础要进行如此完整的程序。因而在司法实践中,控、辩双方需要根据具体司法管辖区的要求进行操作，如果相对方在奠定展示物基础时，没有遵循特定的程序要求，那么及时的异议是应当被提出的。

三、违反最佳证据规则或者原始证据规则

在美国的证据法中实际上并不存在所谓的"最佳证据规则"。早在 18 世纪和 19 世纪早期，有一些美国和英国的评论员主张"英美证据法中包含着一般意义上的最佳证据概念，并且只能以最佳证据来定案"。[1]到 19 世纪末期，这种观点遭到了抵制，正如麦考米克所言："虽然有些现代的观点仍然谈到最佳证据的概念，就像它是当今一项具有普遍性的支配性法律原则一样，但是，事实上更多的人接受了现代教科书作者提出的观点，即并不存在这样一项普遍的原则。今天最佳证据这一用语仅能表明的、事实上的规则是：需要出示原始的文书。即在证明一项文书内容的过程中，如果其内容是重要的，除非可以证明存在非因提出人的重大过失造成的不能提出原始文书之外的其他原因，否则必须提出原始文书。"[2] 因而当代许多人也将这一证据规则称为原始证据规则。

原始证据规则仅仅适用于书写品、录制品或者影像，而不适用于其他的实物证据。刑事诉讼中的一方可以传唤证人就一把椅子、一台电视或者一条狗作证，而不受原始证据规则的限制。《联邦证据规则》第 1001 条对书写品、录制品、影像、原件、复制件等概念作出了明确的定义。规定："书写品是指以任何形式记下的字母、文字、数字或其同等物；录制品是指以任何方式录制的字母、文字、数字或其同等物；影像是指以任何形式存储的摄影图像或其同等物；书写品或者录制品的原件是指该书写品或者录制品本身，或者其签发者或者发行者旨在使其具有同等效力的任何对等物。对于电子形式存储的信息而言，原件是指准确反映该信息的任何打印输出或者其他具有可视性的输出。影像的原件是指负片或者由此冲洗出来的胶片。副本是指通过准确复制原件的机械、影像、化学、电子或者其他适当的过程或者技术制作的对等物。"[3]

1986 年的 Seiler 一案中，美国联邦法院阐释了使用原始证据规则的合理

---

① Blackstone, commentaries, 368, quoted in Thayer, Preliminary Treaties on Evidence at the Common Law 489,1898.

② ［美］约翰·W. 斯特龙主编：《麦考米克论证据》，汤维建等译，中国政法大学出版社 2004 年版，第 464 页。

③ Federal Rules of Evidence.

性基础。"原始证据规则的合理性基础已经从避免欺诈扩展到对书写品在法律中占据着重要地位的认识上了。当书写品内容成为案件争议点时，针对书写内容的口头证据发生错误的可能性远远大于针对其他事项的口头证据。人类的记忆不能做到明确回顾书写的精确内容，但是当书写品记录的内容成为案件争议焦点时，只有真实的书写品本身可以提供具有可靠性的证据。"① 为此，《联邦证据规则》第 1002 条规定："为证明书写品、录制品或者影像的内容，应当提供其原件，本证据规则或者联邦制定法另有规定者除外。"② 然而，原始证据规则并不会因为有原始证据证明待证案件事实或者争议而排斥证人以提供证言的方式证明该事实或者争议的做法。③

此外，《联邦证据规则》第 1003 条设立了原始证据规则的一项例外，即"副本与原件具有同等程度的可采性，除非使用该副本对原件的真实性产生了真诚的怀疑或者采纳副本替代原件会导致不公平"。④ 根据咨询委员会的意见，"法院在确定使用该副本对原件的真实性是否产生了真诚的怀疑时，享有自由裁量权。如果仅仅是原件的一部分被复制，而其他部分为交叉询问所需要时，或者其他部分可能披露对已经向法庭提出的部分信息形成限定的事实时，采纳副本替代原件会导致不公平"。⑤

除了副本例外规定之外，《联邦证据规则》第 1004 条还设立了另外几项原始证据规则的例外。根据第 1004 条的规定："符合以下四种情况之一的，有关的书写品、录制品或者影像内容的其他证据具有可采性，而不要求必须出示原件：（a）所有原件已经丢失或者被损毁，并且这并不是证据提出者恶意丢弃或者损毁的；（b）通过可资利用的司法程序不能得到任何原件；（c）当原件处于提供该原件所要反对的当事人的控制之下，该当事人已经通过诉状或者其他方式得到通知，明知该原件在审判或者听审过程中将成为证明对象，但是该当事人未能在审判或者听审中提供该原件；（d）书写品、录制品或者影像与关键问题没有密切联系。"⑥

在刑事诉讼庭审程序中，如果提出证据的一方以书写品、录制品或者影像作为展示物时，除了法定例外情况，提出证据的一方必须出示原始证据，

---

① Seiler v. Lucasfilm, Ltd., 808 F.2d 1316, 1319, 9th Cir. 1986.

② Federal Rules of Evidence.

③ U.S. v. Branham, 97 F.3d 835, 6th Cir. 1996.

④ Federal Rules of Evidence.

⑤ Federal Rule Evidence 1003 advisory committee's note.

⑥ Federal Rules of Evidence.

否则相对方就可以原始证据规则为据，针对书写品、录制品或者影像提出异议。

四、展示物未成为证据却被宣读或者展示

展示物要成为证据必须经过法定程序由提出展示物的一方为该展示物奠定基础，当展示物被认定为具有可采性的证据之后，该展示物才能出现在事实裁判者的面前。据此可知，在展示物没有被认定为证据之前，事实裁判者是不应该看到或者听到展示物所包含的内容的。在司法实践中经常出现的一个问题是，在提出展示物的一方为展示物奠定基础时，证人就已经开始描述或者宣读展示物中的内容了，这时该展示物还没有被认定为是具有可采性的证据。例如：当提出展示物的一方将展示物交给证人之后，询问证人："你手上拿的是什么？"证人回答说："这是我写给史密斯先生的一封信，我想告诉他……"显然，这就是不适当的询问和回答，因为这项展示物还没有被采纳为证据，因而其内容的可采性处于不确定的状态下，这样的内容是不应当出现在事实裁判者面前的，如果庭审中发生类似情况，相对方的律师就应当以展示物未成为证据而被宣读或者展示为由及时提出异议，以避免事实裁判者受到未经认定为证据的展示物内容的影响。如果事实裁判者已经听到展示物的内容，法官通常会指示他们忽略听到的关于展示物内容的信息。

第三节　专家证人的质证规则

在刑事诉讼程序中设定各种证据规则的目的在于将现实生活呈现在法庭之上，由法官或者陪审团依据具有可靠性的事实裁断是非，定纷止争。在刑事诉讼庭审过程中，陪审团和审判法官以其个人知识和常识判断证据；证人则将其特有的认知作为证据提供给法庭。通常意义上的证人是对案件事实有亲身感知的人，所谓证人特有的认知就是该证人在案发时亲眼看到、亲耳听到的事实。因而在考察证人的可信性时，法律倾向于考察证人的动机、证人是否存在利益、偏见，证人所作之证言是否基于亲身感知，其感知能力如何等。然而，随着时代的进步，我们的社会生活逐渐变得复杂而具有科技含量，对于许多事物的认知，我们开始更多地依赖有专业知识的人的解释和指导。这一点在刑事诉讼法庭上也不例外，"从指纹比对、脚印比对到 DNA 分析、血液检测等等，专家证人开始越来越多、越来越频繁地出现在刑事诉讼庭审

中，并且日渐发挥着重要的作用"。①

具体的专家证言可采性规则规定于美国《联邦证据规则》第 7 章第 702-705 条中，对于专家证言的异议，法官要根据《联邦证据规则》第 104 条（a）款的授权加以判断。

一、专家证人资格

《联邦证据规则》第 602 条规定："只有在提出的证据足以支持认定证人就案件争议事项有亲身知识的情况下，证人才可以就该事项作证……本条规则不适用于专家证人根据规则第 703 条所作出的证言。"② 据此可知，专家证人是这项证人资格规则的例外，不过，要成为专家证人还需要满足专家证人的基础性要求，即该证人必须是具有专家资格的证人。

根据《联邦证据规则》第 702 条的规定："在下列情况下，因知识、技能、经验、训练或者教育而具备专家资格的证人，可以以意见或者其他的形式作证：（a）专家的科学、技术或者其他专门知识将会帮助事实裁判者理解证据或者确定争议事实；（b）证言基于足够的事实或者数据；（c）证言是可靠的原理和方法的产物，并且该专家将这些原理和方法可靠地适用于案件的事实。"③

据一位有审判法官经历的证据学教师所言："申请法官同意将专家意见在法庭展示的尝试几乎是不可能会失败的。"④不过，这位教师的说法还是有些夸张的。实际上，在司法实践中，确实存在一些因为提供了不适格专家证人而被法官拒绝采纳的专家证言。这样的情况虽然不是非常普遍，但也并非不存在。毕竟专家的适格性是专家提供专家意见的基础，不过"只要专家拥有相关学科的博士学位，并在对其所证明事项的领域具有最低限度的资格，法院通常都会允许该专家向事实裁判者提供专家意见"。⑤

专家证人在刑事诉讼法庭上所起到的作用不同于普通证人，专家证人能够对事实裁判者接受其专家意见起到潜在地促进作用。面对专家证言，事实裁判者会认为应当相信专家所言，这种信任并不是基于专家所言有理或者可

---

① Samuel R. Gross & Kent D. Syverud, Don't Try: Civil Jury Verdicts in a System Geared to Settlement, 44 UCLA L.Rev. 1, 31-32,1996.

② Federal Rules of Evidence.

③ Federal Rules of Evidence.

④ Irving Younger, Expert Witnesses, 48 Ins. Couns. J. 267, 274, 1981.

⑤ Carroll v. Morgan, 17 F.3d 787,790, 5th Cir. 1994.

信，而更多的是因为作证的人是具有专家身份的人。这样一来，品格证据就在事实上对专家证人证言产生了作用。因而，提出专家证人的一方会非常积极地向事实裁判者展示专家证人的可信性。但是，根据《联邦证据规则》第608条的规定，"只有在证人的诚实品性受到攻击后，传唤证人的一方才能使用声望或意见证据证明证人的诚实品性"。① 不过，专家证人资格并不受《联邦证据规则》第608条的约束，只要涉及专家证人资格的证据都可以在该专家的可信性受到攻击前，出示证据支持该专家的证人资格。毕竟如果这是一位非常优秀的专家证人，法官或者陪审团应当有权利听到关于他的一切优秀的专业性事项表述。

能够用来证明证人具有专家证人资格的证据可以是非常细碎的证据。专家证人可能会被问及曾在哪所高校就读、就读专业是什么、修读了哪些课程、获得过哪些学术荣誉、得到过哪些职业资格证书、发表过哪些学术专著、是否从事过与当前争议案件具有关联性的学术研究等方方面面的问题。相应地，质证的一方也可以通过交叉询问的方式质疑专家证人的资质。不过这样的质证发生在审判前程序——在法官决定是否准许专家证人出庭作证的程序中。但是专家证人的资格门槛并不高，因而交叉询问在这里发挥的作用是具有局限性的。律师在交叉询问中通常会问一些使专家证人感到尴尬或窘迫的问题，但是，从司法实践来看，通常律师很难在庭审前说服法官排除一位专家证人。

二、专家证言的基础

专家证人与普通证人不同，普通证人以其亲身感知出庭作证，而专家证人为了形成其专家证言，需要借助于两种类型的二手信息。"其一，专家证人需要借助其所学的专业知识。专家自身的专业知识大多数都来源于其他专家、学者或者专著、论文，有些时候，在一些特殊的案件中，专家为了更为确切地提出自己的意见，还需要再去翻阅典籍，进一步了解相关的专业知识。由此可知，专家证人的专业知识实际上是一种二手信息。其二，专家证人需要借助其他人对于人、事、物的观察。专家证人利用这类二手信息曾经是极具争议性的。传统上普通法允许专家证人基于自己的观察而得出专家意见；也可以基于诉讼记录中所记载的事实而得出专家意见。"② 这样做是为了避免

---

① Federal Rules of Evidence.

② See Edward J. Imwinkelried, The Bases of Expert Testimony: The Syllogistic Structure of Scientific Testimony, 67 N.C.L. Rev. 1, 1988.

专家证人基于未在法庭上展示的证据而得出自己的专家意见。尽管这种限制性的做法有逻辑合理性，但是却逐渐遭到了越来越多的批评，批评者认为专家意见是建立在大量二手信息基础之上的，并没有可靠性的保障。因而当代许多成文的证据规则都彻底摒弃了这种限制专家意见证言的做法。

《联邦证据规则》第703条规定："专家意见所依据的事实或者数据可以是该专家意识到或者亲身观察到的案件中的事实或者数据。如果特定领域的专家就某事项形成意见时将合理依赖那类事实或者数据，则该事实或者数据不需要具有可采性以使该意见被采纳。"

据此可知，专家证言的基础可以分为三类：第一类是专家证人在刑事诉讼庭审之前，通过自身的观察和学习而获得的事实或者数据；第二类是专家证人在刑事诉讼庭审之中，观察到的事实或者数据；第三类是特定领域的专家所合理依赖的事实或者数据。对于第三类基础，特定领域的专家所合理依据的事实或者数据不需要以具有可采性为前提，而使得依据其作出的专家证言具有可采性，但是必须确认专家对上述事实或者数据的依赖是合理的，对此提出证据的一方必须证明这种类型的事实或者数据是该领域的专家通常所依赖的事实或者数据，而且这些事实或者数据具有非常充分的可靠性保障。

此外，《联邦证据规则》第703条最后一句表述为："如果事实或者数据本来不可采，只有在法院确定其在帮助陪审团评价意见方面的证明价值严重超过其损害效果的情况下，意见提出者才可以将其披露给陪审团。"① 作此规定的目的在于避免提出专家证言的一方为了阐明专家意见的依据而将本来不具有可采性的事实或者数据在事实裁判者面前展示，不过，如果相对方在交叉询问中使用这类不具有可采性的事实或者数据来攻击专家证人的证言，那么提出专家证人证言的一方就不再受此规定的限制了。

三、关于最终争点的意见

专家证人不同于普通证人，因而针对专家证人的限制规则也不同于普通证人。普通证人质证规则是以证人与陪审团的不同职能为基础设计的，因而要求证人以亲身感知作证。但是，专家证人则不同，专家证人并不以亲身感知作证，而是以专业知识作证，专家意见证据的核心问题在于专家意见的本质。

通常事实裁判者需要专家帮助其理解医学、工程学以及科学领域的问题。

---

① Federal Rules of Evidence.

而专家意见就是为了辅助事实裁判者发现其常识之外的案件事实服务的。不过，美国的许多法院都明确表示过："包括专家证人在内，没有任何一名证人，能够给出最终争点的意见证据，因为最终争点是事实裁判者的决定范畴，而非任何证人可及之事。"《联邦证据规则》对此也作出了明文规定："意见并不会仅仅因为包含了最终争点而遭到异议。但是，在刑事案件中，专家证人不得就被告人是否具有构成被指控犯罪的要素或者是否构成辩护理由中的精神状态或者状况陈述意见。这些事项仅仅由事实裁判者认定。"① 这一规定来源于 John Hinckley 一案。1982 年，被告人 John Hinckley 行刺里根总统，但是辩护律师以被告人 John 精神失常为由进行辩护，使 John 最终被判无罪。从此之后，司法实践中出现了大量的以精神失常为由的辩护，对此种做法的批评和争论也愈演愈烈，因而，国会通过立法明确规定了精神失常的定义及证明责任。而《联邦证据规则》第 704 条（b）款也就是国会作为 1984 年精神病辩护改革法案的一部分加以规定的。根据第 704 条（b）款的规定："专家证人可以提供证言证明被告人在犯罪时的状况，以及这种状况会在多大程度上影响其行为能力，但是专家证人不能作证说案发时被告人不能辨别是非、不能理解其行为的过错性、没有能力遵守法律规定的行为规范，这些是事实裁判者认定的事项"。② 法律作此规定的意义在于"减少关于最终争点的冲突带给事实裁判者的混乱，防止专家证人超出其能力范围提供证言，影响事实裁判者的决断"。③

由此可知，根据《联邦证据规则》第 704 条（b）款规定："如果专家意见只是陈述了陪审团应当如何认定案件，或者专家意见以具有法律意义的法律术语作表述，那么相对方就应当对这样的专家意见提出异议，而法院也会支持相对方的异议，而将该专家证言排除。"④ 由于这样的专家证言既不符合恰当的专家证言所应包含的内容，也不能帮助事实裁判者发现案件事实，违背了法律设立专家证据的本质，因而不具有可采性。

四、交叉询问专家证人的特殊方式

交叉询问时，询问普通证人的基本方法大部分也适用于专家证人，但是

---

① Federal Rules of Evidence.

② Federal Rules of Evidence.

③ See Ronald J. Allen, Richard B. Kuhns and Eleanor Swift, Evidence : Text, Problems, and Cases, Aspen Publishers, 1997. p.775.

④ Federal Rules of Evidence.

鉴于专家证人的特殊性，交叉询问中还存在一些适用于专家证人的特殊方式。

（一）利用专家证人关于相同主题的不同言论质疑专家证言

专家一般都是在某一学术领域从事专门研究的人，他们通常都会就某一主题或者某些主题发表著作、论文、演讲。由于学术研究的不断发展和进步，专家有可能对某一相同或者相似主题，在不同的案件、学术讨论、学术论文、学术演讲中发表过不同的观点和意见，交叉询问的律师可以利用该专家证人就相同或相似主题发表的不同观点和意见质疑该专家证人提供的证言的可信性。这是针对专家证人进行交叉询问的一种特有方式。

（二）利用学术论文质疑专家证言

交叉询问的一方可以使用与专家证言相关的出版发行的期刊论文、学术著作质疑专家证言。学术论文的可靠性可以通过其他证人的承认、其他专家的证言或者司法认知得以确认。

当学术论文的权威性得到法庭确认之后，交叉询问的律师既可以宣读论文的方式来质疑专家证言，也可以询问证人是否同意该学术论文的观点，如果证人同意，那么询问方就完成了对专家证言的质疑。不过学术论文本身是不能作为认定案件事实的物证使用的。

（三）利用专家证人收费作证质疑专家证言

司法实践中，专家证人通常是付费作证的，特别是有一些专家长期地、反复地受雇于某一个当事人、单位或者组织，而为其提供专家意见，交叉询问时可以利用这一点质疑专家证人是为了迎合付费一方的需要而改变了证言。这种质疑对于专家证人而言是非常严厉的，因为理论上专家证人是利用自己的专业知识帮助事实裁判者发现案件事实的分析人士，并不是诉讼中的一方利益代表者。如果专家证人失去了专业操守而为金钱服务，那么就足以摧毁其证言的可信性。不过，这样做也是有风险的，因为事实裁判者可能会认为如果专家不收取费用就难以提供全面的分析与检测结果。

（四）利用专家证人遗漏了相关事实或者数据质疑专家证言

在刑事诉讼程序中，有一些专家意见是要经过实验、测试才能够得出的，如血液鉴定、DNA测试等。如果专家在实验或测试时遗漏了某些实验程序或者实验数据，那么交叉询问的律师就可以此为据，质疑专家证言的可信性。根据《联邦证据规则》第705条规定："除非法院另有命令，专家可以陈述意见，并说明作出该意见的理由，而不需要首先就所依据的事实或者数据作证。但是，交叉询问中，可以要求专家披露这些事实或者数据。"这就为交叉询问时以专家证人遗漏了相关事实或者数据为理由质疑专家证言提供了法律保障。

由于专家证人是以自身的专业知识帮助事实裁判者认定案件事实的人，鉴于其与普通证人以亲身感知作证存在本质不同，因而在刑事诉讼庭审质证过程中，也就存在一些质疑专家证言的特殊方式。上文中列举的是四种常用的质疑专家证言特殊方式，司法实践中还存在一些其他的质疑专家证人的方式，其规定和做法因司法管辖区的不同而有所差异。

第四章 刑事诉讼法庭质证规则的具体运作

正所谓：徒法不足以自行。若没有相应的操作程序和运作方式作为保障，刑事诉讼法庭质证规则将成为"纸上谈兵"的空想。实际上，美国的刑事诉讼法庭质证规则是建立在一套完整有序的操作程序和运作方式之上的，其内容主要包括有资格援引刑事诉讼法庭质证规则的主体、根据刑事诉讼法庭质证规则提出异议的时间和方式以及运用刑事诉讼法庭质证规则产生的法律后果三个方面的问题。

第一节 运用刑事诉讼法庭质证规则进行质证的主体

刑事诉讼法庭质证规则的具体运作离不开质证主体，质证主体是利用质证规则，在刑事诉讼庭审中进行质证的人。刑事诉讼中的质证是指控、辩双方在庭审中以交叉询问的方式对法庭上的言词证据或者实物证据进行质疑，从这个意义上来讲，参与刑事诉讼庭审程序的控、辩双方都有权通过交叉询问的方式进行质证，都是有权援引刑事诉讼法庭质证规则的主体。

一、控、辩双方在庭审质证中的作用

在美国刑事诉讼庭审中，检察官作为控方，被告人及其辩护律师作为辩方，共同构成了诉讼中的控、辩双方。控、辩双方中的检察官和辩护律师都属于律师行业中的职业者，只不过检察官代表的是国家，作为控诉方参与刑事诉讼程序，而辩护律师代表的是受到刑事追诉的被告人，作为辩护方参与刑事诉讼程序。

在刑事诉讼庭审过程中，控、辩双方都有权利向法庭提出证据。按照提出证据的主体不同，证据可以分为控方证据与辩护方证据两个类别。控方可以交叉询问的方式质疑辩护方提出的证据；同样的，辩护方也可以交叉询问

的方式质疑控方提出的证据。控、辩双方在刑事诉讼庭审质证中具有同等的诉讼地位，享有同样的诉讼权利。

控诉方在刑事诉讼中有两项基本的职责：其一来自于其追诉犯罪的本质属性，在对抗制刑事诉讼中，作为代表国家、代表公众的一方，检控方致力于使被指控者得到法院的有罪判决，以实现其追诉犯罪、维护社会秩序的目的。其二则来自于保护公民权的政府责任。美国的检察机关隶属于政府行政部门，作为代表政府的一方，检控方要保证社会中的每个人都获得公平的对待。具体到刑事诉讼中，检控方就要确保受到刑事指控的人不被剥夺进行公正审判的权利。

控诉方在追诉犯罪和保证被告人获得公正审判的两项职责中谨慎地进行刑事诉讼法活动。为此，一方面在庭审前，控诉方会审慎地审查证据，并向被告人一方进行全面的证据开示，以保证被告人一方能够针对即将到来的法庭审判做好充分的准备，另一方面在法庭审判过程中，控诉方将在庭前证据开示的范围内传唤证人出庭作证，并向法庭出示证据，针对辩护方的质证，有针对性地予以回击。遇到辩护方向法庭出示证据之时，及时、积极地援引刑事诉讼法庭质证规则对该证据进行质疑。

在刑事诉讼庭审中，与控诉方相对的是辩护方。辩护方也是有权援引刑事诉讼法庭质证规则进行庭审质证的一方权利主体，在庭审质证中主要以交叉询问的方式进行一问一答的质证。为了发挥辩护方庭审质证的最大功效，辩护方首先需要通过庭前证据开示，了解证人的作证内容，包括证人证言的内容以及可能由该证人识别并向法庭出示的展示物，并有针对性地做好准备工作。其次，辩护方要仔细审查证人在法庭之外作证而形成的庭前笔录，并寻找庭前笔录与庭审证言中的矛盾之处，以此自相矛盾之处质疑证人的诚实性和可信性。再次，辩护方需要设计一种合理的、具有逻辑性和策略性的顺序，以富有成效地展开交叉询问。最后，辩护方需要通过交叉询问的层层问题设计，达到迫使证人不得不说出对辩护方有利的证言的目的。

二、保证人规则的演变

普通法遵循保证人规则（Voucher Rule），因而禁止当事人弹劾己方传唤出庭的证人。所谓保证人规则就是要求传唤证人出庭的一方要保证该证人的可信性。这一规则的内涵在本质上并没有给弹劾己方证人留下任何余地。保证人规则的理论基础大概有以下几个方面：其一，传唤证人出庭的一方有机会选择有助于己方的证人，因而弹劾己方证人没有必要性；其二，在道义上当事人有义务向法庭提供真实的证据，因而不具有弹劾己方证人的基础；其三，允许弹劾己方证人可能会造成传唤证人一方滥用弹劾证人的权利，而威胁证人作出对其有利的证言，或者使事实裁判者知悉某些不应呈现在其面前的证据。例如，诸如庭前不一致陈述等证据只能用于弹劾目的才能出现在事实裁判者面前。然而"这些关于保证人规则的理论基础都在不同程度上遭到了现实的削弱"。[1]

在美国联邦法院审理的案件，是允许传唤证人出庭的一方当事人弹劾己方证人的。根据《联邦证据规则》第 607 条的规定："任何当事人，包括传唤证人出庭作证的一方当事人，都可以攻击证人的可信性。"[2]也就是说，站在证人席上的证人将会面临着被控、辩双方当事人进行弹劾的可能性。

之所以作此规定是因为当代证据规则认识到一般来说当事人并不能选择他们的证人，他们只能传唤那些恰巧知道一些案情的人作为证人出庭作证，传唤证人出庭的一方并不能对证人在法庭上的陈述负责任，因而也就不应受到该证人的约束，特别是当己方传唤出庭的证人所作证言涉及关键、实质性争议，并且其证言对传唤方十分不利之时，传唤方不应当受到传唤该证人出庭这一行为的约束，而应当允许传唤方对该名证人提出质疑、进行弹劾。但是，弹劾己方证人并不等于交叉询问，一般来说，弹劾己方证人可以主询问的方式进行，但不能使用诱导性询问。"在主询问中使用诱导性询问的情况仅限于敌意证人、对方当事人或者对方认可的证人。"[3]因为这三类证人并不会主动与主询问人配合、合作，因而特许主询问人使用诱导性询问以质疑该证人。

司法实践中，许多州的司法管辖区都对普通法禁止当事人弹劾己方传唤的证人这一规则设立了例外。传唤证人出庭的一方当事人可以用先前矛盾的陈述（Prior Inconsistent Statement）来弹劾该证人。但是作出此项弹劾需要满足两个条件：首先，传唤证人出庭的一方当事人要对证人改变证言感到非常惊讶；其次，该证人提供的证言是确定有害的证言，实际上对传唤一方是不利的。只有同时满足以上两个条件的情况下，法院才会允许传唤证人出庭的一方对该证人的可信性进行弹劾。

综上可知，刑事诉讼庭审程序中的质证主体是参与刑事诉讼庭审程序的

---

① Ronald J. Allen, Richard B. Kuhns and Eleanor Swift, Evidence: Text, Problems, and Cases, Aspen Publishers, 1997. pp.494-495.

② Federal Rules of Evidence.

③ Federal Rules of Evidence 611 (c).

控、辩双方，在美国联邦法院审理的案件中，控、辩双方不仅可以质疑相对方提出的证人，也可以质疑己方证人，不论证人是对方当事人还是己方证人，主询问只能对敌意证人、对方当事人或者对方认可的证人这三类证人进行诱导性询问。

第二节　运用刑事诉讼法庭质证规则进行庭审质证的时间及方式

刑事诉讼法庭质证是发生在刑事诉讼庭审过程中的质证行为，《联邦证据规则》第 103 条对诉讼双方的质证提出了两项基本要求：首先，质证的一方当事人负有及时提出异议或者申请排除证据动议的明确义务。其次，对采纳证据提出异议的一方当事人还需要阐明其提出异议的具体根据，不过如果异议的具体根据在相关情境中是显而易见的则不在此限。这就明确了刑事诉讼庭审质证的时间及方式。

一、质证的时间

《联邦证据规则》的条文只是要求质证的一方应当及时提出异议，而没有对"及时"作出具体的定义，但是通常的做法是当一方当事人知悉或者应当知悉具有排除证据的合理根据时就应当对该证据的可采性提出异议。

在刑事诉讼庭审程序中，一方通常会针对四种情况提出异议：其一是针对证据内容的异议。质证者提出该证据不是具有可采性的证据，适用于针对证据内容的质证规则通常有相关性规则、传闻证据排除规则、不公正的偏见、特权规则、意见规则等。其二是针对证据基础的异议。提出这类证据异议的理由在于该证据缺乏相应的证据基础，如缺乏授权的展示物、不具有专家资格的专家证人、缺乏使证据与待证案件事实具有相关性的基础性事实等。其三是针对询问形式的异议。这类异议是指即便证人证言有可能是具有可采性的证据，但对方律师询问证人的方式不正确。针对询问形式的异议主要是对方律师在主询问中使用诱导性询问，此外还包括对方律师进行叙述性询问、复合性询问或者含糊不清的询问等。其四是针对时间和后果的异议。有时候证据唯一的错误仅仅是在错误的时间出现在法庭上。例如，答非所问的回答或者是证人自愿的回答，因其并非是由一个适当的询问引出的回答，故而足以引发相对方律师提出异议；交叉询问的范围超出主询问的范围同样是能够引起对方律师异议的情况，因为交叉询问并不能开启一个新的争议问题；重复性证据是能够引发对方律师提出异议的另一项证据，因为这类证据是与先前证据相似的证明同一争议问题的重复性证据；同样的，如果一个问题已经被问及并有相应的回答，在主询问中就不应当再重复询问，否则亦会引发相对方的异议。

以上这四种类型的异议中针对证据内容的异议是最重要的异议，这类异议涉及的质证规则最为繁杂，也是在刑事诉讼庭审中最常使用的，还经常出现在刑事上诉理由中；此外，针对证据基础的异议有时候也会成为上诉的理由之一，但是与针对证据内容的异议相比，法官对于针对证据基础的异议拥有更为广泛的自由裁量权。考虑到提出异议的"及时性"，如果是针对证据内容的异议，提出异议的一方应当在知悉证据内容时立即提出异议；如果是针对（展示物）证据基础的异议，提出异议的一方应当在展示物提出时，在法官裁定展示物成为证据之前提出异议；如果是针对询问形式的异议，提出异议的一方应当在问题提出后，证人回答前提出异议；如果是针对时间和后果的异议，提出异议的一方应当在证人回答时立即提出异议，并针对证人的回答提出排除此证言的动议，如果提出异议的一方并没有附随提出排除证言的动议，那么证人的这一错误将被豁免。

二、质证的方式

在刑事诉讼庭审程序中一方针对证据提出异议的理由有许多种，但是提出异议的方式通常都是一样的，律师需要起立并说出："法官大人，我反对。该证据因违反……规则而不具有可采性"。文中省略号所在的位置代替的是质证方提出异议所依据的理由。也就是说质证的一方通常还必须要对其质证理由作出明确的阐释，指出该证据违反了哪一个或哪几个法庭质证规则，除非提出异议的理由在当时的情境中是显而易见、不言自明的。《联邦证据规则》第103条并不鼓励质证时控、辩双方使用不附带任何理由而仅仅声称反对的笼统异议（General Objections）。有一些法院认为只有涉及相关性时才能提出笼统异议；还有一些法院不接受笼统异议，要求针对证据提出异议的一方必须附带法律依据而提出其异议。如果刑事诉讼的一方提出的笼统异议得到审判法官的支持，那么在上诉审中任何适当的异议理由都会成为上诉法院维持初审法官裁决的基础。对此，如果初审法官基于诉讼中一方提出的笼统异议而排除了一项证据，那么提出该证据的相对方律师应当请求法官命令异议方陈述其提出异议的理由，这样提出证据的一方才能有的放矢地展开辩论，以利于法官裁定证据的可采性。另外，"刑事诉讼中的一方针对证据提出异议时，还应当阐明其主张排除证据的哪一部分，因为质证的一方是有责任将好坏不同的证据加以区分，并分别作出处理的"。①此外，提出异议的一方所陈述的异议理由不得包含演讲式的内容、不得争论、不得包含旨在激怒陪审团或者引发不公正偏见的言论。

《联邦证据规则》第 103 条（d）款规定："在可行的范围内，法院在进行陪审团审判时必须防止以任何方式将不可采的证据暗示给陪审团。"② 这一条文明确要求控、辩双方针对证据可采性的争议不应当在陪审团面前展开。对此的通常做法是律师向法官提出近前（Approach）的请求，得到准许后，双方律师走到法官席旁边用陪审团听不到的低声相互辩论，并由法官作出裁决。但是律师不可以滥用近前请求，也不可以因为琐碎的小争议而申请近前。对于上诉失权的担忧是驱动律师在庭审过程中对法官裁定具有可采性的证据继续提出异议的主要动机。但是，律师经常性地要求陪审团退庭或者避开陪审团而进行庭边会议（Sidebar Conferences）具有引起陪审团愤怒的现实危险性。

第三节　运用刑事诉讼法庭质证规则进行质证的法律效力

运用刑事诉讼法庭质证规则进行质证所产生的法律效力主要涉及三个方面的问题：第一，控、辩双方援引质证规则进行质证后，有权决定证据的可采性、可信性的主体是谁，这涉及法官与陪审团在刑事诉讼法庭审判中的角色和分工问题。第二，一旦不具有可采性的证据或者限制可采性的证据已经出现在法庭上，并且已经被事实裁判者所知晓，初审法院如何对提出证据异议的一方提供救济。第三，诉讼中的一方认为初审法院对本方提出的证据可采性异议裁决有误，上诉法院如何对该证据异议提供救济。下文将对以上三个问题分别进行论述。

一、法官与陪审团的分工③

美国的司法审判系统是建立在对抗与分权的基础之上的，所谓对抗指的

---

① 〔美〕约翰·W. 斯特龙主编：《麦考米克论证据》，汤维建等译，中国政法大学出版社 2004 年版，第 113 页。

② Federal Rules of Evidence.

③ See Thomas A. Mauet & Warren D. Wolfson, Trail Evidence 4th edition Chapter 2, Aspen Publisher, 2009.

是众所周知的控辩双方平等武装、公平对抗的诉讼运行模式；所谓分权指的是法官与陪审团之间的权力划分。在对抗制的诉讼模式当中，法官、律师、陪审团的角色、分工各不相同。法官负责裁定证据的可采性、律师负责在法庭上出示证据、而陪审团则最终根据证据对案件事实作出认定。也就是说在美国刑事审判程序中，法官决定律师能够在法庭上向陪审团出示哪些证据（证据的可采性），而陪审团决定律师出示的证据具有何种程度的证明价值（证据的可信性）。

在刑事诉讼庭审中，当一方出示证据或者对证据提出异议时，决定证据是否具有可采性的裁决就会转变成法律解释问题。而对于法律的问题，毫无疑问，只有法官才拥有解释和决定权。法官的这一权力来源于《联邦证据规则》第102条和第611条的授权。

《联邦证据规则》第102条规定："对本证据规则的解释，应当保证在每个程序中实现司法公正、消除不合理的耗费与迟延，促进证据法的发展，实现查明真相与公正裁判的宗旨。"① 这一目的性条款很少被律师引用，但这一条款是法官向具有可靠性、可采性的证据敞开法庭之门的基石，法官对证据可采性的恰当裁量，是保证个案中司法公正、消除不合理的耗费与迟延，促进证据法的发展，实现查明真相与公正裁判这一宗旨的有效方式之一。

《联邦证据规则》第611条规定："（a）法院应当对询问证人和提出证据的方式与顺序予以合理控制，以达到使这些程序能够有效地确定真相；避免浪费时间；保护证人免受骚扰或不当窘困。（b）交叉询问不应当超越直接询问的主题及影响证人可信性的事项范围。法院可以允许向在直接询问中那样对额外事项进行查问。（c）在直接询问中不应使用诱导性询问，除非为展开证人证言所必须。在交叉询问时或者一方传唤敌意证人、对方当事人或者对方当事人认同的证人时，法院通常应当允许使用诱导性询问。"② 据此，法官在庭审质证中有权对庭审进程和方向进行合理的控制，有权对一方当事人针对相对方询问证人的范围和方式的异议、提出证据的方式和顺序的异议等相关问题作出自由裁量。

综上可知，在刑事诉讼庭审质证程序中，法官根据成文法的授权决定证据的可采性问题，而陪审团根据控、辩双方的质证、辩论综合全案，对具有可采性的证据进行评议，决定其证明价值（可信性），最终作出罪与非罪的

---

① Federal Rules of Evidence.

② Federal Rules of Evidence.

裁决。

二、法官指示陪审团限制证据的可采性

在司法实践当中，几乎每一起案件中的陪审员都会听到某些不可采的证据，这种情况有可能是异议方没有来得及提出异议时，证人就已经在陪审团面前作出了陈述，也可能是提出异议的理由只有在证人陈述完毕后才显现出来。当出现这样的情况时，相对方往往会提出排除此项证据的动议，如果法官支持了此项动议，那么他就会依职权或者应申请而指示陪审团忽视他们刚刚听到的相关陈述。《联邦证据规则》第 105 条对此提供了立法支持。

根据《联邦证据规则》第 105 条的规定："如果法院采纳的证据就反对当事人或者某种目的而言具有可采性，而就反对其他当事人或者其他目的而言不具有可采性，则根据及时请求，法院必须将该证据限制在其适当的范围之内，并就此对陪审团作出指示。"①

然而这一做法的实际效果却是饱受争议的。首先，法官指示陪审团忽视或者限制证据的实际效果不可知，因而也难以获得救济。如果陪审团听到了不具有可采性的证据，初审法官指示陪审团忽视该证据，但是对该证据提出异议的一方当事人在初审法院败诉，之后在上诉审中声称初审陪审团听到不具有可采性的证据而形成了不公正的偏见，此时，通常上诉法院会维持初审法院的裁决。因为上诉审法院会作出一种推测，即初审法官对陪审团进行了清楚明确的指示，而陪审团会尽职尽责地接受初审法官的指示。②其次，法院偶尔也会表达对这一做法的冷嘲热讽之意，Learned Hand 法官就曾在指示陪审团的行文中写道"请陪审员做一次精神体操"，③ 他将这一做法称作"法律上的安慰剂"。④最后，司法实践中有经验的辩护律师会认为法官指示陪审团之弊大于其利，法官的指示往往会令陪审团下意识地更加注意到这一证据，如果没有法官的指示，或许这一证据在陪审团脑海中只是一闪而过。

渐渐地，法院也开始意识到在某些情况下指示陪审团并不能对提出异议的一方当事人提供足够的保护。最为引人注意的例子是有两名共同被告人的案件，控诉方要使用不出庭作证的共同被告人中的一名被告人的自白作为证

---

① Federal Rules of Evidence.

② Shotwell Mfg. Co. v. United States, 371 U.S. 341, 367, 1963；Richardson v. Marsh, 481 U.S. 200, 201, 1987.

③ Nash v. United States, 54 F.2d 1006, 1007, 2nd Cir. 1932.

④ United States v. Delli Paoli, 229 F.2d 319, 321 2nd Cir. 1957.

据的情况。根据传闻规则,这一证据不能用来反对共同被告人,但是可以用来弹劾作出陈述的被告人本人。通常情况下,如果证据可以用来反对两名被告人中的一人时,陪审团是能够听到这一证据的,不过法官会指示陪审团不要将这一证据用于确定同案中的另一名被告人有罪,初审法院的这种做法将满足上诉法院维持判决的要求。但是,联邦高级法院在 Bruton 一案中以判例法的形式明确提出,"如果同案被告人的自白证据牵涉到同案中的另一被告人,而该自白证据对此被告人的定罪不具有可采性的,初审法院指示陪审团不得以此自白证据认定同案另一被告人有罪的做法不足以全面保护同案另一被告人的宪法性权利"。①

三、以证据异议为基础的上诉权

如果在刑事诉讼庭庭审中,诉讼一方针对另一方出示的证据提出异议,但是未得到初审法官的支持,提出异议的一方有权在上诉中基于此异议权要求上诉法院重新审查。

(一)显而易见的错误(Plain Error)

对于显而易见的错误,"如果被告人没有及时地向初审法院提出异议、主张权利,那么权利人就丧失以此异议为基础而要求上诉法院进行审查的权利。"②这一主张旨在敦促被告人在初审法院提出相应的异议,而将初审裁决错误的概率降低,提高诉讼效率。然而,联邦法院逐渐意识到"失权"有可能会令被告人遭受到不公正的结果,因而《联邦刑事诉讼规则》第 52 条(b)款规定:"即使被告人没有向法庭提出申请,法庭也可以对影响到被告人重要权利的显而易见的错误进行审查。"③ 以此纠正明显的不符合司法正义的判决结果。

(二)无害错误(Harmless Error)

在美国上诉审查中,无害错误条款的运用十分普遍,上诉法院要综合全案考虑并确定错误对陪审团裁决产生的影响力,判断错误是否对判决结果具有实质性的影响,如果有,则撤销原判决;如果没有,则这一错误属于无害错误,原判决会得以维持。无害错误的理论基础在于,首先,无害错误条款旨在实现总体公正而非纠正个人错误。只有错误的证据对陪审团的裁决产生

---

① Bruton v. United States, 391 U.S. 123, 135,136, 1968.
② United States v. Olano, 507 U.S. 731, 1993.
③ Federl Rules of Criminal Procedure.

了实质性影响才能构成撤销原判的理由，无害错误条款传递给败诉方的信息是，"如果他们已经有机会将案件的核心证据出示给事实裁判者，无害错误并不会对其出示的证据造成多大的偏见，因而败诉方不应以此为由主张重新审查案件"。① 其次，无害错误条款维护了上诉审判决解释证据规则的功能。无害错误条款旨在敦促上诉审法院从总体上把握每一个案件的公正性，上诉法院关于个案证据的裁决通常不能向其他法院解释什么是可撤销的错误，也就难以发挥对下级法院的指导作用。

综上所述，即便在初审法院质证程序中，刑事诉讼的一方针对另一方出示的证据提出异议，但该异议并未得到初审法官的支持，这一提出异议的法律行为仍然是具有法律意义的，提出异议的一方有机会以此异议为基础而要求上诉法院对初审判决进行审查。而基于上诉审查的考量，律师具有在庭审过程中对法官裁定具有可采性的证据继续提出异议的动机。

---

① Thomas Mengler, The Theory of Discretion in the Federal Rules of Evidence, 74 Iowa L. Rev. 413, 1989.

第五章　我国刑事诉讼法庭调查及质证规则的历史与现状

本章将以历史发展为脉络，研究我国刑事诉讼法庭调查及法庭质证规则。在我国刑事诉讼的发展史上，现代意义上的法庭质证规则起源于清末修律，在此之前，我国古代和封建王朝的刑事诉讼审判程序中，并不存在控、辩双方质证，更没有对此进行规范的法庭质证规则。法庭调查依靠的是审判官吏的智慧、经验和技巧。清政府灭亡后，中国社会几经动荡，直到 1949 年新中国成立，社会才日趋稳定。新中国的法治发展虽经历了一些波折，但最终还是向着科学、民主、文明、法治日渐迈进，刑事诉讼法庭质证规则也在法治发展进步的潮流中日渐生根。

第一节　我国刑事诉讼中法庭调查的历史沿革

顾盼历史，从历史的角度审视，我国历史上并没有现代意义上的法庭质证规则，刑事法庭上以职权主义性质的法庭调查为主要内容，而刑事诉讼法庭质证的规则在我国也并未如同美国一般形成一个清晰的体系。回顾我国几千年的刑事司法史，刑事诉讼庭审讯问或调查方式的脉络似乎更为清晰。实际上，任何制度、规则的形成和构建都是与一定的社会制度和历史文化背景休戚相关的，欲构建我国当今刑事诉讼法庭质证规则的体系，不可不顾虑我国千年间形成的刑事诉讼历史与文化。

一、我国古代刑事诉讼中的法庭调查

秦始皇统一六国之前的夏、商、周三代是我国历史上形成统一王朝的奴隶制社会时期，《尚书》是流传最为久远的一部关于奴隶社会的历史文献汇编，其中《吕刑》的内容较为集中地体现了西周时期的司法理念，其设定的司法制度也为后世封建社会的统治者和士大夫视为经典，在一定程度上影响

着封建社会司法制度的构建。具体而言：

第一，我国古代的刑事诉讼审判实行纠问制，由审判官审理案件、判断是非曲直。《吕刑》有云"两造具备，师听五辞。"《孔疏》曰："两，谓两人，谓囚与证也。凡竞狱必有两人为敌，各言有辞理，或时两皆须证，则囚之与证非徒两人而已……两人竞理，或并皆为囚各自须证，故以两为囚与证也。两造具备，谓囚、证具足，各得其辞，乃据辞定罪，与众狱官共听其辞，观其犯状斟酌入罪。"① 在刑事诉讼庭审过程中，由审判官吏以观察当事人心理活动的方式查明证据的虚实和案情的真伪，实行"五声听讼狱，察民情"。《周礼·秋官·小司寇》记载着："以五声听讼狱求民情，一曰辞听，二曰色听，三曰气听，四曰耳听，五曰目听。"意思是由审判官吏观察当事人的言语、表情、说话气息、听觉以及眼神，由此来判断当事人是否在说谎。

第二，由审判官吏讯问当事人，对矛盾之处予以诘问。在刑事诉讼庭审过程中，审判官吏主导和推进刑事诉讼，由其对涉案被告人、证人、被害人进行讯问，根据当事人陈述的矛盾之处进行诘问。《吕刑》有"查辞于差，非从惟从"的记载。苏轼曾对"查辞于差，非从惟从"的意义作出过较为精准的解释，其曾有言曰："事之真者，不谋而同，从其差者而诘之，多得其情"。② "囹圄之中，何求而不得，固有畏吏甚者宁死而不辞，故囚之言惟吏是从者，皆非其实也，不可用也。"③ 也就是说审理案件的官吏不应唯口供而定案，而是要透过口供追寻案件的事实真相。事实真相往往不需要做事先商量就能被众口一致地陈述出来，如果有陈述不一致的地方，就将这个地方作为突破口予以质询，一般就能够得知案件的事实真相了。

第三，刑事诉讼中，刑讯是法定的证据调查方法。早在周朝就已经有关于刑事诉讼刑讯的记载，到唐朝时期，法律对刑讯就做出了较为完备的规定。首先，刑讯以是非不明为大前提。《唐律疏议》有云："察狱之官，先备五听，又验诸证信，事状疑似，犹不首实者，然后拷掠。故拷囚之义，先察其情，审其辞理，反覆案状，参验是非。犹未能决，谓事不明辨，未能断决，事须讯问者，立案，取见在长官同判，然后拷讯。若充使推勘及无官同判者，得自别拷。"④ 其次，法律对刑讯的次数、刑讯的时间间隔、所用刑具的尺寸以及刑讯所及之人体部位皆有明文规定。据《唐律疏议·断狱》所载"诸拷

---

① 《四库全书·经部》，台湾商务印书馆 1986 年版，第 426 页。
② 《四库全书·经部》，台湾商务印书馆 1986 年版，第 659 页。
③ 《四库全书·经部》，台湾商务印书馆 1986 年版，第 659 页。
④ 《唐律疏议》。

囚不得过三度,数总不得过二百。拷囚,每讯相去二十日。若讯未毕,更移他司,仍须拷鞠,计通计前讯以充三度。凡杖,皆长三尺五寸,削去节目。讯杖,大头径三分二厘,小头二分二厘。杖打部位为背、腿、臀分受。"① 最后,法律还明确了不应受刑讯的人。据《唐律》规定:"诸应议、请、减,若年七十岁以上,十五以下,及废疾者,并不合拷讯,借据众证定罪。"② 也就是说,根据唐代的法律,刑事诉讼中审判官吏不得刑讯享有"议"、"请"、"减"的贵族、官吏及其亲属,不得刑讯 70 岁以上的老人、15 岁以下的小孩,不得刑讯残疾人,遇有以上情形时,以众证定罪。

综上可知,在我国古代的刑事审判法庭中,法庭调查由审判官吏主导,以"五听"为判断证据真实与否的依据。在罪从供定的司法实践中,刑讯被合法化、制度化,被告人的口供逐渐演变成"证据之王",法庭刑讯司空见惯、不足为奇,不仅适用于被告人,还适用于证人。

虽然,我国古代的刑事诉讼曾有能言善辩之士,如邓析、公孙龙等出席法庭,代理当事人进行诉讼的做法,但是儒家、道家两派却不约而同地对其表示出厌恶之情,视其为只见逻辑而不论是非的害群之马;尽管自宋代以来,许多讼师出现在刑事司法中,然而其作用却不同于当代的律师,讼师的工作只限于法庭之外,而无法代表两造当事人出席法庭,因而当事人之间具体的争议和诉求并不能上升为一种不同的法律理由之间的探讨。实际上,"我国古代的刑事审判程序中并不存在现代意义上的律师参与诉讼,因而我国古代诉讼制度也并未向西方那般发展出由律师参与刑事诉讼程序而推动相关证据规则乃至质证规则产生和发展的历史"。③

二、清末、民国时期刑事诉讼中的法庭调查

1804 年的鸦片战争,西方列强以炮火炸开了中国的国门,在客观上促进了中国古代法律的改良和变革。"1902 年清政府下诏开始修律,并以沈家本、伍廷芳为修律大臣,到 1906 年,沈家本编成了《大清刑事、民事诉讼法草案》,《草案》中规定了公开审判制度、陪审制度和律师制度,是中国第一部

---

① 《唐律疏议》。

② 《唐律疏议》。

③ 参见贺卫方:《中国的古典司法传统》,载陈金全、汪世荣主编:《中国传统司法与司法传统》,陕西师范大学出版社 2009 年版。

具有现代精神的诉讼法草案。"① 沈家本曾奏请清政府分别制定刑事诉讼法与民事诉讼法，"查中国诉讼断狱，附见刑律，沿用唐明旧制，用意重在简括，揆诸今日情形，亟应扩充，以期详备。泰西各国诉讼之法，均系另辑专书，复析为二刑事、民事二项"。② 此后的 1909 年，沈家本便得到清政府的准许开始主持编纂《大清刑事诉讼律》，1910 年告罄，然而未及颁行，清政府便灭亡了。不过沈家本曾在《刑事诉讼律草案告成装册》中阐释过其对于刑事诉讼立法精神和立法内容的见解，对后世了解当时立法不无裨益："查诸律中，以刑事诉讼律尤为切要。……盖刑律为体，而诉讼为用，二者相为维系，故不容偏废也。……谨将修订大旨为我皇上缕晰陈之。一曰诉讼用告劾程式。告劾式者，以当事人为诉讼主体，凡诉追由当事人行之，所谓不告不理是也。二曰检察提起公诉。公诉即实行刑罚权，以维持国家之公安者也，非如私诉之仅为私人而设。故提起之权应专属于代表国家之检察官。三曰摘发真实。其主义有三：一为自由心证。一为直接审理。一为言辞辩论。四曰原被待遇同等。同等云者，非地位相同，指诉讼中关于攻击防御俾以同等便利而言。五曰审判公开。此本为宪政国之第一要件。盖公开法庭，许无关系之人旁听，具瞻所在，直道自彰，并可杜吏员营私执法诸弊。六曰当事人无处分权。各国立法例除亲告罪外，不准检察官任便舍弃起诉权，不许犯人与原告擅行私和，并在诉讼中撤回公诉。七曰用干涉主义。至刑事诉讼，当事人无处分权，审判官因断定其罪之有无，应干涉调查一切必要事宜，而不为当事人之辩论所拘束。"③ 由上可知，《大清刑事诉讼律》变封建社会纠问制审判为告劾式，废除了刑讯的合法性，赋予当事人诉讼主体地位，促进了刑事诉讼对抗式质证模式的形成，在法庭调查程序中以审判公开、直接言词、控辩平等、自由心证等为审理原则，尽管未及颁行实施，但其积极意义仍然不容忽视。

清末以后到新中国成立之前，中国社会几经动荡。首先是 1912 年的南京临时政府。在结束了两千多年的封建统治后，成立了以孙中山为首的南京临时政府，公布了《中华民国临时约法》，不过南京临时政府仅存在了 3 个月的时间。此后，由袁世凯为首的北洋政府接任。北洋政府将前清沈家本制定

---

① 陈光中主编：《刑事诉讼法》（第五版），北京大学出版社、高等教育出版社 2013 年版，第48 页。

② 沈家本：《修订法律大臣沈家本等奏进呈诉讼法拟请现行试办掲》，转引自陈光中主编：《刑事诉讼法》（第五版），北京大学出版社、高等教育出版社 2013 年版，第 48 页。

③ 沈家本等：《刑事诉讼律草案告成装册》，转引自汪海燕：《刑事诉讼模式的演进》，中国人民公安大学出版社 2004 年版，第 395-396 页。

的《大清刑事诉讼律》修订为北洋政府《刑事诉讼条例》，于 1922 年 1 月全面颁行。据此条例，北洋政府的刑事诉讼法庭调查以裁判者为主导而进行。根据《刑事诉讼条例》第二编第一章第四节关于审判的规定，"刑事诉讼庭审从书记官朗读案由开始，由审判长讯问被告人核对其身份，此后由检察官陈述案件之要旨，随后仍由审判长讯问被告人是否认罪、是否有辩解，整个法庭审理程序由审判长主导，调查证据，查明案件事实。对于证人、鉴定人的诘问应依次由审判长、申请传唤之当事人、他造之当事人进行。当两造当事人的诘问有不当之处时，审判长有权禁止其诘问"。① 1927 年国民政府定都南京，在汲取北洋政府《刑事诉讼条例》和德国法的基础上，1928 年南京国民政府颁行了我国历史上第一部以"刑事诉讼法"命名的刑事诉讼法典。1928 年《刑事诉讼法》将北洋政府的诉讼条例作了篇章结构方面的调整，并吸取了德国法的有益部分，规定了弹劾、不告不理、审判公开、直接言词、无罪推定、自由心证等原则，将当事人定位为诉讼主体，实行控审分离、控辩平等，检察官独立行使公诉权，法官独立行使审判权，被告人享有辩护权。从总体来看，南京国民政府时期的刑事庭审程序是在沈家本的大清律以及德国的法律制度基础上形成的，其法律形式、内容和立法技术是吸收了先进的法学理念并以大陆法系为蓝本的，是符合当时历史的发展方向的。不过，南京国民政府时期的《刑事诉讼法》规定的法庭审判程序是以职权主义为特征的审问模式，从而并没有形成任何英美法系中存在的法庭庭审质证规则。此后，国民政府为了配合 1933 年刑法的修改，于 1935 年通过了修改后的《刑事诉讼法》，该法案是为了保持刑事实体法与刑事程序法的统一而对 1928 年《刑事诉讼法》作出的修改，是我国台湾地区现行刑事诉讼法律的前身，主要是采纳了三级三审制、扩大了自诉案件的范围，并力求程序简便，减少诉累。然而关于刑事诉讼庭审质证规则的内容却与 1928 年《刑事诉讼法》如出一辙，并未有所涉及。

三、新中国刑事诉讼中的法庭调查

自 1949 年新中国成立至今，我国刑事诉讼庭审经历了 1979 年以前没有成文刑诉法典的阶段、1979 年《中华人民共和国刑事诉讼法》阶段、1996 年《中华人民共和国刑事诉讼法》阶段以及 2012 年《中华人民共和国刑事

---

① 参见吴宏耀、种松志主编：《中国刑事诉讼法典百年》（上册），中国政法大学出版社 2012 年版，第 309-310 页。

诉讼法》（以下简称《刑事诉讼法》）阶段四个阶段。其中，2012 年《刑事诉讼法》是我国现行立法，其内容将在本章第二节中单独阐述。因而，回溯新中国刑事诉讼中的法庭调查变迁将分为 1979 年之前、1979 年《刑事诉讼法》、1996 年《刑事诉讼法》三个阶段进行。

（一）1979 年以前我国刑事诉讼中的法庭调查①

从新中国成立初期直到 1979 年新中国第一部《刑事诉讼法》公布，我国并没有成文的刑事诉讼法典。关于刑事诉讼的规定散见于 1954 年《宪法》、《中华人民共和国人民检察院组织法》、《中华人民共和国人民法院组织法》、《中华人民共和国逮捕拘留条例》等法律、法规当中。与此同时，刑事诉讼法的起草工作也在进行中。

1956 年 7 月，中央法律委员会责成最高人民法院为立法机关草拟刑事诉讼法提供参考，最高法院便成立了由实务部门的同志和法学研究机构的专家学者共同组成的专门工作委员会，为中央法律委员会提供立法建议，1957 年《中华人民共和国刑事诉讼法草案（草稿）》（以下简称《草稿》）面世。根据该《草稿》的规定，"刑事诉讼庭审阶段的法庭调查由法官主导，在起诉书宣读完毕后，由审判人员讯问被告人，检察人员、民事原告人、辩护人和其他被告人在审判人员讯问后可以向被告人发问。被告人在调查中拒绝陈述或者陈述的内容与侦查中的陈述不一致，审判长可以宣读被告人在侦查中陈述的笔录"。② 针对证人、鉴定人，1957 年《草稿》规定"审判人员有权讯问证人、鉴定人，当事人可以申请审判长对证人、鉴定人发问或者请求许可直接发问，但审判长认为直接发问的内容与案件无关的，应当制止"。③ 对于物证，《草稿》规定"物证应当对被告人提示并命他辨认。案内已经讯问而不能再传唤到庭的证人的证言笔录、鉴定人的鉴定意见书和勘验笔录以及其他可以作为证据的文书都应当向被告人宣读，但是文书的内容涉及公共治安或者他人隐私、名誉、信用等不便公开宣读的，应当交给被告人阅览或者对他指告要点"。④ 此后，在 1957 年《草稿》的基础上，几经讨论，形成了1962 年《中华人民共和国刑事诉讼法草案（初稿）》，有人主张，在法庭调查中如果被告人拒绝陈述或者陈述的内容与侦查中的陈述不一致，除了审判

---

① 参见吴宏耀、种松志主编：《中国刑事诉讼法典百年》（中册），中国政法大学出版社 2012 年版。

② 1957 年《中华人民共和国刑事诉讼法草案》。

③ 1957 年《中华人民共和国刑事诉讼法草案》。

④ 1957 年《中华人民共和国刑事诉讼法草案》。

长可以宣读被告人在侦查中的陈述笔录之外，还应允许出庭支持公诉的检察人员对被告人的陈述据理反驳、提出证据或者询问证人。1963 年 3 月 1 日《中华人民共和国刑事诉讼法草案（第三稿）》形成，但是关于法庭调查的模式和方法较前几稿几乎没有变动。1963 年 3 月 13 日《中华人民共和国刑事诉讼法草案（第四稿）》形成，关于法庭调查阶段的规定，与前稿有所不同的是，第四稿提高了检察人员的地位，规定"在审判庭上宣读起诉书后，审判人员开始审问被告人。出庭支持公诉的检察人员经审判长许可，可以讯问被告人。被害人、附带民事原告人、辩护人和同案其他被告人，在审判人员审问被告人后，必要时，经过审判长许可，可以向被告人发问"。[①] 此外，"审判人员、检察人员询问证人适用本法关于询问证人的规定。当事人可以申请审判长对证人、鉴定人发问或者请求许可直接发问，但是审判长认为直接发问内容与案件无关的，应当制止"。[②] 此后，1963 年 4 月 1 日《中华人民共和国刑事诉讼法草案（第五稿）》、1963 年 4 月 10 日《中华人民共和国刑事诉讼法草案（第六稿）》相继草拟完成，不过关于法庭调查阶段的规定相较于第四稿而言，并无变动。此后不久，我国经历了"文化大革命"，法律遭到肆意践踏，立法工作也被迫停止，因而制定刑事诉讼法的工作也被搁置了。

从新中国成立初期的立法文件和刑诉法草案中我们也依稀可以看出，在新中国成立初期到 1979 年之前，我国刑事诉讼的庭审调查采取的是法官职权主义模式，法庭质证并不具有对抗性特征，而与对抗性诉讼相伴而生的法庭质证规则更是无从谈起。

（二）1979 年《刑事诉讼法》关于刑事诉讼中法庭调查的规定

1978 年新中国迎来了改革开放的新时代，1979 年 7 月 1 日新中国第一部《刑事诉讼法》正式通过，为新中国的刑事诉讼提供了成文法依据。"在刑事诉讼活动中控、辩、审三方分离；控、辩双方既对立又统一；控、审双方既配合又制约。"[③] 在法庭审理程序中 1979 年《刑事诉讼法》依然延续了 1963 年《刑诉法草案》中法官主导法庭调查以及提高公诉人诉讼地位的做法，保留了"公诉人在审判庭上宣读起诉书后，审判人员开始审问被告人。公诉人经审判长许可，可以讯问被告人。被害人、附带民事诉讼的原告人和辩护人，

---

① 1963 年《中华人民共和国刑事诉讼法草案（第四稿）》。
② 1963 年《中华人民共和国刑事诉讼法草案（第四稿）》。
③ 李心鉴：《刑事诉讼构造论》，中国政法大学出版社 1992 年版，第 150 页。

在审判人员审问被告人后，经审判长许可，可以向被告人发问。"① 的规定，以及"审判人员、公诉人询问证人，应当告知他要如实地提供证言和有意作伪证或者隐匿罪证要负的法律责任。当事人和辩护人可以申请审判长对证人、鉴定人发问，或者请求审判长许可直接发问。审判长认为发问的内容与案件无关的时候，应当制止"② 的规定。此外，针对物证和书证的法庭调查规定了"审判人员应当向被告人出示物证，让他辨认；对未到庭的证人的证言笔录、鉴定人的鉴定结论、勘验笔录和其他作为证据的文书，应当当庭宣读，并且听取当事人和辩护人的意见"。③

实际上，1979 年《刑事诉讼法》在某种意义上延续了 1963 年《刑事诉讼法草案》的立法精神和原理。具体到刑事诉讼法调查阶段而言，审判人员主导着刑事诉讼审判程序，刑事追诉色彩浓郁，审判人员在庭审中负责讯问被告人、证人、鉴定人、认定物证、书证，查明案件事实。控、辩、审三方虽然分离，但控、审双方并未真正分立而各司其职，控、辩双方的法庭对抗并未真正形成，因而法庭调查实际上就是法庭审判人员针对案件事实而进行的"纠问式"审理活动，因而法庭中并不存在现代意义上的质证和质证规则。

（三）1996 年《刑事诉讼法》关于刑事诉讼中法庭调查的规定

随着我国政治、经济、社会的不断发展，对 1979 年《刑事诉讼法》的修改完善被提上日程，1996 年 3 月 17 日第八届全国人民代表大会第四次会议审议并通过了《中华人民共和国刑事诉讼法（1996 年修正）》，自 1997 年 1 月 1 日起正式实施。针对法庭审理阶段而言，1996 年《刑事诉讼法》弱化了审判机关的追诉色彩，使其更倾向于消极、中立。

其一，将庭前审查由实体审查变更为程序性审查。对于公诉案件，1979 年《刑事诉讼法》采取全卷移送主义，法院在开庭前对检控方移送的证据进行实体性审查，"对于犯罪事实清楚、证据确实充分的，应当决定开庭审判；对于主要事实不清、证据不足的，可以退回人民检察院补充侦查；对于不需要判刑的，可以要求人民检察院撤回起诉"。④ 法院在开庭前对案件证据进行实体性审查使得庭审虚置，控、辩双方难以在法庭中形成真正的对抗。为了改变庭审走过场的尴尬局面，保障被告人权利，增强庭审的对抗性，维护法

---

① 1979 年《刑事诉讼法》。
② 1979 年《刑事诉讼法》。
③ 1979 年《刑事诉讼法》。
④ 1996 年《刑事诉讼法》。

官的中立性，1996 年《刑事诉讼法》将庭前审查改为程序性审查，规定"人民法院对于起诉书中有明确的指控犯罪事实并且附有证据目录、证人名单和主要证据复印件或者照片的，应当决定开庭审判"。① 作此规定的目的在于使控、辩双方能够通过有效的庭审质证来质疑案件证据，进而帮助审判人员发现和认定案件事实。

其二，将法庭调查中的法官主导变更为控、辩双方主导。首先，讯问和询问被告人是控、辩双方的权利，审判人员讯问被告人仅作补充。1996 年《刑事诉讼法》第 155 条规定："公诉人在法庭上宣读起诉书后，被告人、被害人可以就起诉书指控的犯罪进行陈述，公诉人可以讯问被告人。被害人、附带民事诉讼的原告人和辩护人、诉讼代理人，经审判长许可，可以向被告人发问。审判人员可以讯问被告人。"② 其次，询问证人、鉴定人是控、辩双方的权利，审判人员的询问仅作补充。1996 年《刑事诉讼法》第 156 条规定："……公诉人、当事人和辩护人、诉讼代理人经审判长许可，可以对证人、鉴定人发问。审判长认为发问的内容与案件无关的时候，应当制止。审判人员可以询问证人、鉴定人。"③ 最后，物证、书证由控、辩双方向法庭出示，审判人员应当听取控、辩双方的意见。根据 1996 年《刑事诉讼法》第 157 条的规定："公诉人、辩护人应当向法庭出示物证，让当事人辨认，对未到庭的证人的证言笔录、鉴定人的鉴定结论、勘验笔录和其他作为证据的文书，应当当庭宣读。审判人员应当听取公诉人、当事人和辩护人、诉讼代理人的意见。"④

1996 年《刑事诉讼法》吸收了当事人主义诉讼模式的立法精神以及庭审中心主义的立法理念。在一定程度上，弱化了刑事诉讼庭审中审判人员的追诉功能，加强了控、辩双方的庭审对抗性，是我国刑事诉讼法治的一大进步。不过 1996 年《刑事诉讼法》中也并没有涉及庭审质证规则，控、辩双方在庭审质证环节如何质证、遵循什么样的规则进行质证并不明确。

第二节　我国现行立法、司法实践中的质证规则

为了适应我国政治、经济、文化发展的新时期、新形势，2003 年第十届

---

① 1996 年《刑事诉讼法》。
② 1996 年《刑事诉讼法》。
③ 1996 年《刑事诉讼法》。
④ 1996 年《刑事诉讼法》。

全国人民代表大会常务委员会将《刑事诉讼法》再修改纳入立法规划，历经十年，2013 年 1 月 1 日新修改的《中华人民共和国刑事诉讼法》正式颁布实施。为了保证和配合新《刑事诉讼法》的实施，2012 年 12 月 26 日最高人民法院、最高人民检察院、公安部、国家安全部、司法部、全国人大常委会法制工作委员会发布了《关于实施刑事诉讼法若干问题的规定》；2012 年 12 月 20 日最高人民法院制定了《关于适用〈中华人民共和国刑事诉讼法〉的解释》；2012 年 11 月 22 日最高人民检察院修订并发布了《人民检察院刑事诉讼规则（试行）》；2012 年 12 月 13 日公安部发布了《公安机关办理刑事案件程序规定》。为求全面考察我国现行法律中的刑事诉讼法庭质证规则，本节关于我国现行法律的规定将参考以上法律文件进行阐释。

一、我国现行立法中的法庭质证规则

我国现行刑事诉讼法庭审理具有一个突出的特征，即在强化了控、辩双方的举证和辩论职能的同时，重视和保留了审判职能的主导作用。法庭调查被定义为：在审判人员的主持下，在控、辩双方和其他诉讼参与人的参加下，当庭对案件事实和案件证据进行审查、核实的诉讼活动。法庭调查阶段是庭审质证的重要环节，在法庭调查阶段，控、辩双方可以讯问、询问被告人、被害人和附带民事诉讼原告人、被告人；询问证人、鉴定人；出示物证、宣读鉴定意见和有关笔录等。

综观我国刑事诉讼立法现状，至今为止，我国并没有形成一套完整的刑事诉讼法庭质证规则体系，法律或司法解释中虽然也存在有关刑事诉讼庭审质证的一些基本规则，但是这些规则却并未形成体系，而仅仅是散落在诉讼法典、解释、规则当中。具体而言，庭审质证的规则可以细分为以下几个方面的内容：

第一，询问、讯问共同遵循的规则。刑事诉讼庭审过程中，在审判长的主持下，公诉人可以就起诉书指控的犯罪事实讯问被告人；被害人及其诉讼代理人经审判长允许可以补充发问；附带民事诉讼的原告人及其法定代理人或者诉讼代理人经审判长允许，可以就附带民事部分向被告人发问；被告人的辩护人、法定代理人或者诉讼代理人可以在控诉方讯问完某一具体问题后，经过审判长的允许，向被告人发问。此后，控、辩双方经过审判长的允许，可以向被害人、附带民事诉讼的原告人发问。① 询问（讯问）应当遵循以下

---

① 《最高人民法院关于适用〈中华人民共和国刑事诉讼法〉的解释》第 198 条。

规则：其一，发问的内容应当与本案事实有关；其二，应当避免可能影响陈述或者证言客观性、真实性的诱导性讯问、询问以及其他不当讯问、询问；其三，发问不得威胁回答问题的人；其四，发问不得损害回答问题的人的人格尊严。①

　　第二，讯问和质疑被告人的规则。公诉人、审判人员向被告人发问称作讯问被告人。讯问被告人遵循一些特殊的规则：其一，起诉书中指控的被告人的犯罪事实为两起以上的，法庭调查时，一般应就每一起犯罪事实分别进行调查、讯问。② 其二，在共同犯罪的案件中，对于同案审理的被告人应当分别讯问，必要时可以传唤共同被告人同时到庭对质。③ 其三，讯问未成年被告人时，不得对未成年被告人诱供、训斥、讽刺或者威胁。④ 当被告人在庭审中的陈述与庭前在侦查、审查起诉阶段的供述不一致时，分两种情况处理：其一，如果这种不一致，足以影响定罪量刑，公诉人可以宣读被告人供述笔录，并针对笔录中被告人的供述内容对被告人进行讯问或者提出其他证据进行证明；其二，如果这种不一致，不影响定罪量刑，则公诉人可以不宣读被告人供述笔录。

　　第三，询问和质疑证人、鉴定人的规则。现行法加强了对证人证言和鉴定意见的质证。规定了公诉人、当事人或者辩护人、诉讼代理人对证人证言或者鉴定意见有异议，且该证人证言对案件定罪量刑有重大影响，人民法院认为证人或者鉴定人有必要出庭作证的，证人或者鉴定人应当出庭作证。⑤ 除了被告人的配偶、父母、子女之外的证人，经过法院通知而没有正当理由不出庭作证的，法院可以强制其到庭。⑥ "证人、鉴定人出庭作证之前要在保证书上签名，保证如实向法庭提供证言、说明鉴定意见。"⑦ 针对证人、鉴定人的发问遵循以下几个规则：其一，证人、鉴定人到庭后，询问应当首先由提请通知证人、鉴定人出庭的一方进行，询问毕，经审判长准许，相对一方

---

　　① 《最高人民法院关于适用〈中华人民共和国刑事诉讼法〉的解释》第 213 条；最高人民检察院《人民检察院刑事诉讼规则（试行）》第 438 条。
　　② 《最高人民法院关于适用〈中华人民共和国刑事诉讼法〉的解释》第 196 条。
　　③ 《最高人民法院关于适用〈中华人民共和国刑事诉讼法〉的解释》第 199 条。
　　④ 《最高人民法院关于适用〈中华人民共和国刑事诉讼法〉的解释》第 482 条第 2 款。
　　⑤ 《中华人民共和国刑事诉讼法》第 187 条。
　　⑥ 《中华人民共和国刑事诉讼法》第 188 条。
　　⑦ 《最高人民法院关于适用〈中华人民共和国刑事诉讼法〉的解释》第 211 条第 2 款。

亦可发问。① 其二，询问证人、鉴定人应当分别进行，② 既可以要求证人、鉴定人就其所了解的与案件有关的事实进行陈述，也可以直接发问。③ 其三，询问证人、鉴定人应当采取一问一答的形式，提问应当简洁、清楚，并针对陈述中的遗漏、矛盾、模糊不清和有争议的内容，围绕与定罪量刑有关的事实进行询问。④ 控、辩双方对证人证言、鉴定意见有异议的，可以对其提出质疑。具体而言，控、辩双方如果对鉴定人的鉴定意见有异议，可以附理由申请法院通知有专门知识的人出庭，就鉴定意见提出意见，法院认为有必要的，应当通知有专门知识的人出庭。⑤ 控、辩双方如果认为证人、鉴定人或者有专门知识的人在法庭上进行了虚假陈述，应当通过发问澄清事实，必要时还应当宣读其在侦查、审查起诉阶段提供的证言笔录或者出示宣读其他证据对其进行询问。⑥

第四，实物证据的质证规则。控、辩双方向法庭出示物证，应当让当事人辨认；对于未到庭的证人的证言笔录、鉴定人的鉴定意见、勘验笔录和其他作为证据的文书，应当当庭宣读，先由出示证据的一方就所出示的证据的来源、特征等作必要说明，然后由另一方进行辨认并发表意见，控、辩双方可以相互质问、辩论，审判人员应当听取控、辩双方的意见。⑦ 此外，如果被告方"对于搜查、查封、扣押、冻结、勘验、检查、辨认、侦查实验等侦查活动中形成的笔录存在异议，需要负责侦查的人员以及搜查、查封、扣押、冻结、勘验、检查、辨认、侦查实验等活动的见证人出庭陈述有关情况的，公诉人可以建议合议庭通知其出庭。"⑧

第五，质疑程序合法性的规则。定案证据应当是具有真实性、准确性、合法性的证据。其中证据的合法性主要是指证据收集的合法性，证据收集活动既应当遵守实体法，也应当遵守程序法。如果在法庭审理过程中，被告人及其辩护人提出被告人的庭前供述系非法取得，审判人员认为需要进行法庭调查的，那么公诉人就应当对证据的合法性承担证明责任。具体而言："……公诉人可以根据讯问笔录、羁押记录、出入看守所的健康检查记录、

---

① 《最高人民法院关于适用〈中华人民共和国刑事诉讼法〉的解释》第212条。
② 《最高人民法院关于适用〈中华人民共和国刑事诉讼法〉的解释》第216条。
③ 最高人民检察院《人民检察院刑事诉讼规则（试行）》第442条第1款。
④ 最高人民检察院《人民检察院刑事诉讼规则（试行）》第442条第2款、第3款、第4款。
⑤ 《最高人民法院关于适用〈中华人民共和国刑事诉讼法〉的解释》第217条。
⑥ 最高人民检察院《人民检察院刑事诉讼规则（试行）》第442条第5款、第7款。
⑦ 《中华人民共和国刑事诉讼法》第190条。
⑧ 最高人民检察院《人民检察院刑事诉讼规则（试行）》第449条。

看守所管教人员的谈话记录以及侦查机关对讯问过程合法性的说明等，对庭前讯问被告人的合法性进行证明，可以要求法庭播放讯问录音、录像，必要时可以申请法院通知侦查人员或者其他人员出庭说明情况。"① 此外，如果在庭审过程中，被告人一方对证据收集的其他程序性事实提出异议，公诉人应当通过出示、宣读有关诉讼文书、侦查或者审查起诉活动笔录对程序性事实的合法性提供证明。②

第六，其他规则。除了以上所述规则之外，我国刑事诉讼现行立法中还散见着一些其他的法庭质证的规则，具体而言包括：其一，禁止重复举证原则。控辩双方申请证人出庭作证、出示证据，应当说明证据的名称、来源和拟证明的事实。对于明显重复、不必要的证据，相对方可以提出异议，法庭认为异议成立的，可以不予准许。③ 其二，对庭前未移送或未提交的证据的必要性审查原则。控、辩双方申请出示庭前未移送或未提交到人民法院的证据，相对方提出异议的，审判长应当要求提出证据的一方说明理由，理由成立并确有出示必要的，应当准许。④ 其三，审判长依职权或者依申请制止不当发问原则。控、辩双方的讯问、发问方式不当或者内容与本案无关的，相对方可以提出异议，申请审判长制止，审判长应当判明情况予以支持或者驳回；相对方未提出异议的，审判长也可以根据情况予以制止。⑤ 其四，禁止发表与案件无关、重复性或者指责性的言论。在法庭辩论过程中，如果控、辩双方作出与案件无关、重复或者指责对方的发言，审判长应当提醒、制止。⑥ 其五，为了质疑对方证据而提出新的证据。"法庭审理过程中，当事人和辩护人、诉讼代理人有权申请通知新的证人到庭，调取新的物证，申请重新鉴定或者勘验。"⑦ "公诉人、当事人和辩护人、诉讼代理人可以申请法庭通知有专门知识的人出庭，就鉴定人作出的鉴定意见提出意见。"⑧

---

① 最高人民检察院《人民检察院刑事诉讼规则（试行）》第446条第1款。
② 最高人民检察院《人民检察院刑事诉讼规则（试行）》第448条。
③ 《最高人民法院关于适用〈中华人民共和国刑事诉讼法〉的解释》第203条。
④ 《最高人民法院关于适用〈中华人民共和国刑事诉讼法〉的解释》第221条。
⑤ 《最高人民法院关于适用〈中华人民共和国刑事诉讼法〉的解释》第214条。
⑥ 《最高人民法院关于适用〈中华人民共和国刑事诉讼法〉的解释》第233条。
⑦ 《中华人民共和国刑事诉讼法》第192条第1款。
⑧ 《中华人民共和国刑事诉讼法》第192条第2款。

二、我国司法实践中的法庭质证规则①

在我国的司法实践当中，控、辩双方的质证行为发生在法庭调查阶段。在法庭调查阶段，由公诉人宣读起诉书后，在审判长的主持下，由被告人就起诉书中指控的犯罪事实进行陈述、由公诉人就起诉书中指控的犯罪事实讯问被告人、由被告人的辩护人询问被告人。如果被告人当庭陈述与其庭前在侦查机关、检察机关的陈述不一致，则公诉人可以出示其他证据质疑被告人的当庭陈述。公诉人可以出示的用于质疑被告人当庭陈述的证据包括被告人本人庭前陈述的笔录、亲笔自书、证人证言、物证等。对证人证言、实物证据的质证都发生在举证之后，采取一证一质的方式。具体而言，在审判长的主持下首先由控诉方向法庭出示证据，待证据出示完毕，审判长询问被告人对控诉方出示的证据是否有异议，如有，则由被告人陈述异议理由、根据或者意见，其后，审判长询问辩护人对控诉方出示的证据是否有异议，如有，则由辩护人继续陈述其异议。此后，审判长还可以依次询问控诉方、被告人、辩护人是否需要发表意见，或者控诉方、被告人、辩护人可以主动提出要发表意见，得到审判长的许可后发表其意见。待控方举证、辩方质证完毕，辩方也有权向法庭出示证据，并由控方对辩方出示的证据进行质证。这种控、辩双方对证据发表意见的做法就是我国司法实践中的质证行为。在我国司法实践当中，质证发生在法庭调查阶段，而质证总是要遵循着一定的质证规则进行。

在司法实践中，控、辩双方向法庭出示的证据大体可以分为言词证据和实物证据两个大的类别。如果一方向法庭出示实物证据，审判长要令被告人辨认，询问其意见。此外，由于我国刑事诉讼庭审中并非所有证人都出庭作证，因而对于言词证据而言，举证一方既有可能向法庭出示庭前采集的证人证言笔录、证人在侦查机关或检察机关接受询问时的录音录像、被告人庭前供述笔录、被害人庭前陈述笔录、勘验检查笔录、鉴定意见等，也有可能申请法庭传唤证人、被害人、侦查人员、鉴定人等出庭作证。

如果控诉方将证人证言的笔录、录音录像等证人的庭前陈述作为证据向法庭提交，那么审判长首先要询问被告人对此份证据的质证意见，其后询问辩护人的质证意见，然后询问控诉方的意见，此后控、辩双方还可以对此证据交叉发表意见。被告人和辩护人可以从证人的作证能力、证人的诚实性、

---

① 参考薄熙来案庭审全记录，载新浪新闻，www.news.sina.com.cn。

证人证言的真实性、关联性、客观性、取证的合法性等方面对控诉方向法庭提交的证据进行质证，控诉方则要根据被告方的质证意见予以反驳，控、辩双方在发表意见中涉及对证人人格的侮辱的，审判长会依职权予以提示和制止。

控诉方和辩护方都有权申请法庭通知证人出庭作证，如果获得法庭的允许，则法庭会通知证人出庭作证。证人出庭后，由审判长核实证人身份，询问证人与被告人的关系，告知证人如实作证的义务，并请证人在如实作证保证书上签字。此后，由审判长向控、辩双方宣读《最高人民法院关于适用〈中华人民共和国刑事诉讼法〉的解释》第 213 条规定的向证人发问的四个规则：发问内容应当与本案事实有关；不得以诱导方式发问；不得威胁证人；不得损害证人的人格尊严。对于出庭作证的证人，首先由申请传唤证人出庭的一方询问，如果控、辩双方都向法庭提出申请，则首先由控诉方询问证人，其后经审判长许可由被告人、辩护人依次询问证人，此后，控诉方可以补充询问，被告人和辩护人也可在控诉方询问完毕后，补充询问证人。待控、辩双方询问完毕，由审判长依次询问控诉方、被告人、辩护人对证人证言有无异议或质证意见，控诉方、被告人、辩护人应依次发表其对证人当庭证言的意见。当控、辩双方对质证意见进行辩论时，审判长有权提醒控、辩双方待到法庭辩论阶段再发表辩论意见，据以控制和推进法庭审理的进程。

以上所述便是我国现行刑事诉讼法庭审理程序当中的法庭质证模板，法庭质证规则条文的应用较为明显地出现在证人出庭作证的案件中，法官在控、辩双方询问证人之前，要向控、辩双方宣读的《最高人民法院关于适用〈中华人民共和国刑事诉讼法〉的解释》规定的四个原则。

三、我国现行立法、司法实践中存在的问题

考察了我国现行立法现状和司法实践中的做法可知现阶段我国刑事诉讼领域并没有一套完整的、成体系的刑事诉讼法庭质证规则，具体到刑事诉讼的司法实践当中也并没有一套现实可行的操作规范。具体而言：

第一，现有立法不完善，法律对于相关概念的内涵和外延规定不明确。我国现行法中并没有关于刑事诉讼法庭质证规则的体系性、完整性的立法规定或司法解释，许多有益的庭审质证规则都没有被纳入我国刑事诉讼法庭质证规则中来。考察现行法，其中也散落着一些关于我国刑事诉讼法庭质证规则的规定，但是法律却并没有对这些规则的具体内容作进一步的解释。例如，《最高人民法院关于适用〈中华人民共和国刑事诉讼法〉的解释》仅在条文

中规定了，发问的内容应当与本案事实有关、禁止诱导性询问及其他不当的发问等。[①] 但是对于何为与案件事实有关的问题、何为诱导性询问、诱导性询问的内涵和外延究竟是什么，以及其他不当发问的形式和内容如何定义并没有作更多的解释，[②] 以致在司法实践当中不易操作，甚至出现即便刑事诉讼中的一方在庭审中提出了不适当的诱导性问题，相对方和法官有时也不会作出任何反应的情况。当然相对方不作出任何反应有可能是出于诉讼策略考虑，但是，我国刑事诉讼庭审依然保留了法官依职权控制庭审的权力，规定法官对于不适当的询问应当依职权予以制止，在庭审过程中审判长没有制止不当询问，其原因可能有两个方面：一方面可能是审判长认为这种不当询问不致引发不公正的偏颇，另一方面可能是因为法律没有解释不当询问的内涵和外延，以至于审判长对于不当询问掌握的尺度各不相同。

第二，司法实践中，多数案件的证人不出庭作证，[③] 公诉人将证人的庭前笔录作为证据向法庭提交，使得仅有的法庭质证规则也难以落到实处。对于证人不出庭的案件，公诉人在向法庭举证时会将证人在侦查阶段作出的证言笔录作为证据提交法庭，而证人可能会在侦查阶段作出多份证言笔录，公诉人在举证时可能会选择性地宣读其中的一份或多份笔录，也可能会宣读笔录中的节选部分。在公诉人宣读证人证言笔录后，就进入被告人和辩护人质证环节。首先由法官询问被告人是否对证人证言有异议，并允许其将其异议或意见向法庭陈述，随后，由辩护人向法庭陈述其辩护意见，在被告人、辩护人陈述意见之后，公诉人还可以针对被告人和辩护人的意见作出回应，在审判长的主持下，控、辩双方可以针对证据多次、交替发表意见。只是控、辩双方只能针对"纸面上记录的文字"发表"质证意见"，而无法与证人面对面，更无法直接以口头的方式询问证人，这也就使得针对控、辩双方询问证人所制定的法庭质证规则实质上难以落到实处。

第三，在刑事诉讼庭审程序中，有权援引刑事诉讼法庭质证规则的主体不明确，实践中的做法较为混乱。尽管立法和司法解释中零星存在一些刑事

① 《最高人民法院关于适用中华人民共和国刑事诉讼法》的解释第 213 条。
② 顾永忠、苏凌主编：《中国式对抗制庭审方式的理论与探索》，中国检察出版社 2008 年版，第 253 页。
③ 参见顾永忠、程滔等著：《刑事诉讼法治化与律师的权利及其保障》，中国人民公安大学出版社 2010 年版，第 153~154 页。实践中 90%以上的案件证人不出庭作证，北京地区的一项调查显示，自 1997 年 1 月 1 日至 2002 年 6 月 30 日，北京辩护律师办理的刑事案件中，证人出庭作证率为 25.2%，鉴定人的出庭作证率为 4.8%，被害人的出庭率为 58.37%，侦查人员的出庭率为 2%。

诉讼法庭质证规则，但是法律并没有明确规定究竟在庭审质证中谁有权援引法庭质证规则，针对询问人的发问提出异议。有鉴于此，在证人出庭作证的案件中，控、辩双方中的一方向证人发问不当时，司法实践中的做法较为混乱，通常可能会出现三种情况：其一是证人直接回答询问人，声明询问人提出的问题与本案无关或者提出的问题属于要求证人进行推测的问题或者属于争辩性的提问，因而拒绝回答询问人提出的问题，询问人只有继续询问下一个问题；其二是控、辩双方中的一方认为相对方对证人的询问不适当，而针对该"不适当的询问"提出异议，证人就此便不会回答询问人提出的这一"不适当的问题"，进而由询问人继续下一个问题的提问；其三是证人声明询问人的提问与本案无关或者不适当，审判长要求提出问题的一方解释其提出该问题的理由，相对一方可以针对该理由提出反对意见，由法官对证人是否回答该问题作出裁决。

第四，立法和司法解释中没有明确授权审判长在刑事诉讼庭审程序中裁决因违反法庭质证规则而提出的异议，削弱了司法实践中审判长对庭审质证的控制力。我国现行刑事诉讼法和相关司法解释都没有规定，一旦证人或者刑事诉讼中的一方认为相对方对证人的提问不适当或者违反了询问证人的规则时，应当如何应对，审判长是否应当对提问是否不当作出裁决，以及审判长的裁决具有何种效力。在司法实践当中，证人认为提问不适当的，会直接声明询问不当而拒绝作出回答；诉讼中的一方认为相对方提问不适当时，会提出异议要求证人不予作答。审判长在上述情形中似乎并没有发挥太大的庭审控制作用，因为通常证人并未待审判长对提问是否适当作出判断，就径行不予作答了，而提出问题的人也就顺势继续进行询问了。有甚者即便是法官已经对提问不适当作出判断之后，询问人仍然以此问题再次询问证人，当证人在自愿的情况下作出答复时或者作出答复后，审判长、相对一方也都没有对此情形施加任何干涉的意图和做法。①

第五，现行立法及司法解释对庭审异议的法律后果没有明确规定，实践中的做法不一。虽然我国现行法律中授权审判长对控、辩双方的不当提问有权制止，但是由于法律并未对不当询问作出明确的解释，司法实践中的做法也并不统一，以至于审判长对控、辩双方询问证人的控制并不到位，诸如复合性提问、涉嫌诱导性询问等提问形式和方法出现在法庭中却较少遭遇审判长的职权干涉。此外，我国现行立法和司法解释等法律文件中没有规定庭审

---

① 参见薄熙来案庭审全记录，第25页。载新浪新闻，www.news.sina.com.cn。

异议的法律后果，在司法实践中的具体操作也并不统一。有的时候，一方提出异议，而不论是相对方还是审判长都不作任何回应。例如，在证人不出庭作证的案件中，公诉人通过宣读证人证言笔录向法庭出示证据，辩护人针对证人证言提出异议，认为证人证言属于传闻证据，是证人道听途说而得，不足以采信，而公诉人对辩护人提出的异议未作任何答辩，审判长也未作任何回应，庭审程序继续推进，进而由公诉人继续进行举证；有的时候，一方提出异议，相对方进行反驳，而审判长未作任何回应，庭审继续。例如，辩护人质疑证人的作证能力，如辩护人当庭提出证人属于限制行为能力的间歇性精神病人，因而不具有作证能力，公诉人为反驳辩护人的主张而声称证人具有作证能力，但审判长对辩护人提出的异议以及公诉人提出的反驳意见皆未当庭作出判断，而是继续推进诉讼程序的进行；有的时候，一方提出异议，相对方对异议予以反驳，审判长对异议作出裁决，但是对证人询问的一方仍就原问题继续向证人发问，而证人亦给出答复，其答复也会进入法庭记录当中。① 实际上，我国法律对刑事诉讼庭审质证中一方提出异议的证据应当适用何种程序加以判断、是否能够作为定案证据缺乏统一、明确的规定。在司法实践当中，一方提出异议后，究竟会引发何种程序，会产生什么样的法律效果也并没有一个统一的、具有规范性的操作方法。

　　第六，我国现行刑事诉讼的司法解释中授权公诉人可以用被告人的庭前笔录质疑其在法庭上的不一致陈述，但庭前笔录的作用不在于质疑被告人的诚实性，而在于证明案件的实体争议事实。被告人有权就起诉书指控的犯罪事实向法庭进行陈述。如果被告人当庭陈述与其庭前在侦查机关、检察机关的陈述不一致，足以影响定罪量刑的，公诉人可以宣读被告人的庭前供述笔录，并针对笔录中的供述内容讯问被告人或者提出其他证据进行证明。根据《最高人民法院关于适用〈中华人民共和国刑事诉讼法〉的解释》第 83 条的规定："审查被告人供述和辩解，应当结合控辩双方提供的所有证据以及被告人的全部供述和辩解进行。被告人庭审中翻供，但不能合理说明翻供原因或者其辩解与全案证据矛盾，而其庭前供述与其他证据相互印证的，可以采信其庭前供述。被告人庭前供述和辩解存在反复，但庭审供认，且与其他证据相互印证的，可以采信其庭审供述……庭审中不供认，且无其他证据与庭前供述印证的，不得采信其庭前供述。"据此可知，公诉人用被告人的庭前供述质疑其庭审不一致供述的做法在于向法庭证明案件事实，而并非质疑被

_____

① 参见薄熙来案庭审全记录，载新浪新闻，www.news.sina.com.cn。

告人本身的诚实性品格。换句话说，被告人的庭前供述不仅可以作为证据在法庭上使用，还可以用来质疑被告人当庭供述的内容，影响案件事实的认定，这种做法有悖于直接、言词原则，其设计的合理性是有进一步讨论的空间的。

第六章　我国刑事诉讼法庭质证规则的构建

　　我国刑事诉讼庭审程序既积极地推进当事人主义诉讼模式，又保留了法官职权主义诉讼模式的特点。这是我国刑事诉讼不同于西方国家的特色之处。此外，在法庭审判人员的组成上，我国并没有采取陪审团审判，而是吸收了人民陪审员与法官共同组成合议庭对刑事案件的事实问题和法律问题一并进行审理和判断。几千年的历史、文化和思想的传承造就了我们国家今时今日的庭审模式及审判组织的现状。要在我们国家的刑事诉讼庭审程序中构建一套庭审质证规则，不得不考虑我国的法律传统和现阶段国情。也就是说，在我国刑事诉讼领域构建一套科学、合理的法庭质证规则，既要尊重我国的法律文化传统和基本国情，又要能够解决我国刑事诉讼司法实践中面临的问题。为此，在明确了立法和司法实践中存在的问题的基础上，就有必要探究造成当前我国刑事诉讼法庭质证规则现状的原因。在一定意义上，构建我国的刑事诉讼法庭质证规则可以认为是解决我国庭审质证问题的一剂药方，我国立法和司法实践中存在的问题可以看作是病灶之所在，而清楚地认识到造成当前现状的原因便是开出良方以固本源的根基。有鉴于此，本章内容将分为三节：第一节将分析造成我国刑事诉讼法庭质证规则现状的原因和构建我国刑事诉讼法庭质证规则的必要性、可行性，并提出构建我国刑事诉讼法庭质证规则的基本思路；第二节将本着解决问题的态度，以成因分析为根基，以基本思路为框架，试图构建符合我国现阶段国情和庭审模式特点的刑事诉讼法庭质证规则；第三节将阐释我国刑事诉讼法庭质证规则的具体运作方式，以求全面落实刑事诉讼法庭质证规则。

第一节　构建我国刑事诉讼法庭质证规则概述

　　造成我国当前刑事诉讼法庭质证规则现状的原因是多方面的，随着社会政治、经济、文化和国家法治的发展，构建一套既符合我国国情又能解决刑事诉讼司法实践中面临的问题的刑事诉讼法庭质证规则既具有必要性又具有可行性。构建我国刑事诉讼法庭质证规则的基本思路是区分出需要进行全面、完备的法庭质证的案件和不需要进行全面、完备的法庭质证的案件。阐明全面、完备的法庭质证所必须具备的基本前提条件，并以此为基础，构建我国的刑事诉讼法庭质证规则。

一、形成我国现行刑事诉讼法庭质证规则现状的原因分析

事物的存在必有其成因，我国刑事诉讼法庭质证规则也不例外，究其成因，首当其冲的便是我国法律传统文化的影响，我国是一个具有几千年历史文化传承的东方古国，法律传统文化潜移默化地影响着我国现行立法和司法实践，其次，我国的刑事诉讼法庭质证规则还受到来自司法审判的方式、控辩双方诉讼地位以及刑事证据规则等几个方面因素的影响和制约。下文将分而述之。

（一）我国法律传统文化的影响

自汉武帝"废黜百家，独尊儒术"之始，儒家思想就成为了正统思想，其影响力遍及社会生活的方方面面，当然刑事诉讼立法、司法亦在其中。"经义决狱"就是儒家思想成为司法官员定罪量刑根据的典范，"志善而违于法者免，志恶而合于法者诛。"① 在儒家思想的影响下，我国传统上"厌讼"，追求"息讼"、"无讼"的"和为贵"社会。审判的主要目的在于平息矛盾、化解纠纷，并非纯粹地判断诉讼中控、辩双方的是非。皇权至上的传统观念，使得民众成为"子民"，而代理皇帝分管一方的官员也就成了"父母官"。而"父母官"在断案之时还有一个教化子民的功能，为此，在审判中司法官员通常都十分重视"口供"的作用，无论是被告人的陈述、被害人的陈述抑或是证人的陈述，这些言词证据都是司法官员据以认定案件事实的重要根据，而司法官员为了更直接、更简洁地认定案件事实，往往也会不择手段地获得"口供"，据以断案，这样的审判定罪方式盛行的审判制度使得我国传统司法中难以生长出现代刑事诉讼庭审质证规则。

此外，在一定意义上来说，刑事诉讼庭审质证规则是一种程序性规则，更注重程序正义的实现，因而其根植于较为注重程序正义的英美法律传统中。而在我国传统法律文化中，比起程序目标的实现，我们的传统庭审往往更倾

---

① 《盐铁论·刑德》。

向于实现实体目标。刑事案件的判决只要实现了正当的目的、获得了合理的结果，那么审理手段如何、过程如何往往不会受到太多的关注。程序在我国传统司法中主要是一种通过封建官僚机构内在等级制度，而对刑事案件进行必要的分级审理以及复审的运行结构，这一程序设置的目的并非英美法律传统上的实现程序公正和看得见的正义，而在于对封建皇权负责，使皇权断狱成为等级最高的司法裁判，这正是我国法律文化权力等级观念的体现。我国法律传统中并不存在英美法"由同他身份相同的人们来进行审判的"司法平等原则，也不存在以公正的审判程序实现公正的审判结果的诉讼理念，因而根植于这种理念的庭审质证规则在我国的传统法律文化中难以找到滋生的土壤。

（二）司法审判方式的影响

在我国古代的审判制度中，法官往往集侦查、起诉、审判职能于一身，庭审断案往往依赖于法官的审判技巧，人们寄希望于审判官员的清正廉明、公正无私。由于司法传统的传承，我国刑事诉讼一度以职权主义诉讼模式作为法庭审判的模式，尽管近年来的司法改革致力于在刑事诉讼中注入当事人主义诉讼模式的特征，但是我国的刑事诉讼庭审依然保留了法官职权主义的特色，在法庭调查阶段，控辩双方的举证、质证都要在审判法官的主持下进行。

在我国的刑事诉讼庭审程序中由法官负责审查证据，最终认定案件事实，控、辩双方的质证则更多地流于形式。其原因在于：其一，法官主导的法庭调查程序中，证据出示的顺序、范围、形式等皆由法官依职权控制，而并非如英美那般由控、辩双方根据己方的诉讼策略自主抉择；其二，在质证过程中，控、辩双方的质证权都是在获得法官许可的范围内行使的；其三，"法官在认为有关案件事实经控、辩双方交叉询问后仍未清楚的，常常超越诉讼双方，运用审判权直接询问证人查明事实，而不是被动、消极的居中裁判"；① 其四，为了正确地查明案件事实，适用实体法律定罪量刑，法官有权在庭外调查核实证据，这一授权使得法官能够有机会在庭审之外，通过其他手段完成庭审认定案件事实的任务，而使控、辩双方的庭审质证存在流于形式的潜在危险性。

实际上，法庭质证规则是为了在法官消极、中立的审判法庭中，给控辩

① 樊崇义主编：《刑事审判程序改革调研报告》，中国人民公安大学出版社 2008 年版，第 218 页。

双方提供一个平等武装、公平对抗的平台。我国是由法官主导证据调查，这就使得法庭查明案件事实不简单地依赖于控、辩双方的举证、质证，因而基于质证行为而产生的法庭质证规则也就难以如英美法系那般在庭审中发挥其审查证据、查明案件事实的作用。

此外，在我国刑事诉讼程序中，公诉机关向法院提起公诉实行"全卷移送"制度，在法庭调查程序中，公诉人多以宣读"证人书面证言"的方式向法庭举证，这使得控辩双方对证人证言的质证只能针对纸面文字，而难以实现与证人面对面的口头质询，从而使得质证效果大打折扣。在全卷移送的情况下，法官在庭审后有机会全面阅读控方提交的书面证据材料，这使得法官存在依据控方案卷断案的潜在危险性。试想如果检控方向法庭提交的证人证言皆为庭前书面证词，那么在法官阅读了控方提交的全部案卷材料之后，如果他认为控方的证据材料能够形成一个很好的"故事"，那么庭审和庭审质证是否还能对法官断案发挥应有的作用就很难预料了。

（三）控、辩双方难以实现真正意义上的平等武装

我国刑事诉讼借鉴了英美法系当事人主义诉讼模式的理念，在庭审中积极引入了对抗制，但是真正意义上的控、辩平等对抗仍然面临严峻的考验。具体而言：

首先，检察机关既是国家公诉机关又是法律监督机关，其双重角色，使得控、辩双方的地位难以实现真正的平等。从理论上来讲，检察机关是代表国家追诉犯罪、出庭支持公诉的，作为刑事诉讼庭审中的一方，其诉讼地位与刑事诉讼庭审中的被告人一方是平等的。但是，从检察机关参加刑事诉讼的目的上来讲，其一方面是为了支持公诉，向法庭出示定罪量刑的证据并提出建议，使被告人受到刑事追究；另一方面作为法律监督机关，检察机关有权对刑事诉讼活动进行法律监督，其监督权的范围不仅包括侦查监督，同样包括对法院审理案件活动的监督。作为法律监督机关，特别是有权对法院进行法律监督的机关，检察机关在刑事诉讼中与被告人处于平等的诉讼地位恐怕也只能停留在理论上了。

其次，检察机关作为国家公诉机关，"以国家资源为后盾，拥有实力强大的诉讼资源，在刑事诉讼中占有绝对的优势"。① 检察机关是代表国家对被告人进行刑事追诉的，一般而言，被告人所拥有的资源、所具有的能力是远远不能与国家资源相提并论的。此外，我国刑事诉讼司法实践中的高羁押率，

---

①　熊秋红著：《刑事辩护论》，法律出版社 1998 年版，第 156 页。

使得多数被告人在庭审前处于羁押或者人身自由受限制的状态，与国家强大的诉讼资源优势相比，被告人在刑事诉讼中处于明显的弱势，而检察机关则占据绝对优势。虽然基于检察官客观公正责任，在收集证据时，不仅仅要收集证明被告人有罪、罪重的证据，还要注重收集证明被告人无罪、罪轻的证据，但是刑事诉讼的对抗性，以及追诉机关追究犯罪的本质特性，往往使其忽视对无罪、罪轻证据的调查收集工作，而主要专注于有罪、罪重证据的调查收集。

再次，立法虽然不再要求审判人员必须讯问被告人，但仍然将讯问被告人的权力赋予了公诉人。为了实现查明案件事实的目的，我国刑事诉讼没有赋予被告人沉默权，而是要求被告人"如实回答"。在庭审中将讯问被告人的权力从审判长转移至公诉人，并规定辩护人也有权在获得审判长允许之后，向被告人发问，以澄清被告人回答公诉人讯问时的问题。这一做法虽然在形式上符合当事人主义诉讼模式中的法官中立性要求，但是，要求被告人必须"如实回答"，在一定程度上削弱了被告人的刑事诉讼主体地位。在立法上确立被告人有接受公诉人讯问的义务，这有悖于控、辩双方在刑事诉讼中诉讼地位平等、平等武装、平等对抗的诉讼理念。

最后，律师参与刑事诉讼的比例不高，被告人难以获得专业的法律帮助。法律是一门专业化极强的学科，而刑事诉讼更是涉及公民人身自由权乃至生命权的重要诉讼行为。检察机关作为刑事诉讼的控诉方，出庭支持公诉的检察人员都是精通法律的专业人员，而被告人一方通常是不精通甚至是不懂法律的社会公民，控、辩双方在诉讼能力和诉讼技能上的巨大悬殊造成了诉讼双方难以实现真正的平等对抗。为了弥补当事人诉讼能力的不足，律师这一法律职业应运而生，但是，刑事律师的数量有限，刑事诉讼法律援助范围有限，这两个有限性就使得刑事诉讼被告人获得专业律师帮助的机会更有限。然而，在没有律师帮助之下，奢求被告人仅凭一己之力在法庭上与训练有素的公诉人实现平等对抗似乎是不现实的。此外，"即便是在有辩护律师参与的刑事案件中，辩护律师发挥辩护职能的空间也受到了很多限制"。[①]

（四）刑事诉讼证据规则不健全

在美国刑事诉讼活动中，证据规则"限制的主要不是证据的证明力，而

---

① 顾永忠主编：《刑事法律援助的中国实践与国际视野》，北京大学出版社2013年版，第140页。

是证据的可采性或者证据能力问题"。① 反观我国刑事诉讼，我国现行《刑事诉讼法》仅仅是依据证据的表现形式不同对证据进行了类别上的划分，而对证据可采性的限制规则非常少。正如龙宗智教授所言："我国刑事诉中处理证据能力即证据排除问题有一种特殊方法，即在有些情况下，回避证据能力问题，而将本属于证据能力的问题转化为证明力问题，如本应排除的证据不排除，但降低其证明力，有时候还会将其再转化为量刑问题，因证据证明力较低，量刑适当从轻，尤其是不宜判处极刑。"②

根据我国现行《刑事诉讼法》，法定的证据形式几乎囊括了所有侦查机关收集的证据材料，庭前审查属于程序性审查并不审查证据的可采性，也就是说检察机关提交的证据都是能够进入法庭审理的证据。虽然，2010 年 6 月 13 日，两院三部颁布的《关于办理死刑案件审查判断证据若干问题的规定》和《关于办理刑事案件排除非法证据若干问题的规定》填补了我国没有证据规则的空白，对被告人供述、被害人陈述、证人证言以及实物证据的证据能力做了专门规定，确立了我国的非法证据排除规则。但是，由于被告人对非法证据负初步证明责任，同时又有许多瑕疵证据能够经过补正和解释获得证据能力、成为定案依据，因而在效果上，实际上是降低了非法证据排除的可能性以及我国刑事诉讼证据可采性的标准。

此外，虽然我国立法上有"非经法定程序调查的证据不得作为定案依据"之规定，但是，这一规定的目的是防止法官将未公开的证据作为定案依据，而不是为了审查证据的可采性。从立法上来看，我国的刑事诉讼程序，实际上并没有太多证据规则可循，我们的刑事诉讼立法并没有建立大陆法系的直接言词原则或者英美法系的传闻证据规则，这就使得司法实践中许多案件的证人并不亲自出庭作证，而代之以公诉人宣读庭前制作的证人证言笔录。由于我国立法缺乏对证据可采性的专门规定，以至于在司法实践当中，法官对于判断言词证据和实物证据的可采性无章法可循，控、辩双方在庭审质证中发表的关于证据可采性的质证意见对法官的影响力也十分有限，法官对于证据可采性的判断具有极为宽泛的自由裁量权。通常情况下，如果存在多份证人证言笔录，即便被告人或辩护人对该笔录的可采性提出异议，但是如果被告人一方无法提供足够的证据对其异议加以证明，法官往往会以有其他证

① 陈瑞华：《从"证据学"走向"证据法学"——兼论刑事证据法的体系和功能》，载《法商研究》2006 年第 3 期。

② 龙宗智：《论书面证言及其运用》，载《中国法学》2008 年第 4 期。

据能够印证该笔录为由认定其具有可采性。

我国的刑事诉讼法庭审理程序虽然吸收了当事人主义诉讼模式的对抗性特征，但仍以法官职权主义进行证据调查，整个刑事审判旨在查明案件事实，实现公正审判。法官职权主义调查模式、证据规则的缺失使得我们的刑事诉讼过多地关注了证据的证明力（可信性），而忽视了证据能力（可采性）问题；过多地关注了实体正义的实现，而忽视了程序正义的彰显。

二、构建我国刑事诉讼法庭质证规则的必要性分析

刑事诉讼法庭质证规则是指导控、辩双方进行庭审质证的依据。在我国建立和健全一套科学合理、行之有效的刑事诉讼法庭质证规则既符合国际社会的普遍做法，又是我国刑事诉讼法治发展的必然要求；既符合维护实体公正与程序公正并重的价值追求，又能够满足我国刑事司法实践的迫切需要。

（一）接轨国际社会保障被告人人权的需要

我国于1998年签署了联合国《公民权利和政治权利国际公约》（以下简称《公约》），正在等待全国人大常委会的批准，一旦《公约》获得批准，那么《公约》中规定的内容必将对我国刑事诉讼立法和司法产生重要的影响。为了实现我国刑事诉讼与《公约》内容的衔接和协调，刑事诉讼法庭质证规则的设计应当参考《公约》中的相关准则。

众所周知，《公约》是国际人权保护的大宪章，其中第14条第3款规定的是受到刑事指控者所应享有的最低限度保证，其中（戊）项规定了受到刑事指控者的质证权，即"讯问或业已询问对他不利的证人，并使对他有利的证人在与对他不利的证人相同的条件下出庭和受讯问；"[1]《公约》仅仅规定了被告人享有刑事质证权，但是并没有具体规定刑事诉讼法庭质证规则的内容。但是刑事诉讼质证权与刑事诉讼法庭质证规则二者密不可分：首先，刑事诉讼质证权是刑事诉讼法庭质证规则产生的基础，不承认质证权就不可能存在质证规则；其次，而刑事诉讼法庭质证规则是充分行使质证权的保障，各种质证规则的设定都是为保障质证权的充分行使服务的。

另外，《公约》第7条规定了禁止酷刑，酷刑包括对人身和精神的折磨两种形式。这一规定得到了国际社会的普遍认同，除了《世界人权宣言》之外，《欧洲人权公约》、《美洲人权公约》、《禁止酷刑和其他残忍、不人道或者有辱人格的待遇或处罚公约》等都对禁止酷刑作出了明文规定。这一规定

---

[1]　《公民权利和政治权利国际公约》。

延伸到证据法中便成为了非法证据排除规则。非法证据排除规则属于证据规则的一种，但其在美国刑事诉讼中是否能够作为法庭质证规则使用则因各州的规定不同而不同。具体而言，"美国传统上是在庭审期间，控方提交证据时，由被告方提出非法证据排除的动议，但是，后来大多数州放弃了传统上的这一做法，转而采取由被告方在审前提出非法证据排除动议的方式"。①

此外，《公约》第 14 条第 3 款（庚）项规定了不得强迫自证其罪特权。这一规定是要求追诉机关不得强迫被告人证明自己有罪，那么一方面追诉机关不得对被告人施以酷刑，进而获得其有罪供述；另一方面在面对追诉机关时，被告人应享有沉默权，有权利选择是否向追诉机关进行陈述或者是否向其提供不利于自己的陈述。《公约》这一条款对应的便是一项美国刑事法庭上广泛使用的质证规则——不得强迫自证其罪特权规则。

由上可知，《公约》中包含着一些指引刑事诉讼法庭质证规则设计的理念和原则，为了便于我国更早地批准《公约》，并能在批准《公约》后更好地贯彻《公约》的精神、落实《公约》的相关要求，设计和构建我国的刑事诉讼法庭质证规则是具有必要性的。

（二）我国刑事司法法治发展进步的需要

我国刑事司法已经迈开了发展的脚步，不再局限于传统的法官职权主义诉讼模式，而是在与国际社会接轨的时代背景下，不断借鉴和吸收英美法系当事人主义诉讼模式的有益之处，丰富和完善我国刑事立法和司法体系。在刑事诉讼庭审中最为突出的一个表现就是刑事诉讼的庭审强化了控、辩双方的诉讼职能，加强了庭审的对抗性。

庭审对抗性最直接的体现为控、辩双方在刑事诉讼庭审过程中针对对方提交法庭的案件证据进行质疑和攻防辩论。为了保证刑事诉讼的公正性，控、辩双方的质证和对抗首先不应当流于形式，而必须进行实质性的质证和对抗，而进行实质性的质证和对抗离不开科学、合理的质证规则。

为了维护控、辩双方的诉讼权利，使控、辩双方能够在法庭上有针对性地、富有成效地行使质证权，刑事诉讼法庭质证规则的设计不可或缺。

首先，法庭质证规则能够有效地指引控、辩双方质疑证据的相关性、可采性、可信性，而不致引发庭审混乱。只有质证权而没有质证规则指引的质证行为容易造成庭审质证的随意化、形式化，进而引发庭审质证的无序和混乱局面。科学、合理的刑事诉讼法庭质证规则能够有效地引导控、辩双方的

---

① 杨宇冠著：《非法证据排除规则研究》，中国人民公安大学出版社 2003 年版，第 107 页。

庭审质证行为，促使其更加有效地行使质证权，保障刑事诉讼庭审程序的顺利、有序进行。

其次，法庭质证规则能够激励和促进控、辩双方向法庭提交具有可采性的有效证据，避免拖延庭审时间、浪费司法资源。设定科学、合理、成文的刑事诉讼法庭质证规则，使控、辩双方都能够熟知并熟练掌握法庭质证规则，就能够促使控、辩双方向法庭提交有效的证据。其原因在于提交证据的一方能够根据法庭质证规则预先判断相对方能够针对其提交的证据提出何种异议、己方是否能够针对相对方提出的异议进行有效的反驳、法官将会作出有利于哪一方的判断。有了这些预先判断，控、辩双方在向法庭提交证据时就会慎重考虑其提交证据的有效性，进而保证其提交证据的质量，这在客观上能够起到节省诉讼资源，提高诉讼效率的作用。

最后，法庭质证规则能够保障司法裁判的可接受性，维护法院的司法权威。法庭质证规则是为控、辩双方在刑事诉讼庭审中充分行使质证权，有效进行质证活动提供指引的规则。这些质证规则的制定是本着维护人权、维护司法正义的目的而设计的，控、辩双方，特别是处于弱势地位的被告人及其辩护人能够在质证规则的指引下，充分、有效地行使质证权，进而以其质证行为影响法官对证据的判断和法官心证的形成，那么法官最终由其心证形成的判决也较为容易获得控、辩双方的认同。一份能够被控、辩双方认同和接受的判决，才是一份能够发挥诉讼定纷止争功能的判决，而受到判决可接受性直接影响的，便是法院生效判决的司法权威性，因而法庭质证规则在一定意义上对保障判决的可接受性和维护法院司法权威具有重要作用。

（三）实现程序公正与实体公正并重的需要

刑事诉讼是一门平衡的艺术，既要追求实体公正的实现，也不应该忽视程序公正。正如丹宁勋爵所言："正义可能没有实现，但必须是看起来已经实现了。"[1] "街灯是最好的夜警，阳光是最好的防腐剂。"[2] 因而，公开、公平、公正的诉讼程序是实现实体公正的有效保障，或者说能够令实体公正看起来已经实现了。

构建出一套完善的刑事诉讼法庭质证规则能够保障刑事诉讼庭审的核心环节——庭审质证，实现公开、公平、公正。

---

① "Justice may not be done, but it must seem to be done." See Baron Alfred Denning, The Due Process of Law, Oxford University Press, USA, May 5, 2005.

② 陈瑞华著：《看得见的正义》（第二版），北京大学出版社 2013 年版，第 68 页。

　　首先，就保障刑事诉讼庭审质证实现公开性而言，一方面完整的、明确的、为立法所确定的刑事诉讼法庭质证规则本身是具有公开性的，一旦以法律形式颁布施行便默认这一法律规定是为全社会所知晓的；另一方面刑事诉讼庭审质证规则能够在公开的法庭质证环节中以其为民众所周知的规则引导控、辩双方行使质证权，进行公开的质证。

　　其次，就保障刑事诉讼庭审质证实现公平性而言，一方面控、辩双方都知晓刑事诉讼法庭质证规则所规定的内容，因而双方质证时在"弹药武器库"中能够使用的装备数量和质量都是相同的；另一方面刑事诉讼法庭质证规则是规范和引导控、辩双方进行庭审质证的规则，规则平等地适用于控、辩双方，也平等地约束着控、辩双方，形成了一种法律适用上的公平。

　　最后，就保障刑事诉讼庭审质证实现公正性而言，一方面公开透明、平等公平的刑事诉讼法庭质证规则引导着刑事诉讼庭审质证程序的推进，在程序上使控、辩双方充分地行使质证权，维护诉讼程序公正；另一方面科学、合理、完善的刑事诉讼法庭质证规则应当是能够保障控、辩双方有效地行使质证权，以其质证行为影响法官自由心证的质证规则，从而进一步促进刑事诉讼实体公正。

　　在我国的法律传统中曾经过分地追求实体公正，而不曾涉及程序公正，新中国的几次司法改革，特别是在刑事诉讼领域的改革逐渐加强了对程序公正的重视，提倡实体公正与程序公正并重。构建刑事诉讼法庭质证规则就是以程序公正促实体公正，实现程序公正与实体公正并重的手段之一。

　　（四）满足司法实践的需要

　　考察我国刑事诉讼立法和司法实践可知，我国的刑事诉讼立法并不存在一套完善的刑事诉讼法庭质证规则体系，而刑事诉讼司法实践当中的质证也非常混乱，其效果更是差强人意。故而，为了满足司法实践的需要，实现刑事诉讼法庭质证的规范性、合理性与合法性，构建一套完整的刑事诉讼法庭质证规则体系是具有现实意义的。

　　首先，刑事诉讼法庭质证规则能够将证据的可采性纳入法庭审查的范围，为防止国家权力肆意侵犯公民权利提供有力保障。质证规则的作用在于为控、辩双方的庭审质证提供可资利用的法律依据。多年来，我国刑事诉讼的法庭曾过多地关注证据的可信性，而较少地关注证据的可采性。然而，证据的可采性一方面关注证据的可信性基础，如传闻证据排除规则的例外多是基于该传闻证据具有可信性而赋予其可采性。另一方面还对应着证据收集过程的合法性问题。例如，言词证据是否在陈述人自愿的前提下而获得，实物证据是否通过法定的正当程序而取得。我国刑事诉讼证据的收集绝大多数都是由侦查机关进行的，侦查机关是国家公权力机关，在调查取证的过程中具有侵犯公民合法权利的危险性。刑事诉讼法庭质证规则将证据的可采性纳入法庭调查中，这就为防止公权力肆意侵犯私权利提供了一道屏障。

其次，刑事诉讼法庭质证规则能够为庭审质证和法官裁决异议提供法律支持，使控、辩双方的质证权能够有效行使、对质证效果能够产生合理预期，同时令法官对证据异议的裁判具有稳定性。明确地将刑事诉讼法庭质证规则制定并颁布出来，使包括庭审各方在内的社会全体民众都能知晓质证规则的具体内容，这样控、辩双方在行使质证权时就能够按图索骥，有章可循，法官在对证据异议进行裁决时也能够有章可考、有法可依，这不仅为控、辩双方的庭审质证提供了具有确定性和可操作性的法律规范，使法官的裁决具有可预见性和稳定性，同时也有助于控、辩双方依据质证规则制定各自的质证策略，提高控诉和辩护的质量，从客观上起到促进司法裁判公正性的作用。

最后，刑事诉讼法庭质证规则能够促进庭审质证的有序性和规范性。现行刑事诉讼庭审质证缺乏质证规则的合理、有效引导，使得司法实践中的质证环节呈现出混乱而无序的状态。具体而言：从提出异议的主体来看，司法实践中除了主持庭审的审判长，参与刑事庭审的控、辩双方之外，还出现了证人就询问提出异议的情况。从裁决异议的主体来看，除了审判长之外，庭审中也出现了控、辩双方对异议进行判断而要求证人不予回答相对一方询问的情况，更有甚者，还出现了证人对询问自行提出异议后径行决定不予作答的情况。从提出异议所引发的法律后果来看，刑事庭审中一方针对另一方提出的证据或者证人的回答提出异议的，通常都面临着缺乏法定的异议理由的尴尬，而法官也缺少裁决异议是否合理的法律依据，故而庭审中针对证据提出的异议通常难以引起法官对证据可采性的审查，质证的效果也难以达到影响法官心证的预期。凡此种种，使得司法实践中质证环节混乱、无序、缺乏规范性，而一套科学、合理、完善的刑事诉讼法庭质证规则无疑就成为了解决司法实践中质证主体不明、质证形式混乱、质证理由匮乏、质证效果不确定等问题的最佳方案。

三、构建我国刑事诉讼法庭质证规则的可行性分析

随着我国社会政治、经济、文化的发展，我国的传统法律文化与西方的诉讼理念相互碰撞，近年来，刑事诉讼领域开展了新一轮的刑事司法改革，与法庭质证规则相关的证据规则及配套制度引起立法、司法和法学理论界的

广泛重视，这也为构建我国刑事诉讼法庭质证规则提供了可行性。

（一）传统与现代的碰撞，使我国在传统法律文化的基础上吸收了西方合理的法律理念，形成了刑事诉讼法庭质证规则诞生的土壤

从封建社会的闭关锁国多年，到近代被西方炸开国门，我国的司法传统和传统法律文化遭到了西方法律文化和理念的巨大冲击，被迫开始了司法改革。从历史上的那一刻起，我们的传统法律文化就开始与西方的现代法律文化猛烈撞击，而经过封建社会末期、国民政府时期、新民主主义革命时期之后，我们的新中国法治建设也不免会受到中国传统法律文化与西方法律理念相碰撞产生的影响。这种影响表现在刑事司法改革中就体现为保留法官职权主义诉讼模式的基础上，借鉴、吸收当事人主义对抗制诉讼模式的做法。

首先，立法上承认了被告人具有刑事诉讼主体地位，实现了形式上的控辩平等。2004 年人权保障写入我国《宪法》，现行《刑事诉讼法》为了落实人权保障原则，规定犯罪嫌疑人、被告人属于刑事诉讼中的当事人，享有当事人的诉讼权利，具有刑事诉讼主体的地位，这为实现控辩平等提供了基础。被告人在刑事诉讼中享有的权利主要包括使用本民族语言进行诉讼、及时获知被指控的内容和理由、自行辩护权、委托辩护权、拒绝辩护权、参与庭前会议并发表意见、参与法定调查并对起诉书指控的案件事实发表意见、行使质证权进行质证、参与法庭辩论并对证据和案件发表意见或者进行辩论等。据此可知，我国刑事诉讼中的被告人虽然是面临刑事指控、处于实体权益未决待判状态的人，但是被告人并不是刑事诉讼纠问的客体，而是具有刑事诉讼主体地位的诉讼参与人，法律赋予了被告人多种形式的诉讼权利，支持和鼓励被告人与控诉方进行平等的庭审对抗。

其次，法律明确规定了侦查权、检察权、审判权由专门机关依法独立行使，从而实现了形式上的控、审分离。回顾我国古代社会的刑事审判可知，我国传统上的审判官吏是集侦查、起诉、审判等职能于一身的，审判过程中并不存在明确的程序性规则，程序公正的概念缺失，查明案件事实成为了进行刑事审判最为重要的目的之一，实体公正受到极大的重视。审判通常依赖于审判官吏的审判技巧和审判经验，庭审中严刑逼供作为一种查明案件事实的手段非常普遍，并且被纳入了法律规范当中，集权式刑事审判不存在控辩双方质证、更不存在规范控辩双方质证的质证规则。但是现代社会中，我国借鉴了西方对抗制的诉讼理念，刑事诉讼将侦查、检察、审判职能做了明确的划分，使公诉案件的控诉权与审判权相分离，打造出了中国刑事诉讼庭审中的相对独立的控、辩、审三方。审判中立、控审分离，控、辩双方享有庭

审质证权，这使得制定刑事诉讼法庭质证规则具有了合理性和可行性。

最后，立法规定犯罪嫌疑人、被告人有权获得辩护，并扩大了刑事诉讼法律援助的范围，旨在强化被告人与公诉人进行对抗的力量。中国古代的司法传统中并不存在辩护人制度，被告人只是受到刑事追究的客体，现代意义上的辩护制度是清末从西方引进而来的。我国刑事诉讼中的辩护制度是贯彻和落实被告人人权的重要保障性制度，辩护权是一项不附有任何条件性的权利，不论被告人被指控何种罪行、面对指控的态度如何，被告人的辩护权始终贯穿于刑事诉讼程序当中，不容侵犯和剥夺。为了增强被告人的辩护水平，强化其与控诉方进行庭审对抗的能力，法律赋予被告人委托包括律师在内的法律专业人士进行辩护的权利。此外，为了全面强化辩护制度，使被告人不致因经济原因而不能获得全面的律师帮助，甚至失去律师帮助，立法还进一步扩大了法律援助的范围。

（二）学界对美国证据规则的研究，多有建树，而质证规则中有相当一部分来自于证据规则，为构建我国刑事诉讼法庭质证规则提供了参考

我国学者对英美法的研究肇始于清末，[1] 贯穿于洋务运动、辛亥革命以及南京国民政府时期，[2] 直到 19 世纪末中国出现了赴西方留学的留学生，他们中有许多人修习了英美法律专业。[3] 新中国成立后，学界曾经一度中断了对英美法的研究，直到 1978 年改革开放后，我国才重新展开了对英美法的研究，且研究领域拓宽到立法、司法、法律思想、法学研究等多个领域当中，到 20 世纪 90 年代，英美法的研究在我国形成了一个高潮，关于英美法研究的著作、论文不计其数。

我国学者对英美证据法的研究虽然迟于整个英美法研究，但时至今日研究成果和研究领域还在不断拓展和深化，研究成果既有专著又有论文，并且已经积累了一定数量的科研成果。例如，杨宇冠教授曾透彻研究了非法证据排除规则，并将其成果以专著的形式固定下来，著有《非法证据排除规则研究》一书；刘玫教授曾经致力于传闻证据规则，并著有《传闻证据规则及其在中国刑事诉讼中的运用》一书；刘晓丹著有《美国证据规则》一书；刘品新著有《美国电子证据规则》；王进喜著有《美国联邦证据规则条解》；廖永

---

① 清末林则徐：《四洲制》；魏源：《海国图志》；徐继畲：《瀛环志略》等都涉及对美国国体、政体、思想、法治等方面的介绍。

② 那一时期的知识分子，如冯桂芬、郑观应、康有为、梁启超、严复等撰写了众多阐释英美法的作品。

③ 代表人物有伍廷芳、顾维钧、吴经熊、张康任、杨兆龙等。

安等译的《马萨诸塞州证据规则指南》等。

学界对于英美法系以及美国证据规则的研究为构建我国刑事诉讼法庭质证规则提供了参考资料和便利。表现为：其一，学界对普通法、美国证据规则的研究涉及范围广阔，既包括对于证据体系和证据制度本身的研究，还包括对个别证据规则的具体研究；既包括对于立法思维和立法理念的研究，还包括对立法进程和立法现状的考察。其二，学者对证据规则的研究深入细致，大多形成了研究成果，并已出版发行，造就了一个严谨治学、广泛探讨的学术氛围。其三，法律实证研究的兴起，使得更多的学者开始将目光投入解决我国刑事司法实际问题之中，证据规则的研究带有了更强的倾向性和目的性，这也为学者的研究成果转化为法律实践提供了可能性。

理论是为实践服务的，而实践是检验理论的标准。刑事诉讼法庭质证规则中包含着一些刑事证据规则的内容，因而构建刑事诉讼法庭质证规则为证据规则的理论研究服务于刑事诉讼司法实务提供了契机，而学界对证据规则的理论研究也为我国构建出一套科学、合理、可行的刑事诉讼法庭质证规则提供了参考。

（三）我国刑事诉讼中相关制度的配备，为构建刑事诉讼法庭质证规则提供了保障

刑事诉讼法庭质证规则的运行离不开配套制度的支持，我国刑事诉讼中的配套措施虽然并不完善，但是配套措施的存在也为构建刑事诉讼法庭质证规则提供了制度上的保障。

首先，现行《刑事诉讼法》扩大了辩护人阅卷的范围，起到了庭前控方证据开示的作用。[①] 1996 年《刑事诉讼法》规定的辩护律师的阅卷范围分为两个阶段：其一检察院审查起诉阶段，辩护律师阅卷的范围是本案的诉讼文书、技术性鉴定材料；其二法院受理阶段，辩护律师阅卷的范围是本案所指控的犯罪事实材料。不过现行《刑事诉讼法》在此基础上扩大了辩护律师阅卷的范围，规定自人民检察院审查起诉之日起，辩护律师的阅卷范围就扩展到本案的全部案卷材料。如此一来，辩护方就能够在法庭审判之前看到所有的案件证据材料，避免突袭审判带来的不利，还能够有机会在庭审前针对指控证据进行调查、分析，并为庭审质证做好充足准备，使质证权得到充分、有效的行使。

---

① 参见周国均、刘根菊：《新〈刑事诉讼法〉的三大助力之法理蕴涵探究》，载《湖北警官学院学报》2012 年第 4 期。

其次，强制证人出庭制度，为质证权的有效行使提供机会。充分、有效行使质证权的基础前提在于证人亲自出庭作证，而我国多年以来的司法实践中证人鲜有出庭作证者，这也使得法庭质证流于形式，难以实现质证的作用。现行法规定控辩双方对证人证言有异议，并且该证言对定罪量刑有重大影响的，法院也认为其应当出庭作证，就要传唤证人出庭作证，但是如果证人没有正当理由而拒绝出庭作证，法律赋予了法院强制证人出庭作证的权利，甚至对情节严重的证人有权处以最长 10 日的拘留。不过，为了维护家庭和谐，被告人的配偶、父母、子女不在强制出庭人员范围内。证人出庭作证是质证权有效行使的前提条件，我国现行立法和司法中的证人出庭作证制度还有待进一步完善，但是，证人出庭作证，特别是关键证人出庭作证已经在司法实践中达成了共识，这在一定程度上为质证权的有效行使提供了可能性，也为构建质证规则提供了基础性支持。

最后，刑事程序分流机制，减少适用普通程序的案件数量，为保障进入普通程序的，需要进行全面、完备的法庭质证的案件控辩双方充分行使质证权提供了可能性。① 从世界范围来看，法官数量与案件数量之间的矛盾都是非常巨大的，为了使法院不被大量的诉讼案件所湮没，为了使法院能够集中司法资源审理重要的诉讼案件，刑事程序分流机制意义非凡。刑事诉讼庭审质证是一个相对复杂、耗时的诉讼活动，为了保证进入普通程序审理的需要，进行全面、完备的法庭质证的案件中控、辩双方能够充分、有效的援引质证规则行使质证权，就要利用刑事程序分流机制，将大部分不需要进入普通程序审理的案件分流出去。在我国刑事诉讼立法中，也同样存在这样的分流机制：有一部分符合法律规定的案件可以由当事人在庭前自愿达成和解，从而实现与普通程序审理案件的分流；还有一部分案件由于符合法律规定的简易程序案件范围，而采取不同于普通程序的简易程序审理。刑事程序分流机制的存在减少了我国刑事诉讼适用普通程序进行审理的案件数量，为刑事诉讼庭审质证权的充分行使提供了可能性，也为构建刑事诉讼法庭质证规则提供了制度上的保障。

四、构建我国刑事诉讼法庭质证规则的基本思路

刑事诉讼法庭质证规则是一套科学的、严密的、复杂的规则体系，如果

---

① 参见顾永忠：《1997-2008 年我国刑事诉讼整体运行情况的考察分析——以程序分流为视角》，载《人民检察》2010 年第 8 期。

所有的刑事诉讼案件都以普通程序审理，并依照刑事诉讼法庭质证规则进行完整的庭审质证，那么有限的诉讼资源必将无法满足无限数量的刑事案件，法院也终将被数量庞大的刑事案件所湮没。因而，即便是在美国这一对程序公正要求极为严格和迫切的国家，也并非所有的刑事案件都会进入完整的陪审团审理程序，进而以法庭质证规则为基础进行全面的庭审质证。① 为了集中诉讼资源解决对程序公正要求较高的案件，在我国刑事诉讼中也要通过程序分流将需要进行全面、完备的庭审质证的案件和不需进行要全面、完备的庭审质证的案件进行区分。而需要依照刑事诉讼法庭质证规则的要求进行全面、完备的庭审质证的案件，还必须具备有效的庭审质证所要求的一系列基本条件才能实现全面、完备的庭审质证。

（一）区分案件是否需要进行全面、完备的庭审质证

为了避免破坏刑事诉讼本身对于诉讼公正性的追究，将司法实践中的大量刑事案件区分为需要依照刑事诉讼法庭质证规则的要求进行全面、完备的法庭质证的案件和不需要依照刑事诉讼法庭质证规则的要求进行全面、完备的法庭质证的案件，必须要有一个合理的区分标准。这一区分标准的合理性对于提高刑事诉讼效率、实现刑事诉讼公正具有非常重要的意义。因而，标准的设定一方面必须具有明确性和可操作性，以指导司法实务部门的具体司法行为；另一方面还需要具有前瞻性和指引性，以应对司法实践中不断发展变化的新情况、新问题。具体而言：

第一，以案件本身的严重程度及社会影响为标准对刑事诉讼案件进行区分。对于可能判处无期徒刑、死刑等涉及剥夺被告人的人身自由权、乃至生命权的刑事案件，应当以刑事诉讼法庭质证规则为基础进行全面、完备的庭审质证；对于社会影响重大的案件，如涉及人民群众十分关心、关注的民生、民权、贪污贿赂等案件，应当以全面、完备的庭审质证来确保刑事诉讼程序的公开、透明和公正。

第二，以被告人本身的身心特点为标准对刑事诉讼案件进行区分。出于对特殊社会群体的特殊关爱，如果刑事诉讼中的被告人属于未成年人，盲、聋、哑人或者限制行为能力的精神病人，则刑事诉讼法庭审理应当以法庭质证规则为基础进行全面、完备的庭审质证，以秉承和践行刑事诉讼对社会弱

---

① 参见陈光中、葛琳：《刑事和解初探》，载《中国法学》2006 年第 5 期。目前美国 90% 以上的刑事案件都通过辩诉交易得到解决，辩诉交易成为了美国刑事司法制度中的一项典型制度，这一制度将刑事案件进行了分流，令美国法院能够集中诉讼资源解决被告人不认罪的案件，并对此类案件提供完备的刑事诉讼程序保障。

势群体的关爱。

第三，以被告人是否承认指控的犯罪为标准对刑事案件进行区分。被告人是否认罪是刑事诉讼控、辩双方的讼争焦点，被告人是否真的有罪是刑事诉讼要解决的最基本和最核心的问题。被告人不承认犯罪的案件和被告人虽然对指控的罪行供认不讳，但经审查认为被告人可能并不构成犯罪的两类案件，需要根据刑事诉讼法庭质证规则进行全面、完备的法庭质证。因为这两类案件直接针对刑事诉讼的核心问题，涉及的是刑事诉讼能否正确认定案件事实、正确认定被告人罪与非罪的问题。

（二）全面、完备的庭审质证须具备的基本条件

在刑事诉讼法庭审理过程中，依照刑事诉讼法庭质证规则进行全面、完备的庭审质证必须具备保障性配套措施，而这些保障性措施也正是进行全面、完备的刑事诉讼庭审质证的基本条件。具体而言：

首先，证人必须出庭作证。证人亲自出庭作证是刑事诉讼庭审质证能够有效进行的前提和基础。这里的证人作广义理解，既包含普通证人，也包含被害人、鉴定人、侦查人员等在内的以言词作证的人。证人出庭面对控、辩双方，以口头的方式亲自陈述，并回答控、辩双方提出的问题，一方面可以令事实裁判者有机会通过察言观色来辨别和判断证人证言的真实性、准确性；另一方面可以令证人与控、辩双方面对面，这种"面对面"能够为法庭质证的全面性、充分性、有效性提供基础性保障。然而证人出庭率低一直是困扰我国刑事诉讼司法实践的一个顽疾。"据调查，全国三大诉讼中90%的案件证人是不出庭的，只是宣读证人证言。比如上海，刑事案件证人出庭率5%左右。"[1] 造成证人出庭作证难的原因主要有三个：其一，办案人员思想上不重视证人出庭作证，加之证人的记忆会随着时间的推移而消退，证言往往不具有稳定性，"办案人员主观上不愿证人出庭作证，而宁愿宣读具有稳定性的证人证言笔录"；[2] 其二，"证人本身害怕由于作证而遭到打击、报复或担心出庭误工造成自身经济损失等不愿出庭作证"。[3] 其三，法律没有明确规定证人出庭作证的具体方式。现行《刑事诉讼法》没有明确规定"控、辩双方

---

① 陈光中：《关于刑事证据立法的若干问题》，载《南京大学法学评论》（2000 年春季刊），总第 13 期。

② 顾永忠、苏凌主编：《中国式对抗制庭审方式的理论与探索》，中国检察出版社 2008 年版，第 185 页。

③ 周国均：《刑事案件证人出庭作证制度研究》，载《中国刑事法杂志》2002 年第 2 期。

在法庭上应当如何询问证人，证人又应当如何回答控、辩双方的询问"，① 以至于即便证人出庭，质证也难逃形式化和走过场的厄运。针对以上几点原因，一方面应当完善相关法律规定，建立和完善证人保护制度、证人补偿制度，鼓励证人出庭作证；另一方面应当建立、健全刑事诉讼法庭质证规则，以传闻证据排除规则明确证人不出庭作证的法律后果，激发办案人员申请传唤证人出庭作证的内在动力。

其次，必须有专业的律师为被告人提供法庭辩护。法律是一门复杂的、专业性要求极高的学科。刑事诉讼又是涉及公民人身权、乃至生命权的诉讼活动，因而由专业律师为被告人提供辩护是保障被告人合法权益的必要条件。此外，平等武装原则也要求刑事诉讼的控、辩双方都应当有能力、有机会在法庭审理程序中援引刑事诉讼法庭质证规则进行充分、有效、全面的质证。要求专业的律师为被告人提供法律帮助和法庭辩护是被告人一方有机会、有能力与控诉方进行平等对抗的基本保障。但是"目前我国刑事诉讼律师出庭辩护的比例不足30%，有的省甚至仅为12%。2012年北京共有2万件刑事案件，其中有律师参与的不到500件，只占全部刑事案件的2.5%"。② 从总体上看，律师参与刑事案件的比例如此之低，主要可以从两个方面来分析：其一，政府保障不足，法律援助的范围有限。当前，我国并没有将法律援助的范围扩大至所有案件的被告人，而是根据具体情况分为法定的法律援助案件和酌定的法律援助案件两类，因而具体到我国的刑事诉讼司法实践中获得律师帮助的被告人十分有限。其二，律师辩护受限，辩护效果不明显，被告人没有动力聘请律师。由于证人出庭作证率低、质证规则不健全，律师很难在庭审质证中充分有效地进行质证，辩护的空间也相当狭小，一般"只能对量刑提出辩护意见"，③ 因而被告人并没有需要律师为其提供法庭辩护的强烈意愿，辩护律师也因为发挥的空间不大而纷纷对刑事辩护退避三舍。要解决以上两个方面的问题，一方面要在区分案件是否需要进行全面、完备的庭审质证的基础上，扩大刑事诉讼法律援助的范围，为需要进行全面、完备的庭审质证的案件中没有辩护人的被告人提供法律援助；另一方面要充分尊重和维护辩护律师进行程序性辩护和实体性辩护的合法权利，在庭审前给辩护律师合理的阅卷和准备时间，在庭审中充分尊重和重视辩护律师援引法庭质证规

---

① 胡云腾：《证人出庭作证难及其解决思路》，载《环球法律评论》2006年第5期。
② 熊秋红：《刑事辩护的规范体系及其运行环境》，载《政法论坛》2012年第5期。
③ 左卫民：《效果与悖论：中国刑事辩护作用机制实证研究》，载《政法论坛》2012年第2期。

则进行质证的行为，此外还要为律师执业提供完善的法律保护，避免其因为正当的执业行为而受到不当的追究。

最后，法官需要对证据可采性异议当庭作出裁决。在刑事诉讼法庭质证过程中，控、辩双方中的任何一方都有权依据法庭质证规则对相对方提出的证据提出质疑，既可以质疑证据的可采性，也可以质疑证据的可信性。一旦刑事诉讼中的一方以法庭质证规则为依据，针对相对方提出的证据的可采性提出异议时，就意味着"刑事诉讼控、辩双方对该异议证据是否有资格进入法庭产生了争议"。① 这时法官在平等、公平地听取控、辩双方质证意见和辩论意见的基础上，当庭对此证据异议作出裁决是具有正当性和合理性的：其一，法官当庭对证据可采性异议进行裁决是推进刑事诉讼庭审程序的必要前提，有助于提高刑事诉讼庭审效率。刑事诉讼控、辩双方对证据是否有资格进入法庭产生争议，一方就此争议向法庭提出排除证据的申请时，审判法官就不可避免地要对是否支持一方提出的证据异议作出裁决，如果裁决认定证据具有可采性，则该证据可以由举证方提交法庭，进行进一步的质证；如果裁决认定证据不具有可采性，则该证据就不能再出现在法庭，而应当被排除。实际上，就刑事诉讼程序而言，不论法官对证据可采性异议的裁决结果如何，这一裁决都是刑事诉讼继续向前推进的必要前提，而法官当庭裁决证据可采性异议是刑事诉讼庭审效率得以提高的有效手段之一。其二，法官当庭裁决证据可采性异议是控、辩双方质证有效性的保障。质证的目的在于以质证行为影响事实裁判者的心证，而"心证"又是一种"看不到、摸不着"的抽象心理过程。我国的审判法官既是事实裁判者，又是法律裁判者，因而法官在具体的刑事诉讼案件中就难以绝对性地避免接触到不具有可采性的证据，而这类证据是否对法官"心证"产生了不当影响，却难以考证。所以，要求法官当庭对证据可采性异议作出裁决，一方面能够使控、辩双方清楚地知悉其质证行为的效果，另一方面也能对法官"心证"产生冲击，避免不具有可采性的证据对"心证"产生的潜在影响，进一步强化法庭质证的效果。

第二节　我国刑事诉讼法庭质证规则的构建

我国现行《刑事诉讼法》第 48 条规定了证据的八大种类，根据这些证据的种属特征，大致可以将这八大类证据归为言词证据和实物证据两个大的

---

① 张建伟著：《证据法要义》，北京大学出版社 2009 年版，第 132 页。

类别。为了与现行立法衔接和协调，本文将现行法规定的证据种类归为以上两类，并在此基础上构建我国刑事诉讼法庭质证规则。

一、言词证据的质证规则

所谓言词证据，是指以提供口头陈述的方式向法庭证明案件事实的证据，包括我国现行《刑事诉讼法》规定的证人证言、被害人陈述、被告人供述和辩解、鉴定意见四类证据。此外，视听资料、电子数据两类证据形式如果符合陈述人以提供口头陈述的方式向法庭证明案件事实的特征，则亦可成为言词证据的载体。

需要进行全面、完备的法庭质证的案件以控、辩双方充分、有效的质证为前提，而针对言词证据而言，充分有效的质证需要提供言词证据的陈述人亲自出席法庭，与控、辩双方面对面，以口头的方式回答控、辩双方提出的问题。一旦言词证据以"询问—回答"的方式呈现在法庭上，针对言词证据的法庭质证规则就可以区分为针对证据形式的质证规则和针对证据实质内容的质证规则两类。

此外，为了使法院不被大量的案件所湮没，出于集中诉讼资源解决对程序公正要求较高的案件的需要，在不需要采用全面、完备的法庭质证的案件中，控、辩双方达成合意，并经审判长许可，可以由控、辩双方对书面陈述进行质证，针对此种陈述人不出庭作证，而以陈述笔录作为证据提交的情况，也应当构建一类特殊的"言词证据"法庭质证规则。下文将分而述之。

（一）针对言词证据形式的质证规则

针对言词证据形式的质证规则主要是针对询问证人的方式不当或者证人回答问题的方式不当而提出的异议。不过，这种不当不一定足以导致证据被排除，也可能是可以得到补正的不当。其中最主要的质证规则是诱导性询问规则，此外，还有一系列针对询问或者回答形式不当的其他相关质证规则。

1. 诱导性询问规则

我国现行法律中已经存在诱导性规则，但是对该规则的具体内容缺乏清晰的阐释，因而构建刑事诉讼法庭质证规则，不单单要将诱导性询问规则纳入其中，还要明确其含义和具体运作。

所谓诱导性询问，是指提问者在提问的内容中包含或者暗示其希望得到的回答。在我国刑事诉讼法庭上有机会接受控、辩双方询问的主要是被告人、被害人、证人、鉴定人、侦查人员等向法庭提供言词性陈述的人。在我国现行刑事诉讼立法和司法实践中，这些人并不是由控、辩双方的任何一方传唤出庭的，而是应法庭的传唤出庭进行陈述的。因而，从形式上看，他们是向法庭提供案件信息的人，对法庭负责。不过，从实质上看，他们向法庭陈述的内容必然会对刑事诉讼控、辩双方中的一方具有一定的倾向性。通常情况下侦查人员、被害人的陈述倾向于控诉方，被告人的陈述则倾向于辩护方，而证人和鉴定人则分别以自己的亲身感知和专业知识技能为法庭提供案件信息，其陈述内容的倾向性取决于具体陈述的内容本身。因而，针对以上几种出席法庭的人所适用的诱导性询问规则也应该不同。

第一，刑事诉讼中的被告人。被告人是受到刑事诉讼追诉的人，应当受到不得强迫自证其罪特权的保护。如果被告人选择在法庭上保持沉默、不向法庭作出陈述，其意愿应当得到法庭的尊重，且任何人不得强迫被告人在法庭上作出陈述。但是，如果被告人自愿选择向法庭陈述，接受控、辩双方的询问，则针对被告人的询问就需要受到诱导性询问规则的限制。在法庭上有权向被告人提出问题的人包括控诉方、被害人、辩护方以及审判人员，附带民事诉讼的原告人仅能对附带民事的部分提问。在共同犯罪的案件中，同案的其他被告人及其辩护人，附带民事诉讼的其他被告人就附带民事问题可以向被告人发问。根据被告人倾向于辩护方的本质属性，对被告人首先应当由其辩护人进行主询问，主询问中不得使用诱导性问题，在辩护人发问完毕后，公诉方既可以针对辩护人主询问中不清楚或具有矛盾性的问题进行反询问，也可以在辩护人主询问的范围之外提出与案件具有相关性的新问题，这种提出新问题的做法本质上属于主询问。如果公诉方针对辩护人的主询问进行反询问，则其可以使用诱导性问题，但是如果公诉方在辩护人询问之外，开启了与案件事实相关的新问题，则提出的新问题不得使用诱导性询问。此后，控、辩双方可以在审判长的主持下反复询问被告人。概括而言，控、辩双方询问被告人适用诱导性询问规则的总原则是：如果反询问不涉及新问题而只是对主询问的反驳，则可以使用诱导性问题；如果反询问开启了一个新的与案件具有相关性的问题，那么反询问在新问题上就具有了主询问的性质，因而不得使用诱导性询问；如果再主询问是为了反驳和质疑对方在反询问中提出的新问题，则该提问具有反询问的性质，因而可以使用诱导性询问。在控、辩双方询问被告人之后，审判人员有权就其理解不清的问题补充询问被告人：如果补充询问是为了向被告人核实相关事实，则审判人员不得进行诱导性询问；如果补充询问是为了对被告人的陈述进行归纳总结以便理解，则审判人员可以进行诱导性询问。

第二，刑事诉讼中的被害人、侦查人员。被害人是受到犯罪行为侵害的人，我国刑事诉讼赋予被害人当事人的法律地位，被害人可以聘请诉讼代理人为其参与刑事诉讼提供法律帮助。侦查人员是应法庭传唤就其侦查行为的合法性提供证言的人。从控、辩、审三种诉讼职能上来看，被害人和侦查人员更倾向于控诉方，因而被害人或者侦查人员出庭陈述，提供言词证据时，首先应当由控诉方对其进行主询问。主询问的内容应当与待证案件事实具有相关性，但是主询问中不得使用诱导性询问，主询问结束后，由辩护方对被害人或者侦查人员进行反询问，反询问的内容如果是为了质疑主询问，则提问可以进行诱导性询问，但如果反询问提出了与案件具有相关性的新问题，就此问题的询问不得进行诱导性询问。此后，控、辩双方在审判长的主持下还可以进行多次主询问和反询问。最后审判人员有权对被害人和侦查人员进行补充询问，补充询问的规则与补充询问被告人的规则相同。此外，对于有诉讼代理人出庭的被害人，控诉方询问被害人之前，应当先由被害人的诉讼代理人对其进行询问，询问规则与控诉方询问被害人的规则相同。不过，询问被害人时询问人还应当恪尽注意义务，以避免被害人在庭审中遭受二次伤害。

第三，刑事诉讼中的证人和鉴定人。证人是凭借其亲身感知作证；鉴定人是凭借其专业知识和技巧作证。一般而言，在刑事诉讼庭审程序中，首先由申请法院传唤证人、鉴定人出庭作证的一方对其进行主询问，主询问完毕，由相对方进行反询问，反询问既可以质疑、反驳主询问的内容，也可以提出与案件相关的新问题，新问题的性质本质上属于主询问，控、辩双方在审判长的主持下，根据实际需要可以进行多次主询问和反询问。主询问和反询问中提出具有主询问性质的问题时，询问人通常不得使用诱导性询问，反询问和主询问中提出具有反询问性质的问题时，则可以使用诱导性询问。在控、辩双方询问完毕后，审判人员有权对证人和鉴定人进行补充询问，补充询问的规则与补充询问被告人的规则相同。但是，如果证人、鉴定人先前未亲自出席法庭作证，而本次出庭作证是应一方的申请，而由法院传唤出庭的，则法庭应当首先根据该证人或者鉴定人出具的书面陈述内容，判断其陈述的倾向性，随后，由其陈述倾向的一方首先对其进行主询问。

2. 其他针对询问或者回答形式不当的言词证据质证规则

全面、完备的法庭质证要求提供言词证据的人与控、辩双方"面对面"，询问人以口头询问的方式提出问题进行质证，言词证据的提供者则以口头回答询问的方式向法庭提供证据。刑事诉讼法庭质证规则就以这种"询问—回答"的质证方式为载体，针对询问与回答的形式规定了一定数量的相关质证规则。设计和构建这类质证规则的目的一方面是为了有效地引导刑事诉讼法庭质证的有序进行，提高诉讼效率；另一方面是为了避免控、辩双方单纯地以询问技巧来掩盖案件事实、影响或阻止事实裁判者正确认定案件事实，并以此维护诉讼公正。

具体而言，针对刑事诉讼庭审过程中提出问题或者回答问题的形式不当而设计的言词证据质证规则主要包括以下六种：

其一，禁止以错误陈述或者错误描述提出问题规则。这一规则要求询问人不得以提出问题的方式将陈述人已经作出的陈述进行错误的复述或错误的描述。询问人为己方利益考虑而错误的转述陈述人已经作出的陈述，会扰乱事实裁判者接收言词证据信息的准确性，不利于案件事实的认定，也有碍诉讼公正的实现，故而作此禁止性规定以避免错误陈述或描述对事实裁判者的影响。

其二，禁止以假设性事实提出问题规则。在刑事诉讼法庭审理过程中，控、辩双方有权向提供言词证据的人提问，但是，提问的内容中不能包含没有证据支持的假设性事实。作此规定，一方面是因为假设性事实与待证案件事实没有相关性，对证明案件争议不能提供任何实质性的帮助；另一方面是因为允许将假设性事实引入法庭审理，不但有混淆案件争点的危险，还将会导致庭审时间的无故拖延。

其三，禁止概括性提问规则。这一规则是指禁止控、辩双方提出可能引发陈述人作出较长的、较广泛的叙述的问题。作此规定是因为一旦询问人提出概括性问题，陈述人的陈述中将难以避免夹杂着不具有可采性的言词证据，而面对这样的言词证据相对方却没有合适的机会提出证据异议，这无疑有悖于诉讼公平、公正的要求。

其四，禁止以获得推论性回答为目的的询问规则。通常向法庭提供言词证据的人既包括以亲身感知作证的普通证人，还包括以专业知识和技能作证的"专家"。此规则仅适用于以亲身感知作证的普通证人，正是基于普通证人以其亲身感知而非自有知识作为证据信息来源作证，因而控、辩双方向普通证人提问时，不得要求其进行推论。

其五，禁止复合性询问规则。这一规则要求提出问题的人不得在一个问题里包含两个以上的单独事项。陈述人对复合性问题的回答难以具有明确性，事实裁判者也不足以清楚、确定地判断其回答是针对复合性问题中的哪一个问题作出的回答，因而，为了帮助事实裁判者清晰地了解案件事实，进而准确的认定案件事实，禁止复合性询问具有合理性。

其六，禁止辩论性询问规则。禁止辩论性询问是要求询问人提出的问题不得带有与陈述人进行辩论的色彩。向法庭提供言词证据的人只是提供案件信息的人，提问者不宜与其进行辩论，因为辩论本身并不能增加新的证据信息，反而会扰乱事实裁判者正确地接收证据信息。实际上，法庭辩论应当发生在刑事诉讼的控、辩双方之间，而不应当发生在控、辩双方中的任何一方与提供言词证据的人之间。

（二）针对言词证据实质内容的质证规则

针对言词证据实质内容的质证规则主要是指言词证据实质内容的不当直接触及刑事诉讼相关证据规则的要求，从而将会导致排除证据的后果。这类言词证据的法庭质证规则主要有以下几类：

1. 相关性规则

相关性规则，是指在刑事诉讼庭审中询问证人、被害人、被告人、鉴定人的问题，以及证人、被害人、被告人、鉴定人对问题的回答应当与案件待证事实相关，并对证明案件事实发挥作用。相关性规则在具体的司法实践中涉及的内容十分广泛，什么样的问题和回答是与待证案件事实具有相关性的，什么样的问题和回答是与待证案件事实不具有相关性的，这是需要根据具体案件和法律逻辑进行具体判断的，因而立法难以穷尽所有相关性规则的内容。但是为了防止一些具有误导性的证据被不当使用，在相关性规则之下，特别明确指出品格证据和类似行为证据两类证据的相关性问题。

（1）品格证据规则①

在刑事诉讼法庭质证过程中，以相关性规则为指引，品格证据的使用要受到严格的限制。首先，对于证人而言，证人以其对案件事实的亲身感知出庭作证提供证言，证人证言的形成受到感知能力、记忆能力、回忆能力、个人情感等多方复杂因素的影响，一般而言，判断证人是否如实陈述可以从证人的感知能力、精神状态、是否具有诚实的品格、是否存在偏见和利益、证人的当庭陈述是否与其庭前陈述相一致等方面予以考察。其中证人的品格对于判断证人证言的真实性具有不可忽视的作用，如果证人是一个不具有诚实品格的人，那么证人在法庭上的陈述也有可能是不诚实的、虚假的陈述。质证方可以利用证人的品格证据质疑证人证言的可信性。

其次，被害人的品格与被告人是否有罪之间一般不存在相关性，但是以正当防卫作为辩护理由的案件除外。作此规定在于保护被害人不因出席法庭

---

① 参见刘立霞等著：《品格证据在刑事案件中的运用》，中国检察出版社 2008 年版。

审判而受到二度伤害，并鼓励被害人对不法侵害予以反抗。其中较为典型的是强奸案件中的被害人，因而涉及被害人过去从事过其他性行为的证据以及被害人的性癖好证据都要受到品格证据规则的限制，不能以此证明被告人不存在犯罪行为。因为在法庭上公开披露并利用被害人的此类品格证据质疑被害人，非常有可能会造成被害人面对犯罪侵害不敢向司法机关寻求司法保护的困境。然而，如果被告人一方以正当防卫作为辩护理由，就允许公诉方提出被害人性格平和的品格证据质疑被告方的辩护理由，而被告方也可以提出被害人具有暴力品格的证据支持其辩护主张。

再次，就被告人的品格而言，一般控诉方不得使用被告人的品格证据证明其在特定环境下实施了与此品格特征相一致的行为，也就是作为指控证据时，被告人的品格与指控行为不具有相关性。但是，被告人可以提出证据证明自己具有良好的品格，而不可能实施指控行为。一旦被告人首先出示了自己的品格证据，那么被告人就开启了品格证据的大门，使得控诉方有权利使用被告人的品格证据对其提出质疑。

最后，就鉴定人而言，鉴定人是凭借其专门知识或者技能对待证案件的相关事项予以鉴定，并出具相关鉴定意见的人。以专业知识而非亲身感知作证，这是鉴定人不同于普通证人的突出特点。也正是由于鉴定人本身所具有的专业性特征，使其非常容易获得事实裁判者的信赖，进而对其认定案件事实产生潜在的影响力，因而鉴定人是否具有诚实的品格就成为了质证中需要考虑的一个重要的方面。不论鉴定人的专业知识如何高深、专业技能如何娴熟，如果鉴定人是一个不具有诚实品格的人，那么该鉴定人的鉴定意见也有可能是不诚实的，甚至是虚假的。质证一方在质证过程中可以利用鉴定人的品格证据质疑其鉴定意见的可信性。

（2）先前类似行为证据规则

先前类似行为证据规则主要是指被告人的先前类似行为一般而言与当前涉讼案件之间不存在相关性，因而不能以被告人曾经实施过某一相似行为作为证明他在本案中也实施了这一行为的证据。作此规定的主要目的在于防止刑事审判因不适当的偏见而对被告人定罪处刑。因此，在刑事诉讼庭审中，如果控诉方提出的问题或者证人的当庭证言中涉及了被告人的先前类似行为，辩护方就可以相关性规则为基础，以先前类似行为证据规则为具体理由，对控诉方的提问或者证人的证言提出异议。在法官对该异议作出裁断之前，控诉方可以针对辩护方的质证理由进行反驳。控诉方的反驳理由可以从先前类似行为证据规则的例外中寻找。

从确立了先前类似行为证据规则的国家的刑事司法实践可知，由于在刑事诉讼中将绝大多数先前类似行为证据排除出法庭之外，导致了一些案件无法作出认定的窘境，因而有些国家已经开始放宽了对先前类似行为证据规则的限制，规定了一些先前类似行为证据规则的例外。这一点可以为我国构建刑事诉讼法庭质证规则所借鉴，因而控诉方可以向法庭出示被告人的先前类似行为来揭示被告人实施犯罪行为的动机、机会、预备、知识、身份、计划、作案手段等方面的情况。① 据此，当辩护方援引先前类似行为证据规则进行质证时，辩护方可以援引该规则的例外进行反驳。

2. 传闻证据规则

传闻证据规则原则上排除传闻证据的可采性，即原则上排除陈述人在法庭审理程序之外作出的陈述或者在庭审中转述他人的陈述。设计传闻证据规则的目的在于"保障刑事诉讼控、辩双方能够充分的行使质证权，防止以公诉人为代表的国家公权力肆意侵害被告人合法权利"。② 据此，如果在刑事诉讼庭审中，言词证据的内容涉及传闻证据，则质证的一方可以援引传闻证据规则对该证据的可采性提出异议。

然而，一味地、绝对地严格排除传闻证据，"有可能会使得查明案件的成本过大或者无法查明案件事实真相"，③ 因而传闻证据规则还需包含一些特殊情况下的例外规定，出现符合法定理由的传闻证据时，应当赋予其可采性，而不将其排除。从总体上来说，采纳传闻证据规则的例外要么是由于庭外陈述对诉讼争议事实没有实质影响，陈述人是否亲自出庭作证意义不大；要么是由于该项庭外陈述是具有可信性保障的陈述。具体而言，传闻证据规则的例外包括以下几种：

第一，因路途十分遥远或其他不可抗力的影响而无法到庭，且其证词对案件意义不大、不是必须出庭的证人在庭外作出的陈述。如果证人在庭审中援引了庭外其他人的陈述，且原陈述人没有到庭，但是这项庭外陈述对证明案件本身没有太大影响力，则庭上证人作出的证言不因违反传闻证据规则而被排除。作此规定原因在于庭外证言对案件的证明没有太大意义，虽然控、辩双方失去对提供该陈述的陈述人进行当面质证的机会，但是该项庭外陈述对于控、辩双方追求的诉讼结果没有实质性影响，因而陈述人是否亲自出庭

① 参见沈志先主编：《刑事证据规则研究》，法律出版社 2011 年版，第 165-166 页。

② 参见刘玫著：《传闻证据规则及其在中国刑事诉讼中的运用》，中国人民公安大学出版社 2007 年版，第 196-201 页。

③ 沈达明主编：《英美证据法》，中信出版社 1996 年版，第 100 页。

作证的意义也就不大了。设定此项例外的目的在于节省司法资源，提高诉讼效率。

第二，临终陈述。"鸟之将死，其鸣也哀；人之将死，其言也善。"临终陈述这一传闻证据规则例外的设立是以"人们不愿带着谎言离世"的假设为前提的，为了减少采纳临终陈述带来的风险，采纳临终陈述需要同时具备三个条件："其一，陈述人必须要有确定的死亡预期，坚信自己即将死去；其二，陈述人作出的陈述内容或者事项必须与其死亡情况相关联；其三，陈述人在作出陈述之时具有证人能力，属于适格的证人。"①

第三，被告方有机会质证的庭前陈述。如果庭审中的言词证据涉及了其他未到庭作证的人在庭前所作的陈述，一般这类言词证据会作为传闻证据被排除，但是，如果被告方曾有机会并被赋权对此庭前陈述进行质证，那么该庭前陈述可以适用传闻证据规则的例外，从而具有可采性。设计这种传闻证据规则的例外是因为这种情况下的庭前陈述是保障了被告人一方的质证权的情况下产生的，符合可信性保障这一传闻证据规则例外的基础性条件。

第四，权威出版物中的记录。如果被告人、被害人、证人、鉴定人在法庭上作出的陈述涉及权威出版物中记载的内容，则该陈述适用传闻证据规则的例外，是具有可采性的证据。这里的权威出版物既包括政府部门作出的官方记录，如政府公布的各种规章、规则、文书等，还包括民间组织发行的具有权威性的出版物，如具有权威性的期刊、报纸、专著、论文等。作此例外规定是以政府公文以及权威性出版物记载内容的真实性为假设前提的，其目的在于便利诉讼。

第五，已被法院生效裁判确认的事实。法院作出的司法判决是具有权威性和司法公信力的，被生效的法院裁判确认的事实被推定为是具有真实性、准确性和确定性的事实。如果在刑事诉讼庭审过程中，言词证据中涉及被法院生效裁判确定的事实，那么此类陈述适用传闻证据规则的例外，具有可采性。作此例外规定一方面是为了尊重法院生效判决，维护司法权威；另一方面是为了节省司法资源，提高刑事诉讼庭审效率。

第六，其他符合真实性保证和必要性使用要求的庭外陈述。以上五种类别的传闻证据规则的例外并不能囊括刑事诉讼司法实践中的所有情况，因为社会是不断发展的、刑事诉讼面临的案件也是内容丰富、形式多样的，而这

---

① 刘玫著：《传闻证据规则及其在中国刑事诉讼中的运用》，中国人民公安大学出版社2007年版，第213页。

也是刑事诉讼令人着迷之所在，所以，对于传闻证据规则的例外也需要根据实践中的具体情况加以判断，而不宜机械地规定几种固定的情形。有鉴于此，司法实践中要注重以可信性保障为基础，甄别和判断新的传闻证据规则的例外，诸如对己不利事实的陈述、家族记录、医疗记录等都是司法实践中可能遇到的能够适用非法证据排除规则例外的情形。

3. 意见证据规则

根据意见证据规则的要求，在刑事诉讼庭审过程中，被告人、被害人、证人只能就其亲身感知的事实进行陈述，一般情况下，不得以其感知、观察而得出的推断或意见发表见解。规定意见证据排除规则有助于区分证明案件事实的主体与裁定案件事实的主体。陈述人向法庭提供言词证据的目的在于向法庭提供与案件有关的信息，供法院对案件事实作出认定，因而证明案件事实的主体是陈述人，而认定案件事实的主体是法院，这二者不应混淆错位。此外，一般情况下，法院据以认定案件事实的证据须是基于言词证据提供者的亲身感知而得到的信息，但是意见并非证据提供者的亲身感知，而是其主观判断，容易误导事实裁判者对案件事实的判断，因而意见证据一般不具有可采性。

不过，有的时候陈述者所陈述的内容既包括亲身感知的事实又包括其意见，且事实和意见不可分离，因而意见证据规则也存在一些例外的情况。具体可以分类两类：

第一类，意见证据是合理建立在陈述人的感觉之上，且该意见有助于清楚理解该陈述人的陈述或确定争议事实。这类意见证据包括："（1）同时察觉的事实。即从外观情况、人或动物的身心情况及其他同时呈现于感觉上的事实，一经观察就产生的结论。例如，尝到或者闻到一种味道等情况下作出的意见性表达。（2）连续察觉的事实。即从一连串的人或者事的连续状态产生的心理印象而得出的意见。例如，乘坐同一辆车的人对车速大小所表达的意见。（3）对印象的陈述。即陈述者对其记忆中的印象进行陈述所得出的意见，但是陈述人的陈述必须是基于本人亲身感知所得之印象。（4）品格意见的陈述。陈述人对某人的品格作证时，可以陈述自己的意见，此陈述具有可采性。（5）其他有关意见的陈述。例如对某人感情状态的判断、对声音的认定、对笔迹的认定、对自己意图的陈述、对某人是否醉酒的判断等等，只要是建立在陈述人的感觉之上的，并且对理解其陈述或确定争议事实有帮助的意见，都可以进入法官自由裁量权考量的范围。"①

---

① 刘善春等著：《诉讼证据规则》，中国法制出版社 2000 年版，第 164-165 页。

　　第二类，鉴定人就其具有专门知识或者技能的事项向法庭提供意见证据。刑事诉讼有可能会涉及专业性极强的知识，在确定案件争议事项时就需要借助具有专门知识和技能的专业人士的帮助，因而将鉴定人的意见引入刑事诉讼庭审中，帮助法官判断案件事实是具有合理性。在刑事诉讼法庭质证规则为鉴定人提出的意见证据开启大门之时，还需要明确以下三个方面的问题：其一，鉴定人资格的认定。鉴定人应当是受到所涉及学科高等教育并获得相关部门颁发的资格证书的人，特殊情况下，鉴定人还可以是从实践经验中掌握和精通专门知识的人。此外，鉴定人不应属于法定应当回避的人员。其二，鉴定人提出的意见所涉及的内容范围的限制。鉴定人向法庭提交的意见证据只限于对案件事实问题作出的个人意见和判断，而不能对法律问题发表意见。例如，鉴定人可以作出被告人精神有障碍的鉴定意见，但是不得提出被告人不负刑事责任的意见。其三，鉴定人向法庭提交的意见必须是依靠其专业知识和技能而作出的判断。鉴定人需要首先阐释其得出意见的根据，其后还要对其意见的合理性程度予以说明。

　　4. 特权规则

　　在刑事诉讼法庭质证规则中设立特权规则是在价值衡量后保护某些更重要的、特殊社会价值的结果。在特权规则的保护下，除非受到特权保护的权利人放弃特权，否则特权所包含的内容不得在刑事诉讼庭审中用以对抗享有特权的人。考察我国当前社会现实，刑事诉讼法庭质证规则之特权规则至少应当包括律师与委托人特权、夫妻特权、政府特权三个方面的内容。以下将分而述之：

　　第一，律师与委托人特权规则。律师与委托人特权规则，是指律师与委托人之间就案件信息所进行的秘密交流受到特权规则的保护，不得在刑事诉讼程序中以律师与委托人之间进行秘密交流的信息对抗委托人，作为对其不利的证据使用。律师与委托人特权的权利享有者是委托人，在委托人不在场时，律师可以代委托人援引此特权规则，以拒绝透露秘密交流的信息。构建律师与委托人秘密交流特权的目的在于使委托人能够无所顾忌地与他委托的律师畅通地交流，以便律师能够全面了解案件信息，为委托人提供全面、专业的法律服务。由于法律是一门复杂的、专业性极强的学科，而刑事诉讼程序的结果会直接对被告人的人身权、财产权乃至生命权产生影响，所以，为了更好地维护自身的合法权益，被告人需要专业律师为其提供法律帮助。俗话说：巧妇难为无米之炊。若律师不能全面了解案件信息就很难为被告人提供具有针对性的专业法律帮助，难以为被告人提供专业法律服务的律师制度是没有实际意义的。为了使律师能够取信于委托人、全面了解案件信息，鼓励委托人与律师无顾虑的交流，实现律师制度的存在价值，法律应当为律师与委托人之间的秘密交流设立特权保护规则，不得将律师与委托人之间的秘密交流信息在法庭上用作攻击委托人的证据。刑事诉讼是一门平衡的艺术，衡量发现案件事实与被告人获得全面法律帮助之间的价值，立法的天平倾向于保障被告人获得全面的法律帮助；衡量被告人获得全面的法律帮助与国家社会安定之间的价值，立法的天平又倾向于国家社会的安定。据此，律师与委托人特权规则还存在几种例外情况，即律师与委托人秘密交流中如果涉及委托人或者其他准备或者正在实施危害国家安全、公共安全以及严重危害他人的人身安全的犯罪的，律师不得隐瞒，应当及时告知司法机关。以上这些例外虽然形式不一，但其存在的理由都是为了维护国家和社会的安定。

第二，夫妻特权规则。夫妻特权规则，是指在夫妻关系存续期间，配偶双方进行的秘密交流信息，受到特权规则的保护，配偶一方不得向法庭提供反对、攻击配偶另一方的证言。具体而言：（1）夫妻特权规则的权利享有者是受到刑事指控的一方配偶，而不是有可能提供证言的配偶；（2）受到刑事指控的配偶一方援引夫妻特权规则的前提是夫妻关系依然存续，没有完结；（3）夫妻特权规则保护的信息是夫妻关系存续期间，夫妻双方进行的秘密交流；（4）夫妻特权规则所禁止的作证方式既包括配偶一方亲自出庭提供证言，还包括不出庭而提供证言笔录、证言录音录像等言词证据的情况。在刑事诉讼法庭质证规则中创设夫妻特权规则是为了维系夫妻之间的信任关系，促使夫妻之间进行坦诚、顺畅的交流，维护家庭和谐。夫妻特权规则是刑事诉讼法庭质证规则的一项原则性规定，但是涉及家庭暴力案、重婚案、遗弃案等与家庭内部纠纷息息相关的犯罪行为时，刑事诉讼法庭质证不受夫妻特权规则的限制，配偶中的一方可以被害人或者证人的身份向法庭提供指控、反对另一方配偶的证言，被指控的一方配偶不得援引夫妻特权规则阻止另一方向法庭提供证言。之所以规定夫妻特权规则的例外是因为在涉及家庭内部关系的犯罪案件中，案件事实通常具有隐秘性，不易为被外人察觉，剥夺配偶一方出庭作证的权利，有可能导致案件事实无法查明，使遭受配偶一方犯罪侵害的另一方无法得到法律的保护。此外，更为重要的原因是，在这类涉及家庭内部纠纷的案件中，通常夫妻双方的信任关系、家庭的和谐稳定已经动摇，立法规定夫妻特权规则所保护的重要社会关系和价值已经遭到破坏，因而在这类案件中固守夫妻特权规则是不明智的，也是缺乏合理性的。

第三，政府特权规则。政府特权规则，是指如果在刑事诉讼中披露的信息将会有损于国家利益和公共利益，那么政府有权援引政府特权规则，而拒绝提供或披露证据。设立政府特权的目的在于保护国家和社会公共利益，但是为了防止政府滥用此特权规则，应当明确政府特权规则所包含的具体内容。普通法规定了军事秘密和外交秘密两类政府秘密特权，我国政府特权规则也可借鉴其规定。具体而言：首先，特权的享有者是保存或知晓秘密信息的相关政府部门，该政府部门的行政长官有权以其所在政府部门的名义向法院主张政府特权。其次，主张政府特权必须经过慎重考虑，并以政府名义正式提交特权申请书。再次，特权申请书中要明确解释主张政府特权的具体理由，阐明如若披露此项信息将会给国家和社会带来什么样的实质性损害。最后，申请书中要解释主张政府特权的原因，说明为什么披露该项政府秘密信息会给国家或者社会安全带来伤害。如果政府向法院提交了符合形式和实质要求的正式特权申请书，审判法官就应当权衡国家社会利益与发现案件事实之间的价值，一般而言，只要政府提出特权申请的理由充分、形式合理就应当得到法院的支持。一旦政府特权申请得到法院的支持，那么在刑事诉讼法庭质证过程中，任何一方都不得援引或者试图援引与政府特权规则所保护的秘密信息相关的内容。如果刑事诉讼中的任何一方有意违反政府特权规则，披露特权规则所保护的内容，则法官得依职权予以制止。

（三）针对书面"言词证据"的特殊质证规则

针对言词证据进行充分、有效的法庭质证是以提供言词证据的人能够亲自出席法庭，接受控、辩双方的询问为前提的。但是，鉴于我们的刑事诉讼庭审，难以一蹴而就地在全部案件中全面落实证人出庭制度，而且要求所有证人出庭作证有的时候也是不切实际和没有必要的，因而存在一类不需要进行全面、完备的法庭质证的案件。在这类案件中，控、辩双方还有很大的可能性会以宣读证人证言笔录、被害人陈述笔录、鉴定人鉴定意见或者播放证人证言、被害人陈述的录音录像的方式代替证人、被害人、鉴定人亲自出庭作证。因而，对这类"言词证据"本身的质证，也是构建我国刑事诉讼庭审质证规则不可回避的问题。具体而言，针对此类"言词证据"的主要质证规则有：

1. 非法证据排除规则

非法言词证据，是指在法庭审理之前，侦查机关采用非法方法收集的犯罪嫌疑人供述、证人证言、被害人陈述，并据此制作笔录类文书、视听资料或电子数据。其中"非法方法既包括对犯罪嫌疑人、证人、被害人施加肉体上的折磨，也包括对其实施心理和精神上的压迫"。①

以非法取得的犯罪嫌疑人供述、证人证言以及被害人陈述制作的相关笔录、视听资料或电子数据是以强制和非自愿的，摧残其身心健康的方式而获得的言词证据。此种做法一方面侵犯了犯罪嫌疑人、证人、被害人作为社会中的人所当然享有的基本人权；另一方面通过摧残犯罪嫌疑人、证人、被害人的身心而获得的陈述并不具有可信性的保障。因而不论是出于保障人权的考虑，还是出于保障证据可信性的考虑，或者综合考虑以上两点，对以非法方法获得的言词证据应当坚决地予以排除，而不应赋予审判法官任何自由裁量的余地，要用这种刚性排除的做法，遏制刑事诉讼司法实践中侵犯人权的侦查行为，抵制和防止国家滥用公权力对公民私权利进行侵犯和肆意践踏。

有权针对非法言词证据提出非法证据排除申请的主体应当限于被告人一方，而"检察官在庭审过程中发现本方正在提交或准备提交的证据可能是非法获得的时候，不再向法庭提交即可"。② 刑事诉讼活动进行至法庭审理阶段，为了充分保证被告人的合法权益和诉讼权利，针对侦查人员以非法方式取得的言词证据，被告人一方不仅可以在庭前会议中提出排除非法证据的申请，而且在刑事诉讼法庭审理过程中，被告人一方依然有权针对非法证据提出异议，要求法庭予以排除。

在刑事诉讼法庭审理程序中，如果被告人一方认为公诉人出示的庭前言词证据是以非法方式取得的，那么被告人一方就可以援引非法证据排除规则针对该证据向法庭提出非法证据排除的申请，不过被告人一方在提出申请时还应当附带提出该证据系非法所得的线索或者证据，以承担其初步证明责任。在审判长对证据的可采性作出判断之前，公诉人一方有权针对被告人一方提出的异议进行反驳或解释，具体而言，公诉人既可以根据现有的证据材料对该证据的合法性予以证明，也可以申请法院传唤制作笔录、视听资料、电子数据的侦查人员或其他见证人出庭作证，以对该证据的合法性提供证明。

2. 以其他证据质疑言词证据本身的矛盾性规则

在刑事诉讼庭审程序中，诉讼中的一方针对另一方提交的庭前陈述有异议，认为其中所涉及的内容与案件事实不符的，有权申请法院传唤提供该庭前陈述的人出庭对质。法官认为该庭前陈述涉及的内容严重影响定罪量刑的，

---

① 陈卫东：《人民检察院适用非法证据排除规则若干问题的思考》，载《国家检察官学院学报》2013 年第 1 期。

② 陈卫东、刘中琦：《我国非法证据排除程序分析与建构》，载《法学研究》2008 年第 6 期。

应当传唤陈述人出庭亲自陈述，落实控、辩双方的质证权。但是，经过法院传唤，陈述人因不可抗拒的原因，无法亲自出庭的，如果不可抗拒的原因能在短时间内消失的，则法庭可以延期审理，待不可抗拒的原因消除后，传唤陈述人出庭亲自陈述；如果不可抗拒的原因不可能在短时间消除，甚至具有不可消除性，那么控、辩双方就只能对该庭前陈述进行质证了。具体的质证方式大致可以分为两种情况：

第一种情况，陈述人有多份庭前陈述，且陈述之间存在矛盾。如果陈述人存在不只一份庭前陈述，那么质证时就可以将其全部庭前陈述进行对比。如果出现同一陈述人的多份庭前陈述存在自相矛盾的内容，就可以此来质疑陈述人庭前陈述的可信性；如果出现同一陈述人的多份庭前陈述针对同一案件事实的陈述存在矛盾，而且此种矛盾属于不可调和的矛盾时，质证方就可以此质疑陈述人庭前陈述的可采性，进而主张排除此陈述人的庭前陈述。

第二种情况，存在其他人的庭前陈述或者其他证据，且证明的案件事实与接受质证的庭前陈述所证明的案件事实存在矛盾。在司法实践中还存在有其他人的庭前陈述或者其他物证、书证与待证案件事实具有相关性，且能够证明案件事实，但是其证明的案件事实与诉讼中的另一方提出质疑的庭前陈述所证明的案件事实相矛盾的情况。遇到此类情况，质证方就可以其他证据质疑该份庭前陈述的可采性、可信性。成功的质证需要质证方能够将其他证据所证明的内容串联并形成证据链条，从而使得被质疑的庭前陈述证据成为孤证，进而成功质疑该庭前陈述的可采性。但是，如果其他证据对案件事实的证明无法形成证据链条，则质证方仍然可以凭借此份庭前陈述与其他证据之间存在矛盾来质疑该庭前陈述的可信性。

二、实物证据的质证规则

所谓实物证据，是指以物品的外在特征、本质属性或者记载的内容来证明案件事实的一类证据。据此，实物证据可以细分为两种：其一是以物品的外在特征和本质属性来证明案件事实的证据，即我国现行《刑事诉讼法》规定的物证；其二是以物品所记载的内容来证明案件事实的证据，包括我国现行《刑事诉讼法》规定的书证、勘验、检查、辨认、侦查实验等笔录、视听资料、电子数据等以"书面方式"证明案件事实的证据形式。此外，根据实物证据形成的时间和条件不同，实物证据还可以分为现场提取的物证、书证、视听资料、电子数据等证据和依据案件制作的勘验、检查、辨认、侦查实验等笔录证据两大类。在刑事诉讼法庭审理程序中，控、辩双方都有权向法庭提交证据，合议庭还可以依职权在庭外调查核实证据，但不论是控、辩双方向法庭提交的证据，还是合议庭在庭外调查核实时收集的证据，控、辩双方都有权针对该证据进行质证和辩论。在法庭上出示实物证据首先要将其展示出来，让法庭中的控、辩、审三方都能够观察，甚至触碰到该证据。我国实物证据的质证规则主要包括：

（一）相关性规则

相关性规则，是指在刑事诉讼庭审中出示的实物证据必须与案件待证事实相关，并对证明案件事实发挥作用。具体而言：

第一，相关性规则在现场提取的物证、书证、视听资料、电子数据证据中的要求。向法庭提交的，在现场提取的物证、书证、视听资料、电子数据证据必须是与待证事实相关的、对证明案件事实有实质价值的证据。此外，该证据从现场提取直到提交到法庭上为止，这段期间，证据的保管应当具有符合法律规定的、完整的保管链条，从而确保其保留了提取时的本来特征，而未遭到伪造、变造、调换、破坏、变质、污染。要建立和证明现场收集的物证、书证、视听资料、电子数据证据与案件事实的相关性，除了依据这些证据本身具有相关性特征之外，还应当采取一定的方法将这种相关性呈现在法庭上。具体来说，现场收集证据首先应当遵循优先收集原物的原则，只有确实难以提取原物的情况下，才能考虑以其他方式保全证据。其次，在现场收集证据之前，要就地进行拍照或者摄录，以便能够客观、真实地记录下证据的原始状态，建立证据与案件待证事实的原始联系。再次，在现场提取证据时要做好相应的记录工作，要为证据编码以及记录提取日期、提取人、提取地点、提取证据时证据的原始特征等信息。最后，现场证据提取完毕后，对证据的保管要具有完整的证据保管链条，而不能出现保管链条断裂的情形，这就要求每一个保管证据的环节都应当有明确的保管人、保管地点、保管期间记录，并具有保管人签章。

第二，相关性规则在勘验、检查、辨认、侦查实验等笔录证据中的要求。与鉴定意见的制作主体不同，勘验、检查、辨认、侦查实验等笔录证据的制作主体是对案件进行侦查活动的侦查人员。其中，"勘验、检查笔录是侦查人员对与犯罪有关的场所、物品、人身、尸体等进行勘验、检查时，就其所观察、测量的情况制作的法律文书"。① 作为一种固定和保全证据的手段，

---

① 陈光中主编：《刑事诉讼法》（第五版），北京大学出版社、高等教育出版社 2013 年版，第223 页。

"辨认笔录是侦查人员主持被害人、证人、犯罪嫌疑人等对犯罪嫌疑人、与案件有关或者疑似与案件有关的物品、尸体、场所进行辨认时制作的法律文书"。① "侦查实验笔录是侦查人员为了确定与案件有关的某一事件或者事实在某种条件下可否发生或者如何发生而按照原来的条件，将该事件或者事实加以重现或者进行实验时所制作的法律文书。"② 勘验、检查、辨认、侦查实验等笔录必须保持客观性和全面性，全面记录进行勘验、检查、辨认，或者侦查实验的过程和结果，符合法律关于勘验、检查、辨认、侦查实验等行为的规定，并且由参与该活动的侦查人员和见证人签名或盖章。

（二）最佳证据规则

最佳证据规则是英美法的一项古老的证据规则，意思是用以证明案件事实的实物证据本身必须是案件的原始证据。根据最佳证据规则的要求，首先，原始证据必须与待证案件事实相关，能够有效地证明待证案件事实；其次，向法庭提交实物证据应当首先考虑提交原始证据以支持己方的诉讼主张，但是在法定情形下，法庭也接受以副本作为证据证明案件事实的做法；最后，最佳证据包括原始的物证，还包括以书面、录音、录像、电子数据等载体形式呈现出来的原始内容。

将最佳证据规则纳入刑事诉讼法庭质证规则当中是基于保障实物证据可靠性的考虑，因为原始证据，特别是原始的书面证据，在一定程度上能够避免提交证据的一方以欺诈为目的的篡改。正如摩根所言："最佳证据规则要求文书原本之提出，如不能提出原本，直至有可满意之说明以前，拒绝其证据，其理由之至为明显。该文字或者其他符号，如差之毫厘，其意义则可能失之千里；观察时之错误危险甚大，尤以当其在实质上对于视觉有所近视时为然。因此之故，除提出文书之原本以供检阅外，于证明文书之内容时，诈伪及类似错误之机会自必甚多。"③ 因而最佳证据规则主张原始证据的证明力是最强的，而副本只是在确保真实可靠性的情况下才是具有可采性的证据。

最佳证据规则为证明案件事实的证据的真实性提供了有力保障，但是不宜将最佳证据规则绝对化。一味地固守最佳证据规则并不必然带来司法公正，

---

①　陈光中主编：《刑事诉讼法》（第五版），北京大学出版社、高等教育出版社 2013 年版，第 224 页。

②　陈光中主编：《刑事诉讼法》（第五版），北京大学出版社、高等教育出版社 2013 年版，第 224 页。

③　［美］摩根著：《证据法之基本问题》，李学灯译，转引自陈光中主编：《刑事诉讼法》（第五版），北京大学出版社、高等教育出版社 2013 年版，第 196 页。

有时候反而会适得其反。特别是对于司法实践中一些尘封已久的案件而言，通常这类案件中的原始证据已经难以获取，或者已经灭失了，在这类案件中固守最佳证据规则未必有益，因而灵活运用最佳证据规则，为其设置一些例外性规定是有现实意义的。

设置最佳证据规则的例外，即允许提交证据的一方以副本替代原始证据，证明其诉讼主张，应当以原始证据无法获取，而副本具有可信性为大前提。具体而言，最佳证据规则的例外情形至少应当包括以下五个方面的内容：第一，原始证据已经丢失或者被损毁，并且原始证据的丢失或损毁并不是提出证据的人恶意造成的；第二，原始证据处于提供该证据所要反对的相对方控制之下，尽管已经通过诉状或者其他方式通知相对方提供该证据，但此要求被其拒绝；第三，原始证据处于某第三方实际控制之下，尽管提出证据的一方尽了最大的合理努力，但是该第三方仍然拒绝提供该证据的，提交证据的一方可以提交副本；第四，原始证据属于公共机关保管的公共记录，此种记录一般不为公民所持有，因而允许提交证据的一方提供该公共记录的副本；第五，刑事诉讼中的一方承认相对方提交的原始证据副本。

（三）非法证据排除规则

为了加强对被告人合法权益的保障，在刑事诉讼法庭质证程序中，被告人一方仍然可以检控方向法庭提交的实物证据不具有合法性为由提出质疑。非法证据排除规则的本质在于以程序违法导致实体无效，从而限制国家公权力的滥用。

从字面上看，非法证据乃不合法之证据，其中，"不合法"具体指的是收集证据的程序和方法的不合法，也就是取证过程中的不合法。从非法证据排除规则约束的主体来看，非法证据排除规则主要约束刑事诉讼中的侦查人员，要求侦查人员在侦查活动中进行的调查取证必须具有合法性根据。从非法证据排除规则适用的对象来看，非法证据主要针对检控方向法庭提交的实物证据，具体到我国法定证据种类而言，主要是指非法取得的物证、书证及相关视听资料、电子数据等证据。其中，非法取得的物证、书证是指侦查人员收集物证的程序违法，并且有可能严重影响司法公正而取得的物证。具体而言是指侦查人员在搜查、查封、冻结、扣押等侦查活动中，违反法定程序收集的物证证据、书证证据。非法取得的视听资料、电子数据是指随着技术侦查和秘密侦查的发展，侦查人员违反法定程序，采取秘密监听或者秘密摄像等方式取得的视听资料证据、电子数据证据。

根据非法证据排除规则的要求，对于非法取得的实物证据，如果侦查人员对法定程序的违反足以造成严重影响司法公正的可能性的，则该证据不具有可采性，不得作为证据向法庭提交，已经作为证据提交的，诉讼中的相对方有权援引非法证据排除规则对该证据提出质疑，法官可以依据自由裁量权，判断程序违法是否已经达到足以造成严重影响司法公正的情况，从而裁定是否支持相对方基于非法证据排除规则提出的证据异议。

赋予法官对非法取得的实物证据是否具有可采性进行自由裁量的权力，其原因在于"取证手段的非法性并不直接影响实物证据本身的可信性，非法取得的实物证据的证明价值并不因为收集手段的不合法而降低或者丧失"。[1]因而是否排除非法取得的实物证据将由法官在具体案件中，根据该证据的证明价值和侦查人员程序违法造成的司法不公之间做出价值衡量，判断是否赋予非法取得的实物证据以可采性。

第三节　我国刑事诉讼法庭质证规则的运作

为了保证刑事诉讼法庭质证规则能够在司法实践中发挥作用，指导庭审质证，与之配套的运行和操作规程不可或缺。本节内容将从质证规则作用的时间、有权援引质证规则的主体及援引质证规则的产生的法律效果等几个方面具体介绍我国刑事诉讼法庭质证规则的运作。

一、法庭质证规则作用的时间

我国刑事诉讼法庭质证规则是刑事诉讼法庭审理程序中控、辩双方进行庭审质证时使用的规则，因而质证规则发生作用的时间是法庭审理程序，具体而言，庭审质证规则发挥作用的时间是法庭调查阶段。

在法庭调查阶段，控、辩双方都有权利、有机会向法庭提交证据，而质证的一方如果认为相对方提交的证据不具有可采性、可信性，则应当及时对该证据提出异议。对及时性的要求要具体问题具体分析：

首先，引发异议的证据属于实物证据，则异议的及时性是指提出异议的一方应当在知道该实物证据不具有可采性、可信性的时候，第一时间提出异议。这个时间或许是该实物证据出现在法庭上之时，或许是提出证据的一方对该实物证据的来源等进行介绍之时，又或许是被告人、证人或其他诉讼参与人对该实物证据进行辨认之时，总之，为了削弱不具有可采性、可信性的

---

[1]　黄利：《两大法系非法证据排除规则比较研究》，载《河北法学》2005 年第 10 期。

证据对法官心证的影响，保证异议的及时性要求提出异议的一方在知晓异议理由之时即刻提出其关于实物证据的异议。

其次，引发异议的证据属于言词证据时，则异议的及时性要求提出异议的一方尽最大能力削弱不可采、不可信的言词证据对法官心证的影响。具体而言，如果发问人的发问方式将会引发不可采、不可信的陈述，则及时提出异议是指在发问人提问后，陈述人陈述之前提出异议；如果陈述人的陈述中包含了不可采、不可信的陈述，则及时提出异议要求提出异议者在陈述人即将陈述或者陈述过程中或者陈述之后立即提出异议，具体情形依赖于提出异议者对具体陈述内容的预先判断能力。

最后，引发异议的证据还有可能是书面材料。一般而言，基于直接言词原则或者是传闻证据规则，书面材料是不能直接作为证据出现在法庭之上的，但是为了节省司法资源，提高司法效率，如果控、辩双方对书面材料予以认可，没有异议，那么这份书面材料就具有证据资格。一旦在庭审中，控辩双方中的任何一方对书面证据的可采性、可信性有所质疑，那么及时提出异议要求提出异议的一方在该证据提交法庭时附理由地表达其异议。

二、有权援引法庭质证规则提出异议的权利主体

在刑事诉讼庭审过程中，控、辩双方都有权对庭审证据进行质证，那么有权援引刑事诉讼法庭质证规则进行攻防对抗的就是刑事诉讼中的控、辩双方，具体而言，控方是指公诉案件中的公诉人、被害人及其法定代理人、诉讼代理人、附带民事诉讼的原告人及其法定代理人、诉讼代理人；辩方是指被告人及其法定代理人、辩护人、附带民事诉讼的被告人及其法定代理人、诉讼代理人。其中附带民事诉讼的原告人及其法定代理人、诉讼代理人、附带民事诉讼的被告人及其法定代理人、诉讼代理人仅能就附带民事事项的证据援引质证规则进行质证。

以上做法不同于我国现行立法和司法实践中的做法，而是将援引刑事诉讼法庭质证规则进行庭审质证的权利赋予控、辩双方，其原因在于：

其一，"还政于民"，突破法官职权主义对庭审质证程序的限制，吸收当事人主义诉讼模式的精华，赋予控、辩双方援引刑事诉讼法庭质证规则进行庭审质证的权利。法官依职权控制庭审调查和庭审质证，从本质上与控、辩双方推进庭审进程的当事人主义诉讼模式相悖。之所以我国刑事诉讼吸收了当事人主义诉讼模式的理念而设计，却在司法实践中使当事人主义诉讼模式流于形式，难以彰显其优势，其中一个重要的原因就在于我国的刑事诉讼中

依然保留了法官依职权对庭审调查的有力控制。虽然职权主义确有其优势，但也同样存在程序正义不彰的弊端。为了从当事人主义诉讼模式和法官职权主义诉讼模式中汲取有益成分，形成适合我国国情、具有我国特色的刑事诉讼审理模式，在法庭调查阶段，宜突破法官职权主义对法庭调查和对控、辩双方进行法庭质证的过分限制。使审判法官尽可能地放弃在庭外自行调查核实证据的做法，而将调查核实证据的权利赋予刑事诉讼的控、辩双方，使其通过有效的法庭质证来质疑证据的可采性、可信性。法官只在极少数、不得已的情况下才在庭外调查核实证据，但是法官在庭外调查核实证据必须要通知控、辩双方，并由控、辩双方对该庭外证据的可采性、可信性进行质证。

其二，明确刑事诉讼中控、辩双方的刑事诉讼主体地位，而将援引刑事诉讼庭审质证规则进行质证的权利赋予控、辩双方，而不是证人、鉴定人等应法庭传唤出庭作证的人。证人、鉴定人等是刑事诉讼的参与人，但却不是受到刑事诉讼结果影响的人，他们出庭的目的在于帮助法庭查明案件事实，在一定意义上，他们是案件信息的提供者，是证据的来源，负责提供与案件争议事实相关的信息，而不是刑事诉讼的主体。刑事诉讼法庭质证规则属于法律专业性问题，对于提问者提出的问题是否与案件相关、是否符合刑事诉讼法庭质证规则的要求，应当由刑事诉讼控、辩双方来判断，因为控诉方是训练有素地追诉犯罪者，而辩护律师代表的是直接受到刑事诉讼结果影响的被告人，相比之下，证人、鉴定人等应法庭传唤而提供案件信息的人不适宜自行判断提问是否适当而打乱刑事诉讼的进程。

三、有权对援引法庭质证规则提出的异议作出裁断的主体

在刑事诉讼法庭质证程序中，有权针对控、辩双方援引法庭质证规则提出的异议作出判断的主体只能是审判法官。

首先，审判法官作为异议判断的主体既符合当事人主义诉讼模式的做法，又与法官职权主义诉讼模式不谋而合。在质证规则广为使用的美国刑事诉讼程序中，法官以消极、中立的身份主持刑事诉讼庭审程序，作为除了陪审团之外的审判者，又是具有法律专门知识、针对法律问题进行裁判的人，在遇到控、辩双方针对证据的可采性提出异议时，法官是有权对该异议作出裁断的不二人选；在遇到控、辩双方以弹劾证人的方式质疑证人证言的可信性时，该证人证言的证明价值属于事实问题，由陪审团在评议中加以判断。法官职权主义诉讼模式的特征在于法官主导、法官决策，在刑事诉讼中，当控、辩双方针对证据的可采性、可信性产生争议时，由法官依职权对证据异议作出

判断是完全符合法官职权主义诉讼模式要求的。由于我国刑事诉讼审理程序中，审判法官既审理法律问题又审理事实问题，因而，选择由审判法官来判断控、辩双方援引法庭质证规则提出的异议是否成立是合理的。

其次，控、辩双方是提出异议的主体，而提出异议者不能对自己的异议进行裁断是英国古老的自然公正法则的应有之义。在当前我国刑事诉讼司法实践中，控、辩双方中的任何一方针对相对方的询问表达异议，通常都不会产生太大的效果，在一方提出异议之后，法官通常不会表态，而提出问题的一方的做法也不一：有时候，提出问题的一方不会纠结于相对方提出异议的问题，而会继续进行下一个问题的询问；有时候，提出问题的一方会不顾相对方的异议，而坚持询问。不论是以上那一种应对模式，有一点是相同的，即控、辩双方在相对方提出异议后，会自我判断异议是否适当，进而选择自己下一步的做法。实践中的做法是混乱的，而自行判断对方的异议是否适当不符合"任何人不得担任自己案件的法官"的自然公正原则。因而在此引入法官依职权判断证据异议是明智和理性的做法。

最后，接受询问的人不应自行对询问是否适当进行判断，而径自决定是否回答，否则将使法庭审判失去意义。之所以有此一说是因为在我国现行司法实践中，确实有证人自己答复询问人"您的提问与本案无关，我不予回答"的情况。从本质上看，证人、鉴定人等出席法庭向法庭提供案件信息的人，并非刑事诉讼的主体，其出席法庭的全部意义在于履行作证义务，提供与待证案件事实相关的信息。他们并不适宜去主动援引刑事诉讼法庭质证规则提出异议，因为庭审的对抗性特征决定了控、辩双方有权利，更有动力去审查询问和回答是否符合质证规则；他们更不适宜自行判断询问是否符合刑事诉讼法庭质证规则，因为审判法官是居中裁判的具有法律专业知识的人，为了获得案件信息，更好地认定案件事实，审判法官才是有权力、更有能力判断质证行为是否违反质证规则的主体。

四、援引法庭质证规则提出异议产生的法律效果

在刑事诉讼庭审质证环节中，如果一方针对另一方向法庭提交的证据提出异议，并援引刑事诉讼法庭质证规则作为附带异议的理由，那么这一诉讼行为将引发以下三个效应：

其一，相对方针对对方提出的异议进行反驳。一旦在刑事诉讼庭审质证中，诉讼中的一方针对另一方的证据提出异议，那么相对方有权利在法官作出判断之前，针对对方的异议理由进行反驳。具体而言：首先，针对言词证据的异议，具体可分为两种情况：（1）针对言词证据形式的异议，提问者可以改变提问方式。例如，提问者提出的是一个复合性的问题而引发了相对方的异议，则提问者可以将问题拆分提问，以反驳或者是应对相对方的异议。（2）针对言词证据实质内容的异议，提问者可以通过阐释法庭质证规则的含义来反驳相对方提出的异议。其次，针对实物证据的异议，可以通过证明实物证据取得的合法性、保存证据链条的完整性等方式对相对方提出的异议进行反驳。最后，如果相对方针对书面材料提出异议，则可以通过申请法官传唤书面材料的制作人、见证人等相关人员出庭作证的方式加以反驳或者回应。

其二，审判法官将裁定异议是否成立。在刑事诉讼庭审质证程序中，如果一方援引刑事诉讼法庭质证规则针对另一方提出的证据的可采性提出异议，那么审判法官在听完另一方针对可采性异议进行的反驳或者意见之后，应当当庭判断该异议是否成立，并将此裁决应用于此后的庭审程序当中；如果一方援引刑事诉讼法庭质证规则针对另一方提出的证据的可信性提出异议，那么审判法官在听完另一方针对可信性异议进行的反驳或者意见之后，如果能够当庭判断证据可信性，则当庭予以判断，如果不能够当庭判断的，则在判决书中阐明对据以定罪量刑的证据的可信性判断。

其三，有可能作为上诉法院发回重审或者改判的理由。我国刑事诉讼实行两审终审，为最大限度地减少冤错案件，我国刑事诉讼二审既审事实也审法律。但如果被告人在一审庭审中援引质证规则对证据的可采性提出异议，则保留上诉法院对该证据异议的审查权，如果被告人认为一审法官对证据可采性异议的裁定有误，可以在上诉书中明确提出。上诉法院则首先审查此异议理由，经审查认为一审法官对证据可采性的异议裁决不当，且该证据对案件事实的认定、对被告人定罪量刑起关键作用，可在查明案件事实的基础上直接改判，也可裁定发回原审法院重新审判。作此规定一方面能鼓励被告人在一审中解决案件争议、提高一审判决的准确性；另一方面也为二审法院审查上诉案件提供了便利，减少了冤错案件。

结　　论

刑事诉讼法庭质证规则是保障刑事诉讼控、辩双方充分、有效、有序行使质证权的基础性前提。在采取当事人主义诉讼模式的美国，刑事诉讼法庭质证规则已经形成了一套较为完善和成熟的规则体系：首先，证人证言的质证规则。根据证人是以亲身感知作证还是以专业知识作证的不同，将证人分为普通证人和专家证人两类。针对普通证人，法庭质证规则大体上包括弹劾证人本身的规则、相关性规则、传闻证据规则、特权排除规则、诱导性询问规则以及其他一类以"禁止"为原则的质证规则。专家证人证言属于特殊的意见证据，专家证言的特殊性决定了质疑专家证言的质证规则也具有特殊性。其次，展示物的质证规则。展示物具有客观实在性，针对展示物的质证规则主要是与奠定展示物的基础相关的质证规则和最佳证据规则两大类。美国刑事诉讼法庭质证程序在法庭质证规则的指引下，充分、有效、有序地运行着。这一现象与我国刑事诉讼截然不同。

回顾我国刑事诉讼的历史发展，从我国古代社会至今，我国刑事诉讼并没有脱离法官职权主义诉讼模式的影响，在引入当事人主义诉讼模式之前，现代意义上，可资控、辩双方援引的刑事诉讼法庭质证规则并没有产生和存在的土壤。

当今我国刑事诉讼在保留和重视法官职权主义诉讼模式的基础上，引入了当事人主义诉讼模式的精神，这就为我国刑事诉讼法庭质证规则的构建提供了土壤。不过，考虑到我国刑事诉讼既具有职权主义的特点，又具有当事人主义的精神，构建我国刑事诉讼法庭质证规则不宜盲目、全套地照搬美国的规则和做法，而应当立足于我国的法律传统和基本国情，既要尊重我国的法律传统和基本国情，又要能够解决我国刑事诉讼立法和司法实践中面临的问题。

为了避免法院被刑事案件湮没，使法院能够有效地集中诉讼资源解决对程序公正要求较高的案件，因而，刑事诉讼控、辩双方援引法庭质证规则进行全面、完备的法庭质证只发生在有需要进行全面、完备的法庭质证的案件中。而全面、完备的法庭质证需要具备三个最基本的条件：一是证人出庭作证；二是被告人拥有专业律师为其辩护；三是法官对控、辩双方提出的证据可采性异议进行当庭裁判。

为了不破坏我国现行法关于证据种类的规定，本文将我国刑事诉讼法庭质证规则分为言词证据质证规则和实物证据质证规则两类，并将现行法规定的证据种类归入以上两大类当中。言词证据的质证规则分为针对言词证据证据形式的质证规则和针对言词证据实质内容的质证规则，以及针对书面"言词证据"的质证规则三个类别的质证规则，其具体内容包括诱导性询问规则、针对询问或者回答形式不当的质证规则、相关性规则、传闻证据规则、意见证据规则、特权规则、非法证据排除规则以及其他质疑言词证据矛盾性的规则八大类，几十种具体的质证规则；实物证据的质证规则包括相关性规则、最佳证据规则、非法证据排除规则三大类十几种具体的质证规则。我国刑事诉讼法庭质证规则的设计和构建是在我国法律传统和基本国情的基础上，吸收、借鉴美国的庭审质证规则而得，但并不完全与美国的做法相一致。例如，非法证据排除规则并没有出现在美国庭审质证规则中，因为美国刑事诉讼中的非法证据问题一般在庭前解决，权利人不积极行使权利，以致未在庭前及时提出排除非法证据动议的，以弃权论。然而，我国的刑事诉讼只是吸收了当事人主义诉讼模式的精神，并非完全、彻底地采取当事人主义诉讼模式，在刑事诉讼庭审中保留和重视法官的职权，期待发现案件实体真实，权利人在刑事诉讼中的任意阶段都可以提出排除非法证据的主张，当然庭审环节也不例外。实际上，本文对我国刑事诉讼法庭质证规则的构建，是在基本尊重我国的现行法律框架的前提下，吸收、借鉴了美国刑事诉讼法庭质证规则的有益之处，从而使得我国刑事诉讼法庭质证规则的构建更为注重解决立法和司法实践中面临的实际问题。

参考文献

一、著作类

（一）中文著作

1. 陈光中主编：《刑事诉讼法》（第五版），北京大学出版社、高等教育出版社 2013 年版。

2. 陈光中主编：《辩诉交易在中国》，中国检察出版社 2003 年版。

3. 陈光中等著：《中国司法制度的基础理论问题研究》，经济科学出版社 2010 年版。

4. 卞建林、刘玫主编：《外国刑事诉讼法》，中国政法大学出版社 2008 年版。

5. 刘玫著：《传闻证据规则及其在中国刑事诉讼中的运用》，中国人民公安大学出版社 2007 年版。

6. 顾永忠主编：《刑事法律援助的中国实践与国际视野》，北京大学出版社 2013 年版。

7. 顾永忠、苏凌主编：《中国式对抗制庭审方式的理论与探索》，中国检察出版社 2008 年版。

8. 陈瑞华著：《刑事诉讼的前沿问题》，中国人民大学出版社 2000 年版。

9. 顾永忠、程滔等著：《刑事诉讼法治化与律师的权利及其保障》，中国人民公安大学出版社 2010 年版。

10. 熊秋红著：《刑事辩护论》，法律出版社 1998 年版。

11. 樊崇义主编：《刑事审判程序改革调研报告》，中国人民公安大学出版社 2008 年版。

12. 卞建林主编：《证据法学》，中国政法大学出版社 2000 年版。

13. 龙宗智著：《证据法的理念、制度与方法》，法律出版社 2008 年版。

14. 张建伟著：《证据法要义》，北京大学出版社 2009 年版。

15. 刘金友主编：《证据法学》，中国政法大学出版社 2001 年版。

16. 何家弘主编：《新编证据法学》，法律出版社 2000 年版。

17. 陈丽君、曾尔恕主编：《外国法律制度史》，中国政法大学出版社1997年版。

18. 何家弘主编：《刑事审判认证指南》，法律出版社2002年版。

19. 汪海燕著：《刑事诉讼模式的演进》，中国人民公安大学出版社2004年版。

20. 宋英辉等著：《外国刑事诉讼法》，法律出版社2006年版。

21. 毕玉谦著：《民事证据法及其程序功能》，法律出版社1997年版。

22. 蒋耀祖著：《中美司法制度比较》，台湾商务印书馆1976年版。

23. 陈朴生著：《刑事证据法》，三民书局1979年版。

24. 王进喜著：《美国联邦证据规则条解》，中国法制出版社2012年版。

25. 杨宇冠著：《人权法——〈公民权利和政治权利国际公约〉研究》，中国人民公安大学出版社2003年版。

26. 杨宇冠著：《国际人权法对我国刑事司法改革的影响》，中国法制出版社2008年版。

27. 夏勇著：《人权概念起源——权利的历史哲学》，中国政法大学出版社2001年版。

28. 陈瑞华著：《刑事审判原理论》，北京大学出版社2003年版。

29.《四库全书·经部》，台湾商务印书馆，1986年版。

30.《修订法律大臣沈家本等奏进呈诉讼法拟请现行试办摺》。

31.《刑事诉讼律草案告成装册》。

32. 吴宏耀、种松志主编：《中国刑事诉讼法典百年（上册）》，中国政法大学出版社2012年版。

33. 吴宏耀、种松志主编：《中国刑事诉讼法典百年（中册）》，中国政法大学出版社2012年版。

34. 杜世相著：《出庭公诉研究》，中国检察出版社2000年版。

35. 李心鉴著：《刑事诉讼构造论》，中国政法大学出版社1992年版。

36. 刘国清、刘晶著：《刑事证据规则实务》，上海社会科学院出版社2001年版。

37. 陈瑞华著：《刑事诉讼的前沿问题》，中国人民大学出版社2011年版。

38. 陈瑞华著：《刑事诉讼的中国模式》，法律出版社2010年版。

39. 何家弘著：《证据的庭审认定规则》，人民法院出版社2009年版。

40. 杨宇冠著：《非法证据排除规则研究》，中国人民公安大学出版社

2003 年版。

41. 何家弘著：《刑事证据制度改革研究》，法律出版社 2003 年版。

42.《盐铁论·刑德》。

43. 刘立霞等著：《品格证据在刑事案件中的运用》，中国检察出版社 2008 年版。

44. 沈志先主编：《刑事证据规则研究》，法律出版社 2011 年版。

45. 林钰雄著：《刑事诉讼法》，中国人民大学出版社 2005 年版。

46. 沈达明主编：《英美证据法》，中信出版社 1996 年版。

47. 樊崇义主编：《诉讼原理》，法律出版社 2003 年版。

48. 廖耘平著：《对质权制度研究》，中国人民公安大学出版社 2009 年版。

49. 王兆鹏著：《美国刑事诉讼法》，北京大学出版社 2005 年版。

50. 龙宗智著：《刑事庭审制度研究》，中国政法大学出版社 2001 年版。

51. 季卫东著：《法治秩序的建构》，中国政法大学出版社 1999 年版。

52. 刘善春等著：《诉讼证据规则》，中国法制出版社 2000 年版。

53. 陈瑞华著：《看得见的正义》（第二版），北京大学出版社 2013 年版。

54. 何家弘主编：《证据学论坛》（第三卷），中国检察出版社 2001 年版。

55. 陈卫东主编：《刑事诉讼法实施问题调研报告》，中国方正出版社 2001 年版。

56. 林端著：《韦伯论中国传统法律——韦伯比较社会学的批判》，三民书局 2003 年版。

57. 林钰雄著：《刑事诉讼法》，台湾图书馆 2003 年版。

58. 张文显著：《二十世纪西方法哲学思潮研究》，法律出版社 2006 年版。

59. 锁正杰著：《刑事程序的法哲学原理》，中国人民公安大学出版社 2002 年版。

60. 柴发邦著：《体制改革与完善诉讼制度》，中国人民公安大学出版社 1991 年版。

61. 卓泽渊著：《法的价值论》（第二版），法律出版社 2006 年版。

62. 万毅著：《底线正义论》，中国人民公安大学出版社 2006 年版。

63. 王国忠著：《刑事诉讼交叉询问之研究》，中国人民公安大学出版社

2007 年版。

64. 李吕盛著：《论对抗式刑事审判》，中国人民公安大学出版社 2009 年版。

65. 王进喜著：《刑事证人证言论》，中国人民公安大学出版社 2002 年版。

66. ［美］乔万尼·萨托利著：《民主新论》，冯克利、阎克文译，上海人民出版社 2009 年版。

67. ［美］麦考米克、魏因贝格尔著：《制度法论》，周叶谦译，中国政法大学出版社 2004 年版。

68. ［美］庞德著：《通过法律的社会控制——法律的任务》，沈宗灵、董世忠译，商务印书馆 1984 年版。

69. ［美］哈罗德·丁·伯尔曼著：《法律与革命》，贺卫方等译，中国大百科全书出版社 1993 年版。

70. ［美］摩根著：《证据法之基本问题》，李学灯译，世界书局 1982 年版。

71. ［意］贝卡里亚著：《论犯罪与刑罚》，黄风译，中国大百科全书出版社 1993 年版。

72. ［法］勒内·达维德著：《当代主要法律体系》，漆竹生译，上海译文出版社 1983 年版。

73. ［英］杰弗里·威尔逊主编：《英国刑事司法程序》，刘丽霞等译，法律出版社 2003 年版。

74. ［美］波斯纳著：《法律的经济分析》，蒋兆康译，中国大百科全书出版社 1997 年版。

75. ［法］孟德斯鸠著：《论法的精神》（上册），张雁深译，商务印书馆 1961 年版。

76. ［日］谷口安平著：《程序的正义与诉讼》，王亚新、刘荣军译，中国政法大学出版社 2002 年版。

77. ［美］伯纳德·施瓦茨著：《美国法律史》，王军等译，中国政法大学出版社 1990 年版。

78. ［美］马丁·P. 戈尔丁著：《法律哲学》，齐海滨译，生活·读书·新知三联书店 1987 年版。

79. ［美］约翰·罗尔斯著：《正义论》，何怀宏等译，中国社会科学出版社 1998 年版。

80. ［美］艾伦·豪切斯泰勒·斯黛丽、南希·费兰克著：《美国刑事法院诉讼程序》，陈卫东、徐美君译，中国人民大学出版社 2002 年版。

81. ［英］密尔松著：《普通法的历史基础》，李显冬等译，中国大百科全书出版社 1999 年版。

82. ［美］米尔建·R. 达马斯卡著：《漂移的证据法》，李学军等译，中国政法大学出版社 2003 年版。

83. ［美］米尔吉安·R. 达马斯卡著：《司法和国家权力的多种面孔——比较视野中的法律程序》，郑戈译，中国政法大学出版社 2004 年版。

84. ［英］罗伯特·巴特莱特著：《中世纪神判》，徐晰、喻中胜等译，浙江人民出版社 2007 年版。

85. ［美］米尔吉安·R. 达马斯卡著：《比较法视野中的证据制度》，吴宏耀、魏晓娜等译，中国人民公安大学出版社 2006 年版。

86. ［日］中村英郎著：《新民事诉讼法讲义》，陈刚、林剑锋、郭美松译，法律出版社 2001 年版。

87. ［美］约翰·H. 兰博约著：《对抗式刑事审判的起源》，王志强译，复旦大学出版社 2010 年版。

（二）英文著作

1. Thomas A. Mauet, Trial Techniques and Trial (Eight Edition), Wolters Kluwer Law Bussiness inNew York, 2010.

2. William Blackstone, Commentaries on the Laws ofEngland, Create Space Independent Publishing Platform, 2013.

3. William Hawkins, A Treatise of the Pleas of the Crown, The Lawbook Exchange, Ltd., 2004.

4. Charles Cottu, On the Administration of Criminal Justice inEngland, And the Spirit of the English Government, General Books,2012.

5. Dean J. Champion Administration of Criminal Justice：Structure, Function, and Process, Prentice Hall,2002.

6. John H. Langbein, The Origins of Adversary CriminalTrial, Oxford University Press, 2003.

7. Barbara J. Shapiro, Beyond Reasonable Doubt and Probable Cause：Historical Perspectives on the Anglo-America Law of Evidence, University of California Press, 1991.

8. John H. Langbein, The Original of Adversary Criminal Trial, Oxford Uni-

versity Press, 2003.

9. John Henry Wigmore, Evidence in Trials at Common Law, Peter Tillers Rev., Little Brown and Company, vol.2, 1983.

10. Thomas Gisborne, an Enquiry into the Duties of Men (Fourth Edition), University of Michigan Press, 1979.

11. Stephen A. Saltzburg, Michael M. Martin, Naniel J. Capra, Federal Rules of EvidenceManual (6th edition), The Michie Company, 1994.

12. Thomas. A.Mauet, Trails: Strategy, Skills, and the New Powers of Persuasion (Second Edition), Wolters Kluwer Law&business. Aspen Publishers, 2009.

13. Michael H. Graham, Handbook of Federal Evidence: rule 601-706, West Group, 2002.

14. James Fitzjames Stephen, a Digest of the Law of Evidence (Classic Reprint), Forgotten Book Publisher, 2012.

15. Ronald J. Allen, Richard B. Kuhns and Eleanor Swift, Evidence: Text, Problems, and Cases, Aspen Publishers, 1997 .

16. John H. Wigmore, The Principles of Judicial Proof as Given byLogic, Psychology, and General Experience, and Illustrated in Judicial Trials, Facsimile Originally Published, 1913.

17. Thomas A. Mauet & Warren D. Wolfson, Trail Evidence 4th edition. X, Aspen Publisher, 2009.

18. Irving Younger, Expert Witnesses, 48 Ins. Couns., 1981.

19. Baron Alfred Denning, The Due Process of Law, Oxford University Press, USA, May 5, 2005.

20. Andrew L. T. Choo, Hearsay and Confrontation in Criminal Trials, Clarendon Press, 1996.

21. Charles B. Gibbons, A student's Guide to Trial Objections, West Group Press, 2003.

22. Asher L. Cornelius, The Cross-Examination of Witnesses, The Bobbs-Merrill Company Press, 1929.

23. Ronald H. Clark, William S. Bailey, George R. Dekle, Cross Examination in Handbook: Persuasion Strategies and Techniques, Aspen Publishers Press, 2010.

24. Francis L. Wellman, The Art of Cross - Examination, Touchstone

Press, 1997.

25. Terence MacCarthy, MacCarthy on Cross Examination, American Bar Association Press, 2007.

26. Steven F. Molo, James R. Figiulo, Your Witeness: Lessons on Cross-Examination, Law Bulletin Publishing Company Press, 2008.

27. F. Lee Bailey, Kenneth J. Fishman, Excellence in Cross-Examination, Thomson West Press, 2013.

28. Peter D. Polchinski, Cross-Examination Edge: A Guide to Effective Questioning, Lawyers & Judges Publishing Company Press, 2010.

29. Stanley L. Brodsky, Coping with Cross-Examination and Other Pathways to Effective Testimony, American Psychological Association Press, 2004.

30. Roger Haydock, John Sonsteng, Examining Witnesses: Direct, Cross, and Expert Examinations, West Group Press, 1994.

31. John N. Ferdico, Christopher D. Totten, Criminal Procedure for the Criminal Justice Professional, Cengage Learning Press, 2012.

32. Thomas J. Gardner, Terry M. Anderson, Criminal Evidence: Principles and Cases, Cengage Learning Press, 2009.

33. ErwinChemerinsky, Laurie L. Levenson, Criminal Procedure, Wolters Kluwer Law & Business Press, 2008.

34. John M. Scheb, John M.sheb Ⅱ, Criminal Law and Procedure, Cengage Learning Press, 2010.

35. Timothy Sweetman, Adele Sweetman, Chain of Evidence Workbook, Cengage Learning Press, 2000 Goran Sluiter, Hakan Friman, Suzannah Linton, Salvatore Zappala, International Criminal Procedure: Principles and Rules, Oxford University Press, 2013.

36. Andrea Campbell, Legal Ease: Legal Ease: A Guide to Criminal Law, Evidence, and Procedure, Charles C Thomas Pub Ltd Press, 2012.

37. Robert Ansell, Art of Advocacy, Silver Wolf Press, 2005.

二、论文类

(一)中文论文

1. 陈光中:《刑事诉讼法再修改之基本理念——兼及若干基本原则之修改》,载《政法论坛》2005年第5期。

2. 陈光中：《坚持惩治犯罪与保障人权相结合、立足国情与借鉴外国相结合——参与刑事诉讼法修改的几点体会》，载《政法论坛》1996 年第 6 期。

3. 樊崇义：《刑事诉讼与人权保障》，载陈光中、江伟主编：《诉讼法论丛》（第 2 卷），法律出版社 1998 年版。

4. 易延友：《英美证据法上的证人作证规则》，载《比较法研究》2008 年第 6 期。

5. 肖玲：《国际刑事诉讼中的证据出示和质证规则》，载《国家检察官学院学报》2010 年第 4 期。

6. 陈光中、葛琳：《刑事和解初探》，载《中国法学》2006 年第 5 期。

7. 熊秋红：《刑事辩护的规范体系及其运行环境》，载《政法论坛》2012 年第 5 期。

8. 左卫民：《效果与悖论：中国刑事辩护作用机制实证研究》，载《政法论坛》2012 年第 2 期。

9. 周国均、刘根菊：《新〈刑事诉讼法〉的三大助力之法理蕴涵探究》，载《湖北警官学院学报》2012 年第 4 期。

10. 张正德：《刑事诉讼法价值评析》，载《中国法学》1997 年第 4 期。

11. 谢定飞、廖美春：《试论我国"审判中心主义"刑事程序结构之建构》，载中国法院网。

12. 夏勇：《中国宪法改革的几个基本理论问题》，载《中国社会科学》2003 年第 2 期。

13. 贺卫方：《中国的古典司法传统》，载陈金全、汪世荣主编：《中国传统司法与司法传统》，陕西师范大学出版社 2009 年版。

14. 周国均：《刑事案件证人出庭作证制度研究》，载《中国刑事法杂志》2002 年第 2 期。

15. 陈瑞华：《从"证据学"走向"证据法学"——兼论刑事证据法的体系和功能》，载《法商研究》2006 年第 3 期。

16. 胡云腾：《证人出庭作证难及其解决思路》，载《环球法律评论》2006 年第 5 期。

17. 薛栓良、卢永红：《论刑事诉讼的法庭质证》，载《兰州大学学报》1999 年第 2 期。

18. 顾永忠：《1997-2008 年我国刑事诉讼整体运行情况的考察分析——以程序分流为视角》，载《人民检察》2010 年第 8 期。

19. 陈光中：《关于刑事证据立法的若干问题》，载《南京大学法学评论》2000 年春季刊。

20. 马贵翔：《公正、效率、效益———当代刑事诉讼的三个基本价值目标》，载《中外法学》1993 年第 1 期。

21. 龙宗智：《论书面证言及其运用》，载《中国法学》2008 年第 4 期。

22. 易延友：《证据规则的法典化——美国联邦证据规则的制定及对我国证据立法的启示》，载《政法论坛》2008 年第 6 期。

23. 黄利：《两大法系非法证据排除规则比较研究》，载《河北法学》2005 年第 10 期。

24. 廖明：《质证乎？纸证乎？》，载甄贞等著：《程序的力量——刑事诉讼法学研究随想》，法律出版社 2002 年版。

25. 田国宝：《刑事质证程序研究》，载《中国刑事法杂志》2000 年第 6 期。

26. 易延友：《证据学是一门法学吗》，载《政法论坛》2004 年第 3 期。

27. 屈新：《刑事被告人质证权的程序保障》，载《中国政法大学学报》2009 年第 1 期。

28. 龙宗智、何家弘：《走出证人作证的误区》，载何家弘主编：《证据学论坛》（第二卷），中国检察出版社 2001 年版。

29. 施延亮：《西方质证制度的比较和借鉴》，载《上海师范大学学报》2001 年第 2 期。

30. 龙宗智：《我国刑事庭审中人证调查的几个问题——以"交叉询问"问题为中心》，载《政法论坛》2008 年第 5 期。

31. 林钰雄：《轮替诘问之法庭活动（上）》，载《台湾本土法学杂志》2000 年第 12 期。

32. 陈瑞华：《英美证据开示制度之比较》，载《政法论坛》1998 年第 6 期。

33. 许兰亭：《试论交叉询问艺术——兼谈刑辩律师的基本功》，载《河南司法警官职业学院学报》2003 年第 1 期。

34. 陈卫东：《让证人走向法庭——刑事案件证人出庭作证制度研究》，载《山东警察学院学报》2007 年第 2 期。

35. 李建明：《刑事庭审质证形式主义现象之批判》，载《江苏社会科学》2005 年第 3 期。

36. 庞良程：《当庭举证、质证方法论》，载《河北法学》2000 年第 5 期。

37. 龙宗智：《论我国刑事审判中的交叉询问制度》，载《中国法学》2000 年第 4 期。

38. 龙宗智：《论刑事对质制度及其改革完善》，载《法学》2008 年第 5 期。

39. 樊崇义、王国忠：《刑事被告质证权简要探析》，载《河南省政法管理干部学院学报》2006 年第 5 期。

40. 冯英菊：《审判中心观与刑事证据规则的构建》，载《法学杂志》2003 年第 9 期。

41. 刘方权：《案卷中的口供与证据》，载《中国人民公安大学学报》2007 年第 6 期。

42. 顾永忠：《刑事辩护的现代法治含义解读——兼谈我国刑事辩护制度的完善》，载《中国法学》2009 年第 6 期。

43. 何志刚、曹桂清：《公诉人法庭质证的策略与技巧》，载《人民检察》2003 年第 1 期。

44. 金春、杨桂红：《在我国司法实践中建立交叉询问制度之我见》，载《法学杂志》2001 年第 5 期。

（二）英文论文

1. Samuel R. Gross & Kent D. Syverud, Don't Try: Civil Jury Verdicts in a System Geared to Settlement, 44 UCLA L.Rev., 1996.

2. Edward J. Imwinkelried, The Bases of Expert Testimony: The Syllogistic.

3. Structure of Scientific Testimony, 67 N.C.L. Rev. 1, 1988.

4. Thomas Mengler, The Theory of Discretion in the Federal Rules of Evidence, 74Iowa L. Rev. 413, 1989.

5. Randolph N. Jonakait, The Origins of the Confrontation Clause: An Alternative History, 27 Rutgers L.J. 77, 1995.

6. James D. Rice, The Criminal Trial Before and After the Lawyers: Authority, Law, and Culture inMaryland Jury Trials, 1681-1837, 40 Am. J. Legal Hist. 1996.

7. Jack B. Weinstein, Probative Force of Hearsay, 46Iowa L. Rev. 331, 346, 1961.

8. J. Alexander Tranford, Keeping Cross-Examination Under Control, Vol. 18, American Journal of Trial Advocacy 1994.

9. William Eleazer, Trial Advocacy at Stetson: The First 100 Years, 30 Stetson L. Rev. 243, 2000.

10. Robert A. Mead, Suggestions of Substantial Value: A Selected, Annotated Bibliography of American Trial Practice Guides, 51Kan. L. Rev. 543, 2003.

11. Radha Natarajan, Racialized Memory and Reliability: Due Process Applied to Cross-Racial Eyewitness Identifications, 78 N.Y.U.L.Rev. 2003.

12. Jules Epstein, Cross-Examination: Seemingly Ubiquitous, Purportedly Omnipotent, and "at Risk", 14 Widener Law Review 427, 2009.

13. Kenneth Graham, Confrontation Stories: Raleigh on the Mayflower, 3 Ohio St. J. Crim. L.209,211, 2005.

14. David Lusty, Anonymous Accusers: An Historical & Comparative Analysis of Secret Witness in Criminal Trials, 24 Sydney L. Rev. 361, 2002.

15. Peter Westen, Confrontation and Compulsory Process: A Unified Theory of Evidence for Criminal Cases, Harvard Law Review Vol. 91, No. 3, Jan., 1978.

16. David S. Davenport, The Confrontation Clause and the Co-Conspirator Exception in Criminal Prosecutions: A Functional Analysis, Harvard Law Review, Vol. 85, No. 7, May, 1972.

17. Richard D. Friedman, Confrontation: the Search for Basic Principles, Georgetown Law Journal (1997-1998).

18. Daniel H. Pollitt, The Right of Confrontation: Its History and Modern Dress, Journal of Public Law (1959).

19. Roger W. Kirst, Confrontation Rules afterDavis v. Washington, Journal of Law and Policy (2007).

20. Randolph N. Jonakait, The Origins of the Confrontation Clause: an Alternative History, Rutgers Law Journal (1995-1996).

21. Robert P. Mosteller, Confrontation as Constitutional Criminal Procedure: Crawford's Birth Did not Require that Roberts Had to Die, Journal of Law and Policy (2007).

22. William H. Baker, The Right to Confrontation, The Hearsay Rules, and Due Process-a Proposal for Determining When Hearsay May be Used in Criminal Trials, Connecticut Law Review (1973-1974).

三、案例类

1. Maryland v. Craig, 497 U.S. 836, 110 S.Ct. 3157, 1990.

2. Yakus v. United State, 321U.S. 414, 444, 1994.

3. U.S. v. Hickey, 917 F.2d 901, 1990.

4. Unite States v.Allen J., 127 F.3d 1292. 10th Cir. 1997.

5. U.S. v Lynn, 856 F.2d 430, 432 n.3 1st circle, 1988.

6. U. S. v Abel, 469 U. S. 45, 52, 105 S. Ct. 465, 469, 83 L. Ed. 2d 450, 1984.

7. Pennsylvania v. Ritchie, 480 U.S. 39, 51-52, 107 S. Ct. 989, 997-98, 94 L.Ed.2d 674,1998.

8. U.S. v. Zaccaria, 240 F.3d 75, 81, 2001.

9. U.S. v. Sinclair, 109 F.3d 1527, 1997.

10. U.S. v. Matthews. 168 F.3d 1234, 1999.

11. United States. v. Hale, 422 U.S. 171, 1975.

12. Stephens v. People, 19 N.Y. 549, 1859.

13. U.S. v. McGovern, 499 F.2d 1140, 1142, 1st Cir. 1974 .

14. Roy v. Austin Co., 194 F 3d 840, 7th Cir. 1999.

15. Oberlin v. Marlin American Corp.,596 F. 2d 1322, 7th Cir. 1979.

16. U.S. v. Boyles, 57 F.3d 535, 7th Cir. 1995.

17. U.S. v. Wright, 119 F.3d 630, 8th Cir. 1997.

18. U.S. v. Archdale, 229 F.3d 861, 9th Cir. 2000.

19. U.S. v. Goodlow, 105 F.3d1203, 8th Cir. 1997.

20. U.S. v. Hernandez-Albino, 177 F.3d 33, 1st Cir. 1999.

21. U.S. v. Mulinelli-Navas, 111 F.3d983, 1st Cir. 1997.

22. U.S. v. Rodriguez-Garcia, 983 F.2d 1563, 10th Cir. 1993.

23. U.S. v. Ienco, 92 F. 3d 564, 7th Cir. 1996.

24. Iaco-bucci v. Boulter,193 F.3d 14, 1st Cir. 1999.

25. U.S. v. Tutiven, 40F. 3d 1, 1st Cir. 1994.

26. Straley v.U.S., 887 F.Supp. 728,D.N.J. 1995.

27. U.S. v. Williams, 81 F.3d 1434, 7th Cir. 1996.

28. U.S. v. Davis, 40 F.3d 1069, 10th Cir.1994.

29. U.S. v. KIZEART, 102 F.3d 320, 7th Cir. 1996.

30. U.S. v. Holmes, 44 F.3d 1150, 2nd Cir.1995.

31. Old Chief v. United States., 519U.S. 172, 117 S.Ct.649, 136 L. Ed.2d 574, 1997.

32. United States v. Phillippi, 442 F.3d 1061, 1064, 7th Cir. 2006.

33. United States v. Dorsey, 523 F.3d 878, 880, 8th Cir. 2008.

34. U.S. v. Lindstrom, 698 F. 2d 1154, 11th Cir. 1983.

35. U.S. v. Moore, 923 F.2d 910 1st Cir. 1991.

36. U.S. v. Jones, 213 F.3d 1253, 10th Cir. 2000.

37. U.S. v. Lopez, 611 F.2d 44, 4th Cir. 1979.

38. U.S. ex rel. Kline v. Lane,707 F. Supp. 368, N.D.I11.1989.

39. U.S. v. Jackson, 155 F.R.D. 664, D.Kan. 1994.

40. U.S. v. Mitchell, 172 F.3d 1104, 9th Cir. 1999.

41. People ofTerritory of Guam. v. Shymanovitzl, 157 F. 3d 1154, 9th Cir. 1998.

42. U.S. v. Catalfo, 64 F.3d 1070, 7th Cir. 1995.

43. U.S. v. Elliott, 62 F.3d 1304, 11th Cir. 1995.

44. Wilson v. Union Pacific R. Co., 56 F.3d 1231, 10th Cir. 1995.

45. U.S. v. Hanl, 66 F.Supp.2d 362 N.D.N.Y. 1999.

46. U.S. v. Withorn, 204 F.3d 790, 8th Cir, 2000.

47. U.S v. Sumner,204 F.3d 1182 8th Cir, 2000.

48. U.S. v. Guardia, 135 F.3d 1326, 1331, 10th Cir, 1998.

49. U.S. v. Enjady, 134 F.3d 1427, 10thCir. 1998.

50. U.S. v. McHorse, 179 F.3d 889, 10th Cir. 1999.

51. United States Football League v. National Football League, 842 F. 2d 1335, 2nd Cir. 1988.

52. Pries v. Honda Motor Co., Ltd.,31 F.3d 543, 7th Cir. 1994.

53. G. M. Brod & Co. v. U. S. Home Corp., 759 F. 2d 1526, 1533, 11th Cir. 1985.

54. Weil v. Seltzer,873 F.2d 1453, 1460, D.C. Cir. 1989.

55. U.S. v. Santos, 65 F.Supp.2d 802, 821, N.D.I11.1999.

56. Williamson v.United States, 512 U.S. 594, 598, 114 S.Ct. 2431, 2434, 129 L.Ed.2d 476,1994.

57. U.S. v. Evans, 216 F.3d 80, 85, D.C.Cir.2000.

58. Anderson v.United States, 417 U.S. 211. 94 S.Ct. 2253, 41 L.Ed.2d 20,1974.

59. U.S. v. Linwood, 142 F.3d 418 7th Cir, 1998.

60. U.S. v. Ruiz, 249 F.3d, 643, 7th Cir. 2001.

61. U.S. v. Mitchell, 145, F.3d, 572, 3rd Cir. 1998.

62. U.S. v. Hamiltion, 948 F.Supp. 635,639 W.D.Ky.1996.

63. U.S. v. Iron Shell, 633 F.2d 77, 8th Cir. 1980.

64. U.S. v. Wesela, 223 F. 3d 656, 7th Cir. 2000.

65. U.S. v. Hall, 165 F.3d 1095, 7th Cir. 1999.

66. U.S. v. Collins, 60 F.3d 4, 1st Cir. 1995.

67. U.S. v. Tocco,, 135 F.3d 116, 2nd Cir. 1998.

68. Webb v. Lane,922 F.2d 390 7th Cir.1991.

69. Reed v. Thalacker,198 F.3d 1058, 8th Cir. 1999.

70. U.S. v. Joe, 8 F.3d 1448, 10th Cir. 1993.

71. U.S. v. Liu, 960 F.2d 449thCir. 1992.

72. U.S. v. Emmert, 829 F.2d 805, 810, 9th Cir. 1987.

73. U.S. v. LeMaster, 54 F.3d 1224, 6th Cir. 1995.

74. U.S. v. Neely, 980 F.2d 1074, 7th Cir. 1992.

75. U.S. v. Yazzie, 59 F.3d 807, 9th Cir. 1995.

76. U.S. v. Tome, 61 F.3d 1446, 10th Cir. 1995.

77. Rock v. Huffco Gas & Oil Co.,922 F.2d 272, 278, 5th Cir. 1991.

78. U.S. v. Renville, 779 F.2d 430, 8th Cir. 1985.

79. People ofTerritory of Guam v. Ignacio, 10 F.3d 608 9th Cir. 1993.

80. U.S. v. Gans, 32 M.J. 412, CMA 1991.

81. U.S. v. Fuchs, 218 F.3d 957, 9th Cir.2000；U.S. v. Morrow, 177 F.3d 272, 5th Cir. 1999.

82. U.S. v. Midwest Fireworks Mfg. Co., Inc., 248 F.3d 563, 6th Cir. 2001.

83. U.S. v. Montero-Camargo, 177 F.3d 1113, 9th Cir. 1999.

84. U.S. v. Weinstock, 863 F. Supp. 1529, D. Utah, 1994.

85. U.S. v. Jean-Baptiste, 166 F.3d 102, 2nd Cir. 1999.

86. U.S. v. Deeb, 13 F.3d 1532, 11th Cir. 1994.

87. Battle ex rel. Battle v. Memorial Hosp. at Gulfport, 228 F.3d 544, 5th Cir. 2000.

88. U.S. v. Mann, 161 F.3d 840, 861, 5th Cir. 1998.

89. Li v. Canarozzi, 142 F.3d 83, 2nd Cir. 1998.

90. U.S. v. Etheridge, 424 F.2d 951, 6th Cir. 1970.

91. Vazquez v. National Car Rental System, Inc., 24 F.Supp.2d 197, D.

Puerto Rico, 1998.

92. U.S. v. Thevis, 84 F.R.D. 57, N.D.Ga., 1979.

93. U.S. v. Lang, 589 F.2d 92, 2nd Cir. 1978.

94. U.S. v. Lanci, 669 F.2d 391, 6th Cir. 1982.

95. U.S. v. Ochoa, 229 F.3d 631, 7th Cir. 2000.

96. U.S. v. Reed, 227 F.3d 763, 767, 7th Cir. 2000.

97. U.S. v. Thomas, 63 F.3d 1332, 11th Cir. 1995.

98. U.S. v. Pluta, 176 F.3d 43, 2nd Cir. 1999.

99. U.S. v. Wilson, 249 F.3d 366, 375 n.5 5th Cir. 2001.

100. U.S. v. Earles, 113 F. 3d 796, 799,800, 8th Cir. 1997.

101. Idaho v. Wright, 497 U.S. 805, 819, 110 S.C.t. 3139, 3148, 111, L. Ed.2d 638, 1990.

102. U.S. v. Munoz, 16 F.3d 1116, 11th Cir.1994.

103. Kirk v. Raymark Industries, Inc.,61 F.3d 147, 3rd Cir., 1994.

104. U.S. v. Ruffin, 575 F.3d 346,357,358, 2nd Cir. 1978.

105. U.S. v. Bailey, 581 F.2d 341, 3rd Cri. 1978.

106. Allman v. Winkelman, 106 F.2d 663, 9th Cir. 1939.

107. West-inghouse Elec. Corp. v. Kerr-McGee Corp., 580 F.2d 1311, 7th Cir. 1978.

108. U.S. v. Edwards, 39 F.Supp.2d 716, M.D.La. 1999.

109. U.S. v. Defazio, 889 F.2d 626, 7th Cir., 1990.

110. Upjohn Co. v.United States, 449 U.S. 390,391, S.Ct.667,66 L.Ed.2d 584, 1981.

111. U.S. v. Rowe, 96 F.3d 1294, 9th Cir. 1996.

112. Neuder v. Battelle Pacific Northwest Nat. Lab., 194 F.R.D. 289, D.D. C.2000.

113. U.S. v. Juarez, 573 F/2d 267, 5th Cir. 1978.

114. U.S. v. Schwimmer, 892 F.2d 237, 2nd Cir. 1989.

115. U.S. v. Alvarez, 519 F.2d 1036, 3rd Cir. 1975.

116. U.S. v. Cote, 456 F.2d 142, 8th Cir. 1972.

117. U.S. v. Reeder, 170 F.3d, 93, 1st Cir. 1999.

118. U.S. v. Zolin, 491 U.S. 554, 109 S.Ct. 2619, 105 L.Ed.2d 469, 1989.

119. U.S. v. Bay State Ambulance and Hospital Rental Service, Inc., 874 F.

2d 20, 1st Cir. 1989.

120. U.S. v. Weissman, 195 F.3d 96, 2nd Cir. 1999.

121. Ageloff v. Noranda, Inc, ,936 F.Supp. 72 D.R.I. 1996.

122. Federal Deposit Ins. Corp. v. Ogden Corp., 202 F.3d 454, 1st Cir. 2000.

123. Eureka Inv. Corp., N.V. v. Chicago Title Ins, Co., 743 F.2d 932, D.C. Cir. 1984.

124. Jaffee v. Redmond, 518 U. S. 1, 116 S. Ct. 1923, 135 L. Ed. 2d 337, 1996.

125. Caplan v. Fellheimer Eichen Braverman & Kaskey,162 F.R.D. 490, E.D. Pa. 1995.

126. U.S. v. Byrd, 750 F.2d 585, 7th Cir. 1984.

127. U.S. v. Neal, 532 F.Supp. 942, 946, D. Colo. 1982.

128. U.S. v. Evans, 966 F.2d 398, 401, 8th Cir. 1992.

129. U.S. v. Marashi, 913 F.2d 724, 9th Cir. 1990.

130. Woods v. Lecureux, 110.F. 3d 1220, 6thCir. 1997.

131. Trammerl v. United States, 445, U.S. 40, 1980.

132. United States v. Reynolds, 345 U. S. 1, 73 S. Ct. 528, 97 L. Ed. 727, 1953.

133. Black v. U.S., 62 F.3d 1115, 8th Cir. 1995.

134. Virtual Defense and Dev. v.Republic of Moldova, 133 F.Supp.2d 9 D.D. C.2001.

135. Monarch Assurance P.L.C. v.U.S., 224 F.3d 1356 Fed. Cir. 2001.

136. Linder v. Calero-Portocarrero,183 F.R.D. 314 D.D.C. 1998.

137. Halkin v. Helms,690 F.2d 977 D.C.Cir.1982.In.

138. Nutramax Laboratiories, Inc. v. Twin Laboratories, Inc., 32 F.Supp.2d 331 D. Md. 1999.

139. Lefkowitz v. Turley, 414U.S. 70, 94 S.Ct. 316, 38 L.Ed.2d 274, 1973.

140. U.S. v. Penrod, 609 F.2d 1092, 4th Cir.1979.

141. Doe v. United States, 487 U. S. 201, 108 S. Ct. 2341, 101 L. Ed. 2d 184, 1988.

142. Blau v.United States, 340 U.S. 159, 71 S.Ct. 223, 95 L.Ed. 179, 1950.

143. National Life Ins. Co. v. Harford Acc. & Indem.Co., 615 F.2d 595, 3rd Cir. 1980.

144. U. S. v. Apfelbaum, 445 U. S. 115, 100 S. Ct. 948, 63 L. Ed. 2d 250, 1980.

145. U.S. v. Bowling, 239 F.3d 973, 8th Cir. 2001.

146. U.S. v. Gecas, 120 F.3d 1419, 11th Cir. 1997.

147. U.S. v. Gaitan-Acevedo, 148 F.3d 577, 6th Cir. 1998.

148. Hoffman v. United States, 341 U.S. 479, 71 S.Ct. 814, 95 223, 95 L.E. d.486, 1950.

149. U.S. v. Thornton, 733 F.2d 121 D.C.Cir. 1984.

150. U.S. v. Tsui, 646 F.2d 365, 367,368, 9th Cir.1981.

151. U.S. v. Hubbell, 530 U.S. 27, 120 S.Ct. 2037, 147 L.Ed.2d 24,2000.

152. Bellis v. United States, 417 U.S. 85, 94 S.Ct. 2179, 40 L. Ed. 2d 678,1974.

153. Kastigar v. United States, 406 U.S. 441,460,92 S.Ct. 16653,1644,32 L. Ed.2d 212,1972.

154. Rhode v. Olk-Long,84 F.3d 284, 8th Cir.1996.

155. U.S. v. Duran, 884 F.Supp. 573 D.D.C.1995.

156. U.S. v. Doddington, 822 F.2d 818, 8th Cir.1987.

157. U.S. v. Reese, 561 F.2d 894 D.C. Cir. 1977.

158. U.S. v. Quinn, 543 F.2d 640, 8th Cir. 1976.

159. Mitchell v.United States, 526 U.S. 314, 119 S.Ct.1307,143 L.Ed.2d 434,1999.

160. U.S. v. Lumpkin,192 F.3d 280 2nd Cir. 1999.

161. U.S. v. Bahadar, 954 F.2d 821 2nd Cir. 1992.

162. Seiler v. Lucasfilm, Ltd., 808 F.2d 1316, 1319, 9th Cir. 1986.

163. U.S. v. Branham, 97 F.3d 835, 6th Cir. 1996.

164. U.S. v. Mezzanatto, 513 U.S. 196, 1995.

165. Carroll v. Morgan, 17 F.3d 787,790, 5th Cir. 1994.

166. Shotwell Mfg. Co. v. United States, 371 U.S. 341, 367,1963.

167. Richardson v. Marsh, 481 U.S. 200,201,1987.

168. Nash v.United States, 54 F.2d 1006,1007,2nd Cir. 1932.

169. United States v. Delli Paoli, 229 F.2d 319, 321 2nd Cir. 1957.

170. Bruton v. United States, 391 U.S. 123, 135,136, 1968.

171. United States v. Olano, 507 U.S. 731, 1993.

四、法律文件类

1. Federal Rules of Evidence.

2. Federal Rules Evidence Advisory Committee's Note.

3. Bill of Rights.

4. Federl Rules of Criminal Procedure.

5. California Evidence Code.

6. Model Rules of Professional Conduct.

7. Federal Rules of Civil Procedure.

8. Committee on Rules of Practice and Procedure of the Judicial Conference of the United States, Preliminary Draft of Proposed Rules of Evidence for the United States District Court and Magistrates, 1969.

9. Report of the Judicial Conference on the Admission of Character Evidence in Certain Sexual Misconduct Cases, 159 F.R.D. 51, 52 (1995).

10. 《纽伦堡国际军事法庭宪章》。

11. 《远东国际军事法庭宪章》。

12. 《远东军事法庭程序规则的修正与补充》。

13. 《前南斯拉夫国际刑事法庭规约》。

14. 《前南斯拉夫法庭程序和证据规则》。

15. 《卢旺达国际刑事法庭规约》。

16. 《国际刑事法院罗马规约》。

17. 《中华人民共和国刑事诉讼法》。

18. 《最高人民法院关于适用〈中华人民共和国刑事诉讼法〉的解释》。

19. 最高人民检察院《人民检察院刑事诉讼规则（试行）》。

五、网络资料类

1. http://thelawdictionary.org/criminalprocedure/.

2. http://www.news.sina.com.cn.

3. http://www.jstor.org/stable/795051? origin=JSTOR-below-page.

六、工具书类

1. Black's Law Dictionary. Thomason Reuters, 2009.

2. 于绍元主编：《实用诉讼法学新词典》，吉林人民出版社2003年版。

3. 中国社会科学院语言研究所词典编辑室编：《现代汉语词典（第五版）》，商务印书馆 2005 年版。

4. 薛波主编：《元照英美法词典》，法律出版社 2003 年版。

诉讼法学文库书目

诉讼法学文库 2006

1 刑事正当程序原理
2 自白制度研究
3 警察作证制度研究
4 司法公正的理念与制度研究
5 人本精神与刑事程序
6 刑事诉讼平衡论
7 刑事诉讼关系的社会学分析
8 刑事证明责任分配研究
9 刑事司法权力的配置与运行研究
10 行政诉讼原告论

诉讼法学文库 2007

1 刑事诉讼交叉询问之研究
2 检警关系论
3 鉴定结论论
4 检察职能研究
5 美国死刑程序研究
6 行政诉讼问题研究与制度改革
7 刑事司法民主论
8 被追诉人的宪法权利
9 刑事裁判权研究

诉讼法学文库 2008

1 论证据与事实
2 法院调解制度研究
3 弱势群体的法律救助
4 刑事赔偿制度研究
5 秘密侦查比较研究
6 非法证据排除规则：话语解魅
  与制度构筑
7 民事当事人证明权保障
8 现代社会中的诉讼功能
9 诉讼认识、证明与真实
10 中国刑事审前程序制度构建

诉讼法学文库 2009

1 检察官证明责任研究
2 刑事诉讼生态化研究
3 对质权制度研究
4 无效刑事诉讼行为研究
5 刑事诉讼中的财产权保障
6 论对抗式刑事审判
7 案件事实认定方法
8 中国区际刑事司法协助研究